GUIMARÃES ROSA: MAGMA E GÊNESE DA OBRA

FUNDAÇÃO EDITORA DA UNESP

Presidente do Conselho Curador
Antonio Manoel dos Santos Silva
Diretor-Presidente
José Castilho Marques Neto
Assessor-Editorial
Jézio Hernani Bomfim Gutierre
Conselho Editorial Acadêmico
Antonio Celso Wagner Zanin
Antonio de Pádua Pithon Cyrino
Benedito Antunes
Carlos Erivany Fantinati
Isabel Maria F. R. Loureiro
Lígia M. Vettorato Trevisan
Maria Sueli Parreira de Arruda
Raul Borges Guimarães
Roberto Kraenkel
Rosa Maria Feiteiro Cavalari

Editora-Executiva
Christine Röhrig

GUIMARÃES ROSA:
MAGMA E GÊNESE DA OBRA

MARIA CÉLIA LEONEL

Copyright © 1999 by Editora UNESP
Direitos de publicação reservados à:
Fundação Editora da UNESP (FEU)
Praça da Sé, 108
01001-900 – São Paulo – SP
Tel.: (0xx11) 232-7171
Fax: (0xx11) 232-7172
Home page: www.editora.unesp.br
E-mail: feu@editora.unesp.br

Dados Internacionais de Catalogação na Publicação (CIP)
(Câmara Brasileira do Livro, SP, Brasil)

Leonel, Maria Célia
Guimarães Rosa: *Magma* e gênese da obra / Maria Célia Leonel. – São Paulo: Editora UNESP, 2000.

Bibliografia.
ISBN 85-7139-326-5

1. Intertextualidade 2. Poesia brasileira 3. Rosa, Guimarães, 1908-1967 – Crítica e interpretação I. Título.

00-3996   CDD-869.9109

Índice para catálogo sistemático:
1. Poesia: Literatura brasileira: História e crítica   869.9109

Este livro é publicado pelo projeto *Edições de Textos de Docentes e Pós-Graduados da UNESP* – Pró-Reitoria de Pós-Graduação e Pesquisa da UNESP (PROPP) / Fundação Editora da UNESP (FEU)

Editora afiliada:

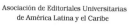

Asociación de Editoriales Universitarias de América Latina y el Caribe   Associação Brasileira de Editoras Universitárias

SUMÁRIO

Prefácio
Assim como Rosa não é rosa, *Magma* não é a verdadeira
expressão da poesia rosiana 11

Apresentação 15

1 História de *Magma* e proposições teóricas 21

Versões da poesia premiada 21

O livro proibido 31

Discurso da poesia 37

Texto literário e intertextualidade 47

Transtextualidade genettiana 51

Auto-intertextualidade e crítica genética 63

Os sujeitos que falam: escritor, autor,
autor-implícito, narrador 67

2 Temática e expressão em *Magma* 77

Animais ou primeiro bestiário rosiano 78

Natureza 86

Vida no campo 96

Manifestações culturais negras e indígenas 97

Mitos e crendices 107

Amor 115

Temas filosóficos 125

Caracterização da poesia de estréia 139

3 Poemas de *Magma* e produção rosiana:
desdobramentos 149

Magma e a poesia brasileira das décadas de 20 e 30 149

Magma, *Sagarana* e outros textos: auto-intertextualidade 166

"Maleita" e "Sarapalha": reescritura 172

"Reza brava" e "São Marcos": feitiços e feiticeiros 189

"Boiada", "Chuva" e "O burrinho pedrês": conquista do ritmo 200

"Maquiné" e "Gruta do Maquiné": infinitude espácio-temporal 217

Caranguejo, bois e colibris: animais na obra rosiana 233

"Boiada" e "A hora e vez de Augusto Matraga": do sertão ao sertão 245

Considerações finais 255

Referências bibliográficas 277

Ao Geraldo e ao Leonardo

E propondo desenhos figurava
menos a resposta que
outra questão ao perguntante?

C. Drummond de Andrade. "Um chamado João".

PREFÁCIO
ASSIM COMO ROSA NÃO É ROSA, MAGMA NÃO É A VERDADEIRA EXPRESSÃO DA POESIA ROSIANA

Maria Célia Leonel, autora deste trabalho *Guimarães Rosa*: *Magma e gênese da obra*, não é uma pesquisadora desconhecida no universo dos estudos rosianos. Bem ao contrário. Além de sua tese de doutorado, intitulada *Guimarães Rosa alquimista*: *processos de criação do texto* (1985), que constitui uma fonte de referências no que diz respeito a especificação e detalhamento de diferentes processos que particularizam o fazer literário do criador de Diadorim, ela também tem participado de várias publicações especializadas, sozinha ou em parceria com outros pesquisadores, construindo um longo percurso de desbravamento dos meandros lingüístico-estilísticos do sertão rosiano, com as dimensões poético-culturais aí entranhadas. Esse é o caso, para ficar unicamente em uns poucos textos, de "A palavra em Guimarães Rosa" (1995), "A poesia em *Magma*" (1996), "Guimarães Rosa: do arquivo à obra" (1998), "O sertão de João Guimarães Rosa" (1999).

Em todos esses trabalhos, é preciso salientar, avulta a marca inconfundível da "pesquisadora Maria Célia", ou seja, nenhuma interpretação é feita de forma intuitiva, localizada ou sem o aval de documentos. Com o olhar voltado para o conjunto da obra em diferentes versões ou, para usar suas palavras, "em diferentes estágios de elaboração", e, ao mesmo tempo, com uma poderosa lupa que lhe permite a máxima aproximação dos detalhes, Maria Célia faz dialogar pontos de chegada, meios de caminho e pontos de partida. Isso significa que, por força do enfrentamento de minúcias que iluminam o conjunto, não apenas os especialistas têm acesso a aspectos essenciais do rigoroso e sofisticado processo de criação de Rosa, mas todo e qualquer leitor que se deslumbre diante de sua criatividade, diante desse singular manejo da linguagem inteiramente voltado para o desvendamento de mundos, interiores e exteriores, para a recriação dos enigmáticos universos feitos de homens, paisagens e bichos.

Assim sendo, é perfeitamente compreensível que a estudiosa tenha escolhido para tema de sua livre-docência, árduo trabalho acadêmico que agora se transfigura em livro, o que ela mesma define como "obra menor de um escritor maior". Esse conjunto de poemas intitulado *Magma*, com o qual João Guimarães Rosa ganhou o prêmio de poesia da Academia Brasileira de Letras em 1937 e que foi publicado somente em 1997, de fato, isolado, está muito distante da força expressiva do conjunto da produção do autor que, por vontade própria, o deixou inédito. Entretanto, mantendo absoluta coerência com as pesquisas anteriores, ou seja, seguindo o método analítico-interpretativo que caracteriza sua interlocução ativa com Rosa, Maria Célia foi aos arquivos vasculhar os "manuscritos" ou "documentos de processo", perscrutou as publicações e, a partir daí, flagrou *Magma* como gênese de diversos aspectos que, reabilitados, aparecem em obras posteriores e, aqui, estão minuciosamente apontados em *Sagarana* e em algumas outras narrativas.

Tendo em mira "descortinar os primórdios da criação do autor", o trabalho vai expor aos olhos do leitor um dos caminhos que servem de janela para se espiar, para se bisbilhotar os bastidores da criação rosiana, perseguindo todos os rastros deixados sob diferentes formas. É como se, depois de ter assistido a um filme, fosse permitido ao espectador conhecer as diferentes etapas da elaboração, incluindo roteiro, cortes, montagem final. E mais que isso, comparar essas etapas, esses processos, com outras obras do

GUIMARÃES ROSA: MAGMA E GÊNESE DA OBRA

mesmo cineasta. No caso de *Guimarães Rosa*: Magma *e gênese da obra*, para que o diálogo intertextual flua, há um longo caminho de esclarecimentos: fica-se conhecendo a história dos manuscritos de *Magma*, ao menos as duas versões preservadas, suas características poéticas, minuciosamente exploradas e, o que é mais importante, o reencontro dessas marcas na rica prosa narrativa do autor.

Mas, pela força do rigor acadêmico, antes de o leitor defrontar-se com as particularidades dos poemas reunidos em *Magma* e seu emergir em várias narrativas, isto é, antes de atingir o núcleo forte constitutivo da pesquisa e que se encontra em "Temática e expressão em *Magma*" e "Poemas de *Magma* e produção rosiana: desdobramentos", o estudo oferece, além da história do livro, toda uma postura diante do discurso da poesia e do tema da intertextualidade, dois aspectos definidores dos fundamentos teóricos, da análise e da interpretação. E aí Maria Célia recorta os teóricos e os comentadores que a ajudam a ancorar a pesquisa. Pode-se dizer que o texto poético, o texto literário fala, a pesquisadora escuta, mas aponta outros olhos e ouvidos que de alguma maneira sinalizaram as formas de ver e ouvir a poesia, a literatura, Guimarães Rosa.

Ao fim dessa leitura, que, sem forçar as qualidades de *Magma*, insere-o na lógica criativa do autor, podem-se observar formas e temas que, sendo parentes muito próximos, sendo mesmo os antecessores de "Sarapalha", de "São Marcos", de "O burrinho pedrês" e até de "A hora e vez de Augusto Matraga", entre outros, possibilitam ao leitor uma conclusão cuidadosamente tecida pela autora: a poesia de Guimarães Rosa efetivamente não está em *Magma*. Na verdade, a poesia de João Guimarães Rosa se efetiva nessa maneira nova de trabalhar a narrativa, trabalhar a prosa, reinventar a poesia na prosa.

E é por isso que *Magma*, sem ter as qualidades poéticas que possam colocá-lo no mesmo patamar das outras produções de Rosa, justificando o desinteresse do autor por sua publicação, vale pelo *status* de gênese, estado embrionário, rascunho feito com lápis grosso, mas merecedor, especialmente no confronto com *Sagarana*, deste trabalho importante e definitivo. Esse parece ser o motivo que levou a pesquisadora a esmiuçar criticamente a obra, estudando originais e publicação, inserindo-a num conjunto e conferindo-lhe, assim, uma justa posição.

Beth Brait

APRESENTAÇÃO

O interesse pelos procedimentos de elaboração da obra rosiana levou a este estudo sobre os vínculos de gênese entre os poemas de *Magma* e textos posteriores, em particular os de *Sagarana*. O trabalho insere-se, portanto, em um plano mais amplo de investigação da produção do escritor mineiro, que se desenvolve desde a tese de doutorado (Leonel, 1985).

Para investigar os processos de criação da obra em pauta, tomamos como *corpus* não apenas aquilo que foi publicado, mas também material não-editado, que a crítica genética denomina *manuscrito*[1] ou *documento de processo* (Salles, 1998, p.16-9). Trata-se, principalmente, de material pertencente ao Arquivo Guimarães Rosa do Instituto de Estudos Brasileiros, da Universidade de São Paulo.

O passo inicial do trabalho foi constituído pelo levantamento e exame desses documentos, que se apresentam em diferentes estágios de elaboração. Semelhante empreitada apontou a recuperação

---

1 Para os estudiosos de crítica genética, manuscrito é qualquer versão de um texto, desde os esboços até a última prova corrigida pelo escritor, independentemente do suporte ou do tipo de escrita.

de procedimentos no plano do conteúdo e no plano da expressão em textos posteriores aos investigados. Com a decisão de explorar mais a fundo o *processo de retomada*, selecionamos *Magma*, coletânea de poemas, para a tarefa. Entre os motivos dessa escolha, temos os seguintes: trata-se, ao que tudo indica, de material em estágio de criação bastante avançado; o fato de ser poesia é um ponto a mais no interesse por esse objeto e, diferentemente de outros manuscritos, a data – se não de realização dos poemas –, pelo menos do seu surgimento, é conhecida, o que nos dá a garantia de trabalharmos com textos que se colocam entre os primeiros de Guimarães Rosa. Com a coletânea, ele ganhou o prêmio de poesia da Academia Brasileira de Letras em 1937.

O empenho em descortinar os primórdios da criação do autor pode ser, em parte, explicado por uma comparação de Gabriel Garcia Marques, citada por Álvaro Mutis (1990) em resenha com o apropriado título de "Rastro ilustre": como os papagaios, os literatos não aprendem a falar depois de velhos. Para compreender a voz da maturidade, é preciso vasculhar as dicções que ela assumiu ao longo da juventude. O símile pode não valer para todo e qualquer escritor, mas vale para Guimarães Rosa ou para parte da sua produção.

Em outubro/novembro de 1979, Cecília de Lara – desde então, e até 1994, supervisora do Arquivo Guimarães Rosa –, ao fazer o levantamento do material (Leonel & Vasconcelos, 1982, p.178), verificou que a coletânea, embora constasse da lista de documentos do acervo vendido pela família do escritor ao Instituto de Estudos Brasileiros, não estava no conjunto de pastas e volumes. Como, em seguida a essa tarefa por ela efetivada, com duas outras pesquisadoras, iniciamos a organização do arquivo (Leonel & Vasconcelos, 1982), acompanhamos a supervisora na entrevista com Eduardo Tess, enteado de Guimarães Rosa e representante legal dos herdeiros naquela ocasião, que nos entregou o manuscrito, ressalvando que a família manteria uma cópia. Nesse momento, tomamos contato com *Magma*.

O documento em questão, finalmente incorporado ao Arquivo, é matéria fundamental do trabalho. Há outra versão à qual voltaremos, que, supomos, corresponde, como texto de base, àquela entregue à Academia para o concurso em 1936. Dela, o Arquivo Guimarães Rosa possui cópia xerográfica de que nos utilizamos e em que as correções do autor, feitas à mão, são evidentes. Há ainda a publicação do livro pela Nova Fronteira em 1997.

Assim, para a nossa pesquisa, é essencial o exame da memória conservada no papel ou em qualquer outro suporte – matéria de quem quer que trabalhe com manuscritos como os estudiosos da crítica genética. Em *Palimpsestes*, o teórico e crítico da literatura Gérard Genette (1982, p.246-7), que não se filia às investigações da crítica genética, ao tratar de um tipo de hipertextualidade, a prosificação, escreve que ela é prática cultural corrente, "aberta e realizável", sem contá-la como "momento genético escondido no recôndito dos rascunhos desaparecidos".[2] Os poemas de *Magma* poderiam ter sido destruídos, o que possivelmente ocorreu com manuscritos rosianos e, com certeza, deu-se no que se refere a ano-tações, esboços, rascunhos e versões preliminares de *Sagarana* e de outros livros. Mas duas versões de *Magma* estão conservadas e po-demos examinar esse momento genético no coração do manuscrito.

Para levantar e estudar relações intertextuais entre textos de Guimarães Rosa, selecionamos determinados poemas de *Magma* que, visivelmente, exibem proximidade com a produção ulterior, sobretudo com as narrativas de *Sagarana*. Tomamos também um conto da fase de iniciante na literatura do autor de *Primeiras estó-rias*, denominado "Maquiné" (1930), que tem vínculos com um poema da coletânea e com textos posteriores. A partir de *Magma*, acompanhamos ainda a presença de animais e as mudanças por que passou a palavra sertão na obra rosiana.

De modo mais específico, selecionamos poemas como "Malei-ta", "Boiada", "Chuva", "Reza brava", "Gruta do Maquiné" e outros de *Magma* e, num certo sentido, a própria coletânea como um todo – de acordo com as versões datilografadas e não como está publicada, embora as citações sejam feitas a partir da edição de 1997 – e contos de *Sagarana* (Rosa, 1967) como "Sarapalha", "O burrinho pedrês", "São Marcos", "A hora e vez de Augusto Matraga", além de outros textos. Comparando poemas de juventude e obra mais madura, buscamos relacionar e descrever procedimentos que se repetem.

---

2 As citações em língua estrangeira foram traduzidas pela autora.

No âmbito dos trabalhos sobre Guimarães Rosa, embora não haja ainda um levantamento dos estudos centrados nas relações intertextuais, são muitos os que mencionam tais operações, mas não é tão grande o número daqueles que, de fato, debruçam-se sobre elas. Todavia, as retomadas – próprias e alheias – são parte da produção de Guimarães Rosa, o que faz deste estudo uma colaboração para a investigação da sua poética.

Um entrave para a pesquisa poderia ser o problema da data de produção tanto dos poemas quanto dos contos de *Sagarana*. Algumas indicações revelam a antecedência dos poemas: foram entregues, em 1936, para o concurso da Academia Brasileira de Letras, enquanto os contos, que, depurados, viriam a compor o livro de estréia do escritor, participaram do Concurso Humberto de Campos da José Olympio em dezembro de 1937. Eram chamados, com simplicidade, *Contos*, e o autor, Viator. O júri reuniu-se em 1938, conforme depõe Graciliano Ramos (1968, p.38).

A direção escolhida para o trabalho levou-nos, naturalmente, à necessidade de examinar os textos de *Magma* com mais profundidade. Investigações próprias, que contaram com a decisiva colaboração de inúmeros ensaios críticos sobre o autor, permitiram um certo conhecimento da produção rosiana posterior à coletânea. A situação em relação aos poemas é diferente, como não poderia deixar de ser, em se tratando de produção inédita até pouco tempo. A tese de doutorado de Hygia T. C. Ferreira (1991) cuida, principalmente, dos poemas que têm relações diretas com o universo filosófico. Da carência de pesquisas sobre a estréia rosiana em versos resulta o exame das composições com o intuito de caracterizá-las – arrolando e estudando aspectos do plano do conteúdo e do plano da expressão – e também de situá-las no contexto da literatura brasileira.

Assim sendo, esta contribuição às pesquisas sobre Guimarães Rosa tem como objetivos: levantar e descrever uma parte do processo de gênese da sua criação pelo exame de relações entre poemas de estréia e textos ulteriores; caracterizar *Magma* de modo amplo, além de procurar situar a coletânea na literatura brasileira no momento da sua produção ou, pelo menos, do seu aparecimento em meados da década de 1930. Investigando os poemas e aproxi-

GUIMARÃES ROSA: MAGMA E GÊNESE DA OBRA   19

mando-os da obra posterior e mesmo da anterior de Guimarães
Rosa e da criação poética brasileira dos anos 20 e 30, o trabalho
permite ainda uma avaliação inicial do papel e do significado desse
livro na produção rosiana como um todo e na literatura da época.
É um passo para o conhecimento dessa criação imatura e da sua relação com a obra do escritor.

Esta indagação sobre a gênese textual rosiana vincula-se à história e à crítica literária e ainda à crítica genética – pelo estabelecimento de versões de *Magma* anteriores à publicação como parte
do *corpus*, em busca de procedimentos de criação – entre os ramos
dos estudos da literatura. Para melhor situarmos o objeto da investigação, bem como a direção mais geral da pesquisa, tomamos palavras do sempre lúcido Benedito Nunes (1980, p.ix): "a crítica literária [é] uma prática de investigação teórica das formas
concretas, particulares – das obras em que esse discurso se produz
– e que tem por objetivo desentranhar de sua linguagem, descendo
ao que elas enunciam, as estruturas que as tornam interpretáveis e
as carregam de potencialidade estética".

Mais especificamente, como o trabalho examina relações entre textos rosianos, insere-se nos estudos de intertextualidade que,
grosso modo, definimos como vínculo entre pelo menos dois textos ou qualquer retomada de um texto por outro texto.

Entre as instâncias que a noção de obra literária recobre, como autor, referente, receptor, a própria obra, privilegiamos a última, sem concebê-la, no entanto, como estrutura abstrata e auto-
suficiente. Dessa maneira, nenhuma das demais instâncias é des-
prezada.

A finalidade do trabalho e as exigências que o cercaram obri-
garam-nos a longa reflexão teórica resumida na primeira parte dele.
A explanação da pesquisa, dos pressupostos e resultados, obedece
à disposição que passamos a indicar. No primeiro capítulo, juntamente com as proposições de natureza teórica, embora o intuito
não seja realizar uma edição genética ou genético-crítica do livro,
descrevemos os manuscritos e a edição da Nova Fronteira por meio
da qual o público tem acesso aos poemas. Esse material compõe o
dossiê da coletânea. Historiamos, brevemente, o aparecimento de
Magma e acompanhamos as posições de Guimarães Rosa sobre o

valor dos poemas e sobre a sua publicação, bem como os percalços que antecederam a edição. No segundo capítulo, apresentamos as características gerais dos poemas no plano do conteúdo e no da expressão. No terceiro, o trabalho volta-se propriamente para a investigação das relações intertextuais na obra rosiana.

Este estudo é a versão modificada da tese de livre-docência defendida na Faculdade de Ciências e Letras da UNESP, Campus de Araraquara, em 1998. A banca examinadora foi composta pelos professores doutores Cecília de Lara, Tieko Y. Myiazaki, Edna M. F. S. Nascimento, Alceu Dias Lima e Erasmo d'Almeida Magalhães, aos quais agradecemos as sugestões valiosas. Agradecemos também ao Leonardo, ao Geraldo, à Sylvia Telarolli, à Ude Baldan, mais uma vez, ao Alceu, pela leitura dos originais, e a todos que contribuíram para a realização do trabalho.

1 HISTÓRIA DE MAGMA E PROPOSIÇÕES TEÓRICAS

VERSÕES DA POESIA PREMIADA

Magma aparece entre os contos de juventude – publicados nos periódicos *O Cruzeiro* e *O Jornal*, em 1929 e em 1930 – e as narrativas de *Sagarana*, em 1946. Embora tenha conquistado o primeiro lugar no concurso da Academia, a coletânea só é publicada em agosto de 1997, tendo permanecido inédita, portanto, durante 61 anos.

De acordo com o discurso proferido por Guimarães Rosa (1937, p.261) em agradecimento ao prêmio, para participar do concurso, ele entregou quatro cópias à Academia. Não foi possível, todavia, localizar nenhuma delas nessa instituição. Mas há dois manuscritos conhecidos de *Magma* com os poemas datilografados. Do primeiro manuscrito – versão que denominamos A – o Arquivo Guimarães Rosa possui uma cópia xerográfica. Essa versão corresponde à utilizada por Hygia T. C. Ferreira (1991, p.256), que esclarece ter obtido cópia xerográfica na Oficina Literária Afrânio Coutinho, porém não informa se se trata de cópia de cópia ou de cópia de documento autógrafo. O material que compunha essa Oficina pertence hoje à Universidade Federal do

Rio de Janeiro, não podendo ser consultado até o momento da finalização da pesquisa. Tal versão pode ser a mesma da inscrição na Academia, sobre a qual foram feitas emendas à mão.

O segundo manuscrito – versão que chamamos de B –, base do trabalho, pertence ao Arquivo Guimarães Rosa e é autógrafo.

A primeira versão da coletânea (A), cuja datilografia não corresponde à da versão B, tem 99 páginas, quinze delas com desenhos, sobretudo na parte final, alguns bem amplos, recobrindo os poemas. Não se parecem com os desenhos de Guimarães Rosa e não são interessantes.

Nesse manuscrito, o número de títulos é 63. Se computarmos "Luar na mata" como dois poemas, em conseqüência dos subtítulos que, de fato, nomeiam dois textos – "I – Cinema" e "II – Rapto" – e considerarmos as subdivisões em outros títulos, como nove haicais com nomes específicos em um conjunto intitulado, justamente, "Haicais", e dezoito minitextos em "Poemas", também nomeados, temos um total de 89 peças. Se for contada ainda a divisão de "Impaciência (Duas variações sobre o mesmo tema)" – que não traz subtítulos, mas apenas a indicação I e II –, temos 90 poemas. "A casa da Boneca", rasurado, não é computado.

Essa versão tem, como foi dito, correções à mão, constituindo, em geral, eliminação, substituição ou acréscimo de uma ou mais palavras, bem como de trema sobre o /i/ e o /u/ para indicar que não formam ditongo com vogal precedente.

A página de rosto contém, no alto e centralizado, o nome: JOÃO GUIMARÃES ROSA. Abaixo, no centro, "Magma". E, centralizada e sublinhada, no fim da página, a data: 1936. No canto inferior direito, a assinatura – João Guimarães Rosa – em que o til, nas duas palavras, forma pequenos círculos.

A página seguinte traz um dos poemas não transcritos na outra versão:

> O poeta reza o rosário,
> conta a conta,
> e o fio corre por dentro,
> sem que o poeta o veja,
> sem que o sinta,
> sem que o desminta...

Além disso, há um texto dos "Poemas" (Rosa, 1997, p.72-7), rasurado, não transcrito em B:

"A casa da Boneca"

No verão tropical fez frio, de repente,
Quem abriu uma geladeira sobre a vida?...
Ah, fechem, depressa, esse livro de Ibsen! [3 últimas palavras ms]

O segundo manuscrito – B – contém 109 páginas datilografadas. O número de poemas não é o mesmo de A, pois o texto de abertura é eliminado. Todavia, no índice, há, novamente, 63 títulos, pois "Luar na mata" já aparece desdobrado: "Luar na mata – I Cinema [palavra ms]" e "Luar na mata – II – Rapto". São 88 textos, considerando-se as subdivisões de "Haicais" e de "Poemas", as mesmas de A. Computando-se a divisão de "Impaciência", o número sobe para 89.

Muitas composições trazem emendas à mão que, entretanto, não são muito extensas. Também à mão encontramos tremas em vários momentos sobre o /i/ ou o /u/ para indicar a não-formação de ditongo.

Na página de rosto, há as seguintes informações: no alto, centralizado, [JOÃO rasurado] GUIMARÃES ROSA. No centro da página: "MAGMA", datilografado, como o nome do autor. Abaixo, entre parênteses, com caligrafia do escritor, em letras caprichadas: Prêmio da Academia Brasileira de Letras. No canto inferior direito, sublinhada, a data: 1936. O índice, apresentado em duas páginas datilografadas com espaço mínimo entre as linhas, termina com a palavra FIM.

A nossa convicção de que essa é a derradeira versão conhecida de responsabilidade do autor funda-se no fato de que emendas realizadas no manuscrito anterior – A – foram mantidas, como a não-reprodução do texto rasurado de "Poemas", acima transcrito, acrescentando-se novas correções.

A edição de 1997 da Nova Fronteira, designada como C neste trabalho, não traz informação alguma sobre o modo como foi elaborada. Contamos apenas com a seguinte indicação na página de rosto: "Edição de originais/*Carlos Alves de Oliveira*". Nada diz sobre a existência de mais de um manuscrito. Contém uma "Nota editorial" (p.5) de uma página que tem a visível intenção de responder a críticas veiculadas pela imprensa nos anos que precederam a publicação do livro. Ainda antecedendo os textos rosianos, há a reprodução do Parecer de Guilherme de Almeida para o Concurso de Poesia da Academia Brasileira de Letras (p.6-7), anteriormente transcrito no volume *Em memória de João Guimarães Rosa* (Almeida, 1968, p.46-8), e também parte do discurso proferido pelo escritor ao agradecer o prêmio concedido a *Magma* (p.8-9), originalmente publicado na *Revista da Academia Brasileira de Letras* em 1937. A editora não informa estar o discurso transcrito de modo incompleto, mas as reticências ao final e o número de páginas da referência bibliográfica indicam isso.

Não se trata, portanto, de edição crítica ou genética, nem mesmo anotada. A base para a publicação da Nova Fronteira, apesar da ausência de indicação, é a versão B. Além de haver dois manuscritos, o estágio em que se encontra o segundo, sobre o qual a edição está fundada, supõe a necessidade de, no mínimo, informar que, embora constituindo a última versão realizada em vida pelo escritor, não é possível dizer que se trata de material pronto para publicação. A edição, a partir do manuscrito B, é que transforma tal versão nessa instância.

Não sendo a publicação a desejável edição genética ou genético-crítica, caberiam os cuidados que teve Paulo Rónai em *Estas estórias* (Rosa, 1969a) e *Ave, palavra* (Rosa, 1970a), trazendo informações sobre o estágio em que se encontram os manuscritos na "Nota introdutória" e consignando as variantes em notas de rodapé.

A edição da Nova Fronteira toma como escolhas finais as emendas à mão, sem indicar as rasuras, e procura ser fiel ao critério adotado. Procede também à atualização ortográfica dos textos, o que, em geral, não traz prejuízo aos recursos utilizados pelo escritor.

Todavia, em conseqüência do critério adotado, há pontos a serem discutidos. Indicamos alguns. O primeiro diz respeito a um momento em que a lição de A (primeira versão) deve prevalecer, pois a posterior traz uma gralha. No poema "Revolta" (Rosa, 1997, p.136), o verso número sete é, em A, o seguinte:

> Disseram-me que não iria perder nada,/ ...

e em B, versão posterior:

> Disseram-se que não iria perder nada,/ ...

o que torna o enunciado sem sentido, como percebemos pelas linhas subseqüentes:

> porque não há mais céu.
> E agora, que tenho medo,
> e estou cansado,
> mandam-me embora...

Logo, a lição de B não pode ser mantida, sob pena de comprometer o entendimento do texto.

Na primeira linha do poema "Boiada" (Rosa, 1997, p.28-32), abrem-se aspas que não se fecham e não há espaço entre as primeiras reticências e o segundo vocativo:

> "Eh boi!...Eh boi!...
> É gado magro,/ ...

O segundo problema é uma gralha. O primeiro deriva da aceitação total da lição de B, que também não traz as aspas. Mas elas mostram-se em A e ainda em publicação do poema estampada em recorte do caderno de documentos de Guimarães Rosa pertencente ao Arquivo do Instituto de Estudos Brasileiros com a indicação: ano 3, Belo Horizonte, 6 de fevereiro de 1937. Não há o nome do periódico.

O verso é, portanto, o seguinte:

> – "Eh boi!... Eh boi!..."

Outro ponto refere-se às emendas feitas por Guimarães Rosa no poema "O cágado" (Rosa, 1997, p.126-7) em B. No título e nos demais momentos em que o nome do animal é repetido na composição, as emendas indicam a substituição da letra *c* pela letra *k*. Certamente o escritor supôs um valor nessa substituição, que não é mantida e sobre a qual nada se informa. O mesmo ocorre, no texto "Caranguejo" (Rosa, 1997, p.42-4), com a palavra "tank", registrada em A como emenda sobre "tanque" e, em B, como substituição a "tanque", rasurada.

Novo momento em que a lição de A deve ser respeitada está no mesmo "Caranguejo" (p.42-4). Nela, há quatro estrofes. Na versão B, a terceira estrofe tem quatro versos na página 23 e seis na página seguinte. Embora a primeira estrofe tenha dez versos, a segunda outros dez e a última, sete, a edição da Nova Fronteira, dada a dúvida trazida pela partição da terceira em conseqüência da mudança de página, corta-a em duas, uma com quatro e outra com seis versos, apresentando o poema cinco estrofes. Essa escolha está em desacordo com a versão A e, além disso, contraria a ligação da estrofe número três com as anteriores pelo número de linhas e mais ainda com a segunda que, como a terceira, é formada de dois enunciados, o primeiro mais curto que o segundo – três e sete versos na primeira e quatro e seis na segunda.

Em "Saudade", a edição da Nova Fronteira (p.132-3) traz cinco estrofes. Em A, temos seis: as três linhas finais (de 23 a 25) constituem novo agrupamento de versos, que é, ao que parece, a forma a ser seguida. O problema está na mudança de página na linha 22 em B, impedindo o reconhecimento do que se localiza na outra página como conjunto de linhas à parte.

Outro ponto a ser consertado em C, no que diz respeito à divisão em estrofes, está no citado "Boiada" (Rosa, 1997, p.28-32). Nessa versão, foram reunidos em um único bloco – o sexto – versos que, em A, em B e na mencionada publicação do poema em periódico constituem duas estrofes. A linha "que esparramou!..." é a última da estrofe seis. Do modo como o poema está reproduzido em C, cria-se um conjunto de dezenove versos, em desacordo com a diretriz geral do texto cuja estrofe mais longa – a segunda – contém treze linhas.

Novos problemas com a estrofação encontram-se em "Batuque" (Rosa, 1997, p.104-7) e em "No Araguaia – II" (p.108-10). No primeiro caso, é clara, em A e em B, a separação dos versos 21 e 22 dos demais, que estão entre parênteses e constituem uma estrofe, a de número quatro, perfazendo, o poema, um total de dez blocos, contra nove de C. Em "No Araguaia – II", o número de estrofes é o mesmo das versões datilografadas, mas a divisão não respeita os manuscritos: a quarta parte, criada em C, não está separada em A; em B, a mudança de página pode ter dado a impressão de isolamento, mas essa solução contraria a unidade em relação às duas estrofes seguintes que terminam com manifestações sonoras de aves, significativas para os contextos em que se encontram. Os dois versos finais, em A e em B, constituem uma estrofe isolada.

Já a formação de uma única estrofe, com a aglomeração das três últimas em "Toada da chuva" (Rosa, 1997, p.121), é inexplicável. A separação dos blocos é nítida em A e em B, e a junção contraria por completo o esquema estrófico do poema.

Quanto a "Gruta do Maquiné" (Rosa, 1997, p.35-7), sustentamos a hipótese de que, ao invés das duas estrofes apresentadas em C, o poema conta com três. O que nos autoriza a pensar assim é a existência, em A e em B, de um espaço branco no final da página dezoito depois da linha 45:

> com megatérios e megalodontes... [3 palavras e reticências ms]
> [ictiossauros e com iguanodontes rasurado em B]...

Juntamente com o espaço vazio, incomum nos demais textos, há o sentido do poema e o equilíbrio percebido em muitas composições: nos sete versos iniciais que formam a primeira estrofe, temos a entrada do sujeito na gruta. Nos sete últimos, que propomos como terceira e última estrofe, narra-se a saída do local.

Ainda em "Gruta do Maquiné", na linha quarenta de A e B, há o seguinte:

> Rastros de ursos speleus e trogloditas,/ ...

Na versão C (Rosa, 1997, p.36), "speleus", cuja forma aportuguesada é "espeleu", transforma-se em "apeleus".

As traições da memória – mesmo da imediata – talvez expliquem o motivo pelo qual, em C, o primeiro verso da quarta estrofe de "Reportagem" (Rosa, 1997, p.68) é:

Gravado no dorso do bauzinho humilde,/ ...

enquanto em A e em B, versões do autor, está:

Pregado no dorso do bauzinho humilde,/ ...

Estranhamos ainda o acento gráfico no verbo ter, em "Luar na mata – I – Cinema" (Rosa, 1997, p.45-6) que não se encontra nem em A nem em B:

Vaga-lumes passam, com lanternas tontas,
procurando se ainda têm lugar.

O espírito do poema é, como diz o subtítulo, construir a condição de cinema: os vaga-lumes, como lanterninhas, fazem o seu trabalho. Além disso, o plural do verbo é sempre indicado em A e em B pela dupla presença do "e", como, por exemplo, em "Ritmos selvagens". A versão correspondente dos manuscritos aos versos 55 e 56 da página 23 de C desse texto é:

– Os índios moles, sujos e tristes,
que não teem redes, que falam manso e dormem no chão,/ ...

Parecem provir de leitura de cópia xerográfica, os erros de C em "Batuque" (p.104-7) e "No Araguaia-III" (p.113-5). No primeiro, nos versos dezenove, vinte e 47, a letra "e" de A e B foi substituída por "o" em C. Nas versões do autor:

e [e não o] Felão que não veio, graças a Deus,
que eu tenho muito medo de [e não do] Seu Felão...

E a negrada dançando, e os refes batendo
nessa [e não nossa] gente preta,/ ...

GUIMARÃES ROSA: MAGMA E GÊNESE DA OBRA 29

Na última linha, complica-se o entendimento do sentido, já que "os refes",[1] metonimicamente, batem em alguém.

O mesmo ocorre com o nome próprio "Bacuriquirepa" de "No Araguaia-III" (p.113), grafado "Bacuriquiropa" em C. No mesmo texto, no verso 35, lemos em A e em B:

> E os três abanaram a uma vez as cabeças,/ ...

e não "a uma voz", como está em C.

Em "Ritmos selvagens", no verso 67 – página 24 de C – a forma de A e B é:

> que ensina ao gavião, que passa no vôo, fino e pedrês,/ ...

e não "ensina o gavião" que não combina com o verso seguinte:

> que ensina a um bando, que vai de mudança, de maracanãs,/ ...

Quanto à vírgula seguida de novo período, no poema "II – Rapto", segunda parte de "Luar na mata" (p.47), quando se fala da onça:

> só com o rabo e os bigodes ainda mexendo,
> Ela veio pensando que a água era a lua,/ ...

existe também na primeira versão – A. Todavia, na segunda – B – é possível percebermos um ponto juntamente com a vírgula.

Outros problemas há. Mencionamos mais um: por que se manter a forma "Hai-Kais", no título dos poemas (Rosa, 1997, p.33), se o critério é a atualização? E por que "Araticum-uassu" no grupo das peças de "No Araguaia" (Rosa, 1997), se a forma portuguesa atual do tupi-guarani "uassu" é "uaçu", variante de "açu"? O próprio Guimarães Rosa usou desse modo, pelo menos uma

---

1 Refe ou refle (do inglês *rifle*) é espingarda curta, espécie de bacamarte, rifle. É também um brasileirismo que significa "Pequeno sabre usado pela polícia municipal do Rio de Janeiro". E ainda gíria brasileira com o sentido de espada (Silva, 1948)

vez, em "Sobre a escova e a dúvida" de *Tutaméia* (Rosa, 1969e, p.164). Por fim, vale dizer que nos referimos aqui, principalmente, a questões relativas aos poemas e trechos transcritos neste trabalho, e não a todos os problemas da publicação pela Nova Fronteira.

A edição em livro contém interessantes ilustrações de Poty na capa e no interior. Mantém-se, assim, a tradição que se inicia com a quarta edição de *Sagarana* (Rosa, 1956), feita pela José Olympio, cuja capa é de Poty. A terceira (1951) – a primeira da José Olympio – tem capa de Santa Rosa e não traz ilustrações.

Em virtude da discrepância entre as versões mencionadas, tomamos algumas medidas para que o leitor conheça as divergências no momento em que os poemas ou partes deles são citados. As transcrições têm como origem a edição da Nova Fronteira, o que também acontece com as referências aos textos, motivo pelo qual deixamos, de agora em diante, de consignar autor e data nesses casos, limitando as indicações bibliográficas no corpo do trabalho ao número da página ou das páginas. As variantes de A e B, relativas aos textos de C, estão mencionadas entre colchetes. O mesmo recurso é utilizado para indicação de outras ocorrências – sinais como chave, sublinha ou superposição de letras – das duas versões iniciais.

A indicação entre colchetes refere-se à última palavra à esquerda, quando não há nenhuma outra informação. Se se tratar das duas ou das três últimas palavras, isso é declarado. Quando não há espaço entre as letras da palavra e o colchete, é porque a emenda diz respeito à letra ou letras, ao sinal ou sinais anteriores mais próximos. Quando se trata de mais de uma letra, tal circunstância é explicitada.

Não anunciamos diferenças ortográficas, a não ser em casos como o do poema "O c[k]ágado" em que a presença do /k/ não é apenas distintiva. Como a maior parte das emendas está na versão B, apenas indicamos o manuscrito quando se trata de variante da versão A.

Na transcrição dos poemas, acompanhamos o seguinte código:

ch. – na chave
etl – na entrelinha superior

ileg. – ilegível
ms – escrito à mão
pal. – palavra
pals – palavras
ras. – rasurado
sbl – sublinha ms
spp – superposto
vírg. – vírgula

O LIVRO PROIBIDO

Sobre o aparecimento da coletânea, Vicente Guimarães (1972, p.96), tio do escritor, escreve no livro *Joãozito:* infância de João Guimarães Rosa que o sobrinho, cônsul de terceira classe em 1936, passa por sérias aperturas financeiras e o prêmio da Academia é compensador. Interessado no prêmio, o futuro autor de *Grande sertão: veredas* procura Vicente, "poeta oficial da família", para com ele aconselhar-se.

O tio aponta-lhe as qualidades e os defeitos da poesia metrificada, "assunto que ainda não ... havia interessado ao novo poeta". "Dias depois", o sobrinho revela a Vicente Guimarães (1972, p.97) que preferiu "os poemas soltos, sem rimas e sem regras outras, aos versos metrificados, que davam muito trabalho e tolhiam, às vezes, o pensamento".

Se o poeta faz esse comentário apenas alguns "dias depois" e, como informa o tio, mostra-lhe duas das composições, é porque todas elas ou a grande maioria já estava, no mínimo, quase pronta. O momento, parece-nos, é de arrumação, de concretização de emendas para o concurso.

A propósito desse ponto, é interessante notar que Guimarães Rosa, na entrevista a Günter Lorenz em 1965 (1973, p.325-6), assevera que entre a produção de *Magma* e a de *Sagarana* passam-se aproximadamente dez anos. O escritor considera o ano de apresentação dos poemas à Academia – 1936 – como o de produção de *Magma* e o da publicação de *Sagarana* – 1946 – como o da sua realização:

escrevi um livro não muito pequeno de poemas, que até foi elogiado. Mas logo, e eu quase diria que por sorte, minha carreira profissional começou a ocupar meu tempo. Viajei pelo mundo, conheci muita coisa, aprendi idiomas, recebi tudo isso em mim; mas de escrever simplesmente não me ocupava mais. *Assim se passaram quase dez anos*, até eu poder me dedicar novamente à literatura ... Então comecei a escrever *Sagarana*. (grifo nosso)

Ora, como os contos de *Sagarana* concorrem ao Prêmio Humberto de Campos da José Olympio em 1937, não é possível a passagem de quase uma década na elaboração das coletâneas, a menos que os poemas sejam, como acreditamos, de fatura anterior a 1936. A hipótese mais plausível é que tenham sido realizados ao longo do tempo, tomando a feição com que são inscritos na Academia naquele momento. O mesmo pode ter acontecido com as narrativas de *Sagarana*: iniciadas antes, são reelaboradas e entregues, em 1937, à José Olympio, e, daquela data até 1946, sofrem expurgos e emendas de vária ordem.

Mas o prêmio da Academia deve ter constituído forte estímulo e a prática rosiana mostra que o escritor mineiro deposita fé em concursos literários. Os manuscritos de *Sagarana*, como vimos, também são enviados a um deles. Mesmo antes das coletâneas – a de poemas e a de narrativas –, Guimarães Rosa já havia concorrido a prêmios de literatura, conseguindo editar contos em periódicos.

Se a produção em prosa já fora aceita antes de 1936 pela revista *O Cruzeiro* e por *O Jornal*, cabe a questão: o que o teria levado a dedicar-se à poesia? Talvez a impulsão para o poético, naquele momento, só se concretizasse através de versos.

Em 1965, Guimarães Rosa diz a Günter Lorenz (1973, p.325) que começou a escrever muito jovem, pois todos os que vivem no sertão seriam "fabulistas por natureza". A diferença entre ele e os demais estaria nas anotações que "instintivamente" realiza. Outra afirmativa refere-se diretamente a *Magma*: "Quando mais tarde chegou o tempo em que eu não quis continuar escrevendo instintivamente, em que quis ser 'poeta', comecei a fazê-lo conscientemente. A princípio foram poemas...".

De todo modo, é importante verificar que uma obra em prosa, cuja consolidação se dá especialmente em conseqüência de uma

GUIMARÃES ROSA: MAGMA E GÊNESE DA OBRA   33

linguagem com altíssima concentração da função poética, tenha sido antecedida pelo estágio nos textos em versos.

No discurso que Guimarães Rosa profere na Academia em agradecimento ao prêmio recebido, reproduzido em parte na edição de *Magma* (1997, p.9), discorre sobre a criação poética e ressalta o significado da premiação:

> Tudo isto aqui vem tão somente para exaltar a importância que reconheço ao estímulo que me outorgastes. Grande, inesquecível incentivo. O *Magma*, aqui dentro, reagiu, tomou vida própria, individualizou-se, libertou-se do meu desamor e se fez criatura autônoma, com quem talvez eu já não esteja muito de acordo, mas a quem a vossa consagração me força a respeitar.

Vemos aí o crítico da própria poesia, apenas respeitando-a, mas que, em janeiro de 1938, escreve a Vicente Guimarães (1972, p.127): tendo terminado as narrativas entregues ao concurso da José Olympio as quais, posteriormente, comporiam o volume de estréia, realiza o "último expurgo do *Magma*" que conta entregar ao editor no mês seguinte. Em 1946, ainda pensa nessa publicação, pois a primeira edição de *Sagarana* anuncia o novo livro:

DO AUTOR:

MAGMA
Prêmio de Poesia da
Academia Brasileira de Letras, 1936
(*A sair*).

A coletânea não é publicada naquela década, nem nas quatro seguintes. Nova pergunta deve então ser feita: que motivos levaram Guimarães Rosa a deixar de se interessar pela publicação de *Magma*, depois de, sucessivamente, ter renegado a coletânea e anunciado a sua edição? Algumas pistas para resposta estão numa das poucas entrevistas que o escritor (apud Lorenz, 1973, p.326) concedeu:

> revisando meus exercícios líricos, não os achei totalmente maus, mas tampouco muito convincentes. Principalmente, descobri que a poesia profissional, tal como se deve manejá-la na elaboração de poemas,

pode ser a morte da poesia verdadeira. Por isso, retornei à "saga", à lenda, ao conto simples, pois quem escreve estes assuntos é a vida e não a lei das regras chamadas poéticas. Então comecei a escrever Sagarana.

A liberdade de que precisa é na prosa poética que vai encontrar. Mas a percepção da distância, no que se refere à qualidade, entre os poemas e as narrativas – tão bem recebidas pela crítica – tem relações com a rejeição.

Talvez da desconsideração do escritor em relação aos poemas haja eco em *Grande sertão: veredas* (Rosa, 1965, p.95), pois Riobaldo afirma em dado momento: "eu escrevi os outros versos, que eu achava, dos verdadeiros assuntos, meus e meus, todos sentidos por mim, de minha saudade e tristezas. Então? Mas esses, que na ocasião prezei, estão goros, remidos, em mim bem morreram, não deram cinza. Não me lembro de nenhum deles, nenhum".

Já o enunciado que se segue é lido por nós com a cautela que devemos ter em relação às informações de escritores e artistas de modo geral sobre a própria produção: "desde então não me interesso pelas minhas poesias, e raramente pelas dos outros". Convence-se, depois, de que possuía "uma receita para fazer verdadeira poesia" (Rosa apud Lorenz, 1973, p.326).

Portanto, para ele, "a verdadeira poesia" está na sua prosa, com o que concordamos inteiramente, mas não com o desinteresse pela poesia.

Em nova entrevista, desta vez ao moçambicano Fernando Camacho (1978, p.51), um ano depois daquela concedida a Günter Lorenz, a posição de Guimarães Rosa frente à sua poesia é de negação absoluta. À pergunta sobre quando começou a escrever verdadeiramente, responde: "Em 1937". O entrevistador insiste, questionando-o sobre a possibilidade de ter feito esboços em Minas, ao que o escritor replica: "Não, nem pensava em escrever coisas assim. Quando vim para cá [a entrevista é feita no Rio de Janeiro] é que comecei". *Magma* talvez lhe parecesse, naquele momento, "barro, sem esperança de escultura" como na "Composição" de Drummond (Andrade, 1987, v.1, p.239).

A coletânea, como se sabe, só é publicada em 1997, apesar de constar, em 1990, da *Tabela de preços* da Nova Fronteira. Entre-

GUIMARÃES ROSA: MAGMA E GÊNESE DA OBRA

tanto, alguns poemas foram anteriormente editados. Num caderno de documentos pessoais de Guimarães Rosa, pertencente ao Arquivo do Instituto de Estudos Brasileiros, por exemplo, encontra-se um recorte com o poema "Chuva", sem referências bibliográficas, e outro com "Boiada", como dissemos. O texto de "Chuva" é antecedido de ilustração, contendo uma boiada em movimento com destaque para o vaqueiro. Acompanha o texto a informação: "De João Guimarães Rosa, autor do 'MAGMA', obra laureada pela Academia Brasileira de Letras com o prêmio de Poesia, no concurso literário de 1936, damos um poema – 'CHUVA' – e dois trechos do discurso que pronunciou na sessão tradicional de entrega dos prêmios./Nada diria melhor do livro e do poeta".

Nos dois trechos transcritos do discurso, o escritor trata do ato de produção poética, das relações do autor com a obra:

> O poeta não cita: canta. Não se traça (sic) programas, porque a sua estrada não tem marcos nem destino. Se repete, são idéias e imagens que volvem à tona por poder próprio pois que entre elas há também uma sobrevivência do mais apto. Não se aliena, como um lunático, das agitações coletivas e contemporâneas, porque arte e vida são planos não superpostos mas interpenetrados, como ar entranhado nas massas da água, indispensável ao peixe – neste caso ao homem, que vive a vida e que respira a arte.
>
> A satisfação proporcionada pela obra de arte àquele que a revela é dolorosamente efêmera: relampeja fugaz, nos momentos de febre inspiradora, quando ele tateia formas novas para a exteriorização do seu enigma íntimo, do seu mundo interior. Uma tortura crescente, o intervalo de um rapto e de um quase arrependimento. Pinta a sua tela, cega-se para ela e passa adiante. Se a surdez de Beethoven lhe tivesse trazido a infecundidade, seria um símbolo. Obra escrita – obra já lida – obra repudiada: trabalhar em colméias opacas e largar o enxame, ao seu destino, mera ventura de brisas e de asas.

Guimarães Rosa volta muitas vezes a tais temas, nem sempre considerando-os da mesma forma. Em especial, a relação com a própria obra, em muitos momentos, é exatamente o oposto do que diz.

A tese de doutorado de Hygia T. C. Ferreira (1991) – que tem como objetivo o estudo do universo religioso e metafísico de Guimarães Rosa, em toda a obra de criação e ainda na correspondência, nos prefácios – reproduz todos os textos de *Magma* da versão A. Edições de poemas esparsos ocorrem em periódicos na década de 1990, mas, como não são da responsabilidade do escritor, não é fundamental relacioná-las neste momento.

Em 1992, alguns órgãos da imprensa publicam reportagens sobre a existência de *Magma,* em conseqüência da tese de doutorado mencionada, e dá-se, também pela imprensa, certa polêmica sobre a necessidade ou não da publicação das composições.

Pela edição, empenha-se muito a autora da tese citada; Antonio Callado (1992), não tendo lido os poemas, também a defende, alegando que o escritor morreu muito cedo – com 59 anos – e poderia mudar de opinião sobre o lançamento do livro. Em novembro de 1992, texto do caderno Mais! da *Folha de S.Paulo* afirma que a publicação está emperrada pela falta de acordo entre os herdeiros de Guimarães Rosa. O diretor editorial da Nova Fronteira promete o livro para 1993 (Mauad, 1992).

Em 1996, nova rodada de reportagens anuncia a edição do livro para esse ano. Plinio Doyle (apud Calmon Filho, 1996) manifesta-se a favor da publicação. Já o texto não assinado da revista *Veja* (1996) intitulado "Bobagens do gênio", lembra que a publicação de obras póstumas é grande negócio para as editoras, mas nem sempre para a memória dos autores. *Magma,* "um fraquíssimo livro de poesias", "sem grandes idéias nem musicalidade", junta-se ao *Amor natural* de Drummond – embora não sendo tão constrangedor quanto os versos eróticos lançados em 1992 – e às *Cartas de amor* de Graciliano Ramos como livros contra a memória dos escritores. No mesmo texto de *Veja,* lemos que Antônio Houaiss afirma ser a coletânea "um desastre" na vida literária do escritor, enquanto Geraldo França de Lima assegura que o autor de *Corpo de baile* nunca publicaria os poemas, ressalvando, todavia, não haver problemas em satisfazer a curiosidade das pessoas.

A tais e talvez a outras ressalvas é que se dirige a "Nota editorial" (p.5) da edição da Nova Fronteira. Como justificativa pela publicação da coletânea, afirma, entre outros argumentos, como o do desconfortável ineditismo do livro de estréia "de um escritor da estatura de Guimarães Rosa", o seguinte:

GUIMARÃES ROSA: MAGMA E GÊNESE DA OBRA

O nome de Guimarães Rosa já está muito consolidado na literatura em língua portuguesa e, sem favor, entre os maiores prosadores deste século. Não sofrerá mais abalos de ninguém, muito menos dele próprio. E, diga-se, nem sempre as restrições que um artista faz de sua obra são convincentes e justificadas: foram salvas pela desobediência à vontade do autor obras de arte extraordinárias e essenciais. A verdade é que este livro não teve prosseguimento na obra do autor. Seu subtítulo poderia ser: "O começo e o fim do poeta Guimarães Rosa – *Requiescat in pace*".

Vale lembrar que, além dos poemas que o escritor reúne para publicação e que fazem parte de *Ave, palavra,* no seu arquivo do Instituto de Estudos Brasileiros, há dois outros conjuntos de poemas, naturalmente inéditos. Portanto, há prosseguimento de *Magma,* como realização de poesia, na coletânea citada que contou com a atenção de Paulo Rónai e naquelas do Arquivo. Se o prosseguimento for pensado em outro sentido, no de continuidade e retomada, este trabalho mostra que *Magma* não é caso à parte na produção rosiana, mas ponto de ligação entre os seus textos. Finalmente, o "poeta Guimarães Rosa" pode não estar exatamente nas poesias mencionadas.

A edição de *Magma* – livro menor de autor maior – interessa aos estudiosos do texto rosiano por ser um elo na cadeia da obra. Permite verificar a permanência, a transformação ou o abandono de elementos temáticos, de motivos, de recursos lingüísticos de toda sorte.

A resenha de José Lino Grünevald (1997) da edição da Nova Fronteira procura fazer justiça ao livro: não tem o alcance de outras obras do escritor, mas revela a presença de "imagens e figuras", cujos exemplos asseguram a "poderosa tendência de Guimarães Rosa para a fanopéia" e para a estrutura do miniconto, da narrativa.

DISCURSO DA POESIA

E de resto o que é a poesia?

Manuel Bandeira, "Ariesphinx".

O segundo movimento da primeira parte, aqui iniciado, é composto de reflexões de natureza teórica. Para detectar procedimentos de *Magma* que poderiam manifestar-se em textos posteriores, caracterizamos os poemas, ainda que de maneira não tão aprofundada, com apoio em proposições sobre a poesia, notadamente nas de Roman Jakobson (1969, 1970a e 1970b).

O objetivo de estudar recursos que são retomados na produção rosiana levou-nos também à pesquisa sobre intertextualidade, citação e outros fenômenos do mesmo campo. Para tanto, serviram-nos, especialmente, os pressupostos de Gérard Genette em *Palimpsestes* (1982). Entre os demais estudiosos que nos forneceram subsídios teóricos estão Graciela Reyes (1984), Lucien Dällenbach (1979), Laurent Jenny (1979) e Antoine Compagnon (1979).

Por sua vez, o vínculo com a crítica genética determinou nova incursão nesse tipo de pesquisa, também resumida nesta parte. Outra questão proposta pela orientação do trabalho é a da "responsabilidade" pela repetição dos procedimentos. Para enfocar esse problema, discutimos diferentes instâncias que, de alguma forma, têm vinculações com a produção do discurso, como o autor, o escritor, o narrador. Realizamos uma síntese do modo como tais instâncias vêm sendo tratadas por alguns teóricos da narrativa, destacando contribuições de Wayne Booth (1961), Wolfgang Kayser (1963), Roland Barthes (1988) e outros.

Assim, para caracterizar os textos de *Magma*, colocamo-nos, de imediato, frente a questões como: Tais peças constituem, de fato, poesia ou são poemas em prosa? Se poesia, que valor têm? Para responder a essas perguntas, outras, anteriores, apresentam-se: O que é a poesia? Em que ela se distingue da prosa?

Na introdução ao número de *Poétique* sobre o discurso da poesia, Todorov (1976, p.385) diz que esse discurso se caracteriza, de modo evidente, pela "natureza versificada". Todavia, o conceito de "natureza versificada" varia bastante, em especial se considerarmos a poesia moderna – objeto deste trabalho – cuja versificação é questionada.

Há quem prefira ver entre a prosa e a poesia uma distinção formal. Nesse caso, vale lembrar o ensaio de Barbara Johnson (1976) "Quelques conséquences de la différence anatomique des textes: pour une théorie du poème en prose", publicado no mesmo número de *Poétique*. Levada pela direção do seu estudo, a autora confronta-se com perguntas sobre a essência da poesia. Tendo como *corpus* os *Petits poèmes en prose* de Baudelaire, escolhe como centro da reflexão o nexo entre eles e *Les fleurs du mal*. Como ponto de partida, textos em prosa que retomam, explicitamente, o tema de um poema em verso.

Lembrando Claudel que, em *Positions et propositions*, diz ser o "o verso essencial e primordial" nada mais que "uma idéia isolada pelo espaço em branco", Barbara Johnson (1976, p.454) conclui: se a diferença entre verso e prosa reduz-se, em primeiro lugar, a uma diferença de espaço, a questão da escolha da disposição espácio-temporal não é contingente, mas constitutiva.

Compara, então, dois fragmentos – um do poema "Chevelure" de *Les fleurs du mal* e outro de *Un hemisphère dans une chevelure* dos poemas em prosa –, que têm as mesmas palavras apenas deslocadas, e chega à conclusão de que não há nenhuma diferença entre eles, nem no sentido, nem nas relações gramaticais, nem quanto às figuras, às imagens, ao plano paradigmático ou sintagmático. A pesquisa da diferença de natureza entre linguagem versificada e prosaica encontra-se desarmada com essa justaposição. O conceito de diferença é, portanto, formal. O primeiro segmento, com a letra maiúscula inicial, a cesura na sexta sílaba, engendra o sentido de "alexandrino".

O reconhecimento de que a diferença é formal tem respaldo em Gérard Genette (Cf. Johnson, 1976, p.455), para quem a unidade de doze sílabas, marcada pela maiúscula e pelo isolamento tipográfico, significa a poesia "por sua simples presença" e pela convenção.

A diferença entre prosa e verso não é de essência, mas de referência; referência que diz respeito a códigos e não à realidade poética ou prosaica, nem mesmo a uma diferença lingüística inerente. Além disso, lembra a autora (1976, p.455-6), é preciso considerar que o texto em prosa não é marcado como tal, não traz nenhum sinal metalingüístico. Assim, confrontam-se, para a distinção entre prosa e poesia, duas espécies de oposição: presença *versus* ausência de marca e referência ao código "poesia" *versus* referência ao código "prosa".

Todavia, no questionamento da essência da poesia, há outras considerações. Apesar de, no discurso poético, a imagem ser constituída por palavras – como verbalização da percepção e do desejo, fixados em imagens que se transformam e se combinam, formando a imaginação ativa, a fantasia, o devaneio, como mostra Alfredo Bosi (1977, p.13-20) –, a possibilidade de tradução é diferente, conforme se trate de prosa ou de poesia.

Daí a necessidade de concluirmos com Jean Cohen (1966, p.27) que a poesia se situa na forma da expressão e na do conteúdo, de acordo com a conceituação de Hjelmslev. A impossibilidade de tradução da forma da expressão já é um fator de distinção entre a prosa e a poesia.

Concebendo o discurso poético como aquele que tem a ver com a forma da expressão e a do conteúdo, cremos que, para a tentativa de entender o que seja a poesia, continuam a ser de enorme valia as sugestões de Jakobson (1969, 1970a, 1970b, 1977), a quem se deve a sistematização do estudo sobre as funções da linguagem e o aprofundamento das reflexões sobre a função poética. Para ele, a relação de semelhança no uso do signo no texto poético distancia-o do seu emprego na denotação e, portanto, afasta-o da função referencial da linguagem. Essa relação é adequada à função poética da linguagem, embora tal função não se restrinja ao texto poético.

Um dos fundamentos das propostas de Jakobson está na negação da arbitrariedade da relação entre o significado e o significante, contrariando um princípio básico da teoria saussuriana que, como lembra o lingüista russo (Jakobson, 1977, p.86), já é a posição de Émile Benveniste em 1939: "'entre o significante e o significado, a ligação não é arbitrária; é, pelo contrário, necessária'". Mas Jakobson faz uma ressalva: a única relação necessária entre os dois aspectos é a que se baseia na contigüidade, por conseguinte, trata-se de ligação externa. A relação assentada na semelhança – interna, portanto – é facultativa, ocorrendo em vocábulos onomatopaicos e expressivos. No entanto, como as qualidades distintivas dos fonemas são vazias, o seu preenchimento, dependente das "leis neuropsicológicas da sinestesia", acontece pela possibilidade de as oposições fônicas evocarem relações com sensações musicais, cromáticas, olfativas, táteis. Tal valor, intrínseco, mas latente, das qualidades distintivas presentifica-se, quando há correspondência com o sentido de uma palavra: "Na língua poética, em que o signo como tal assume um valor autônomo, este simbolismo fonético atinge a sua atualização e cria uma espécie de acompanhamento do significado" (Jakobson, 1977, p.88).

A possibilidade da existência de semelhança entre som e imagem, significante e significado provém, portanto, da constatação de que o vínculo entre essas duas instâncias não é arbitrário. Ele é motivado e a motivação pode dar-se, justamente, por semelhança e por contigüidade. Em poesia, portanto, os elementos envolvidos estabelecem uma relação de homogenia: "o som deve ser um Eco do sentido" diz Pope, citado por Jakobson (1969, p.153).

Assim, apesar de a poesia não ser o único universo em que o simbolismo dos sons se apresenta, é nela que ele é mais intenso, que a relação de semelhança som-significado mais se manifesta. Está claro, por conseguinte, que a equivalência sonora deve reportar-se ao significado, caso contrário, como lembra Jean Cohen (1966), incorporaríamos o que ele considera como segunda categoria do poema, os "poemas fônicos", em que apenas os sons importam e que não seriam verdadeiros poemas.

Contudo, dada a complexidade dos fonemas, Jakobson adverte para o risco de a investigação do valor simbólico deles, tomando-os na sua totalidade, levar a "interpretações equívocas e fúteis". Como o eminente lingüista, Alfredo Bosi (1977, p.45-50) conclui que há limites nesse valor e ilustra tal restrição. Acredita-se, diz ele, que a vogal /u/, grave, fechada, velar e posterior integra signos que evocam objetos também fechados e escuros e, conseqüentemente, sentimentos de angústia, experiências negativas como aquelas referentes à doença, à sujidade, à tristeza, à morte. Tendo feito um levantamento parcial de palavras portuguesas que incluem essa vogal em posição de relevo, Alfredo Bosi verifica a intersecção desse fonema com a área dos significados mencionados. Mas também adverte que a simples ocorrência da vogal vale pouco, pois depende de leitura expressiva que pode ou não enfatizar as conotações inseridas.

A feliz idéia jakobsoniana (1969, p.129-30) de que os modos de articulação da linguagem, a seleção e a combinação, são aplicados ao discurso poético de maneira especial é ainda extremamente fecunda. A seleção tem como base a equivalência, a semelhança, a sinonímia, a antonímia. A combinação, que é a maneira de construir a seqüência, funda-se na contigüidade. Daí o princípio formulado e grifado pelo lingüista (1969, p.130) e tantas vezes repetido: "A *função poética projeta o princípio de equivalência do eixo de seleção sobre o eixo de combinação*". Ou seja, o princípio do eixo do paradigma passa a princípio do eixo do sintagma. A equivalência pode incidir sobre a métrica, sobre as pausas e entonações do verso livre, sobre a rima, sobre a paranomásia. Exemplificando com um artifício dos mais caros à poesia até fins do século XIX, a rima resultaria da projeção da equivalência sonora sobre o eixo da seqüência.

Logo, o que faz a poesia é a união entre um determinado conteúdo e a sua expressão. A prosa pode também conter essa identidade, embora não da maneira sistemática como é buscada no discurso poético. Há um princípio básico de reiteração, de formação de isotopias, de que se vale o texto literário, localizado, por exemplo, na presença de dois níveis numa narrativa, em que um reproduz o outro de forma simbólica.

Tal posição é retomada por Jean-Yves Debreuille (1996, p.200) em "Quand le sens glisse sur le son: *Les yeux d'Elsa* d'Aragon". Nesse texto, a interessantíssima análise do poema "C" tem o intuito de provar que a rima em *Les yeux d'Elsa* ocupa o lugar da imagem. A rima e a imagem, num primeiro momento, bloqueiam o sentido e, num segundo, obrigam o leitor a tentar nova significação. Todavia, a rima é mais eficaz que a imagem, pois, enquanto essa última atinge apenas o nível semântico, a primeira atinge também o sintático. Aragon sublinha esse fato desde o início de *Arma virumque cano*: o leitor vibra onde a sintaxe é violada, onde a palavra revoluciona o movimento lírico, onde a frase se constrói obliquamente.

A rima esconde um segundo sentido que se superpõe àquele que os processos semânticos usuais desvelam. Aragon concorda, segundo Jean-Yves Debreuille (1996, p.210), sem conhecê-la, com a célebre afirmação de Jakobson: "Em poesia, toda similaridade aparente no som é avaliada em termos de similaridade e/ou de dissimilaridade no sentido".

O sentido segundo desdobra-se e amplia-se por um fenômeno de ressonância, sonora num primeiro tempo, mental num segundo, que mobiliza conotações intra- e extratextuais pelas quais o leitor, por menos que pertença ao universo cultural do autor, prolonga o texto e dele se apropria. É a exploração de possibilidades de um órgão dos sentidos – o ouvido – que a poesia mais recente manifesta.

Para Jean-Yves Debreuille (1996, p.211), os resvalamentos do sentido sobre o som parecem responder à ambição constante da poesia que é "suscitar o sentido sob o sentido, por uma modificação das regras usuais de agenciamento da linguagem".

A idéia de retorno – ponto importante na consideração do que seja discurso poético que, evidentemente, está contemplada na reflexão desenvolvida, quando falamos em recursos como a rima – deve ser retomada. Para Cohen (1966, p.55), todo verso é *versus*, retorno, opondo-se à prosa – *prorsus* – cujo avanço se dá de modo linear.

A posição de outro estudioso da linguagem poética – Gérard Hopkins –, citado por Jean Cohen (1966, p.55), tem a mesma direção: "discurso repetindo totalmente ou parcialmente a mesma figura fônica". Jakobson (1969, p.131) toma o mesmo segmento de Hopkins – o texto que citamos, "Lingüística e poética", é publicado originalmente em 1960 – para complementar a observação de que somente na poesia, pela repetição regular de unidades equivalentes, tem-se a experiência do fluxo verbal como ocorre com o tempo musical.

Há outras repetições, além daquelas do nível fônico. Se Jakobson salienta especialmente os paralelismos sonoros em "Lingüística e poética" (1969), em outros dois ensaios – "Poesia da gramática e gramática da poesia" (1970b) e "Os oxímoros dialéticos de Fernando Pessoa" (1970a) – insiste no valor dos paralelismos lexicais, morfológicos e sintáticos na função poética.

Outro ponto a ser discutido diz respeito à suposição de os componentes da poesia constituírem desvios em relação à língua. Na *Arte retórica*, Aristóteles, como lembra José Paulo Paes (1997, p.15), introduz duas noções básicas no que se refere ao funcionamento da metáfora. A primeira delas é justamente a noção de desvio do "sentido ordinário" para elevar o discurso. A segunda é a noção de estranheza que o desvio suscita. Entre os muitos estudiosos da poesia que continuam a considerar a noção de desvio na linguagem poética temos Jean Cohen (1966) e Maurice-Jean Lefebve (1980).

A idéia da constituição da linguagem poética por uma série de desvios – as figuras (também consideradas como desvios pela antiga retórica) – permitiria distinguir a prosa literária da poesia.

Para Jean Cohen (1966, p.23), a primeira comporia o grau zero da escritura, podendo-se, através da noção de desvio, detectar ao menos a existência de diferença de grau entre os dois gêneros literários. Assim, a maior presença de desvios na poesia permite-lhe concluir que a distinção entre poesia e prosa literária é menos qualitativa que quantitativa (p.22).

Por outro lado, certos processos podem ser próprios de um determinado gênero ou mais freqüentes em um ou totalmente ausentes em outro, como afirma Maurice-Jean Lefebve (1980). Nesse caso, a diferença não é meramente quantitativa e a poesia deixa de ser considerada o gênero que tem maior número de desvios, para ser aquele que apresenta grande quantidade deles em determinados níveis da linguagem, como os que dizem respeito ao significante. No entanto, não bastam desvios no nível do significante para que a poesia seja constituída.

Edward Lopes (1986, p.7) observa que o princípio do desvio tem sido o mais fecundo veio para a construção da teoria da literatura com fundamento científico. Lembra também que o desvio pode ser visto como tal no interior mesmo do discurso.

Tal noção pode ser útil, se considerarmos, em primeiro lugar, desvio como indicação de processo, mas não como processo de afastamento, alteração ou fraude em relação à língua. Em segundo lugar, não como índice de valorização do gênero que o contém em maior ou menor quantidade, já que desvio aparece em todo gênero. O que vimos aqui destacando como desvio próprio da poesia, na verdade, encontra-se na linguagem oral, na prosa literária nos seus diferentes tipos. Na poesia, ocorrências desviantes, como a reinvenção e a condensação semântica – amplificação e enriquecimento de significação –, a ambigüidade, as relações convergentes, têm efeito estético e lúdico e dizem respeito à expressão oral da língua.

GUIMARÃES ROSA: MAGMA E GÊNESE DA OBRA   45

A linguagem escrita traz perdas no confronto com a linguagem oral: a poesia é também uma forma de resgate de parte dessa perda.

Na linguagem de comunicação, afirmam Delas & Filliolet em (1975, p.144-5) em *Lingüística e poética* – e muitas vezes na prosa literária, dizemos nós –, o significante "intervém como um meio". Acrescentam ainda que, na poesia, há inversão nessa relação "natural e profunda". O significante é desviado da sua função estritamente lingüística e torna-se uma espécie de símbolo, trazendo "às palavras um rastro de sentido que se refere mais à sensibilidade que ao intelecto".

A referência a posições como a de Jakobson (1969) e a de Jean Cohen (1966) pode levar à suposição de que acreditamos que o discurso poético, ou o discurso literário como um todo, significa unicamente a si próprio, sem ter mais nada a transmitir a não ser ele próprio. No entanto, como lembra Lefebve (1980, p.39) – e ao contrário do que algumas vezes se diz hoje –, a linguagem literária não se refere unicamente a si própria nem tem como mensagem apenas a si mesma. Ela é bastante aberta para o mundo e faz-lhe interrogações a que não respondem a ciência, a moral ou a sociologia.

Se à análise interessa, portanto, a correspondência da expressão poética rosiana com o seu conteúdo, interessa-lhe também a relação que essa vinculação mantém com a realidade cultural e literária do país.

Como as composições de *Magma* apontam para o que se convencionou chamar de poesia moderna, cuidamos de tentar também uma aproximação do modo como se configura o texto poético que, oriundo do romantismo, chega aos nossos dias. Foram úteis para tanto observações de Emil Staiger (1969), em especial as que envolvem o que considera como lírico, distinguindo-o do épico e do dramático. Os traços por ele apresentados enformam, sobretudo, a produção lírica romântica, tanto aquela restrita ao romantismo, como tendência literária datada, como a que dele independe.

Algumas características mais significativas, entre as levantadas e examinadas pelo ensaísta no que diz respeito ao lírico, são: existência de uma "disposição anímica fugaz", determinante da impossibilidade de o poema lírico ser muito longo (Staiger, 1969, p.28); variabilidade desse tipo de poesia; idéia de que o tempo do lírico é o do eterno presente, mesmo quando trata do passado; preferência, na lírica, pela parataxe, pelos advérbios em detrimento das conjunções e pelas conjunções temporais em detrimento das causais.

Jean Cohen (1966) mostra também que a poesia moderna se forma a partir do romantismo, tornando-se cada vez mais "poética". Esse movimento inicia o processo de liberação da poesia que se desenvolve com os simbolistas e os modernos.

Assim, a mudança de linha na poesia – não imposta fisicamente como na prosa – seria o único processo que a versificação teria legado à poesia moderna, pois o que se detém não é a substância gráfica, mas o discurso, diz-nos Cohen (1987, p.102) em *A plenitude da linguagem*: teoria da poeticidade, "e detém-se onde não deveria deter-se".

Já em *Structure du langage poétique* (Cohen, 1966), afirmara que esse tipo de agramaticalismo é o único traço encontrado no verso regular e no verso livre. Ou seja, o verso seria a antífrase, a antiprosa, dado que as pausas gramaticais não coincidem com as métricas. No verso livre, teríamos um agramaticalismo maior, um desvio em relação à poesia clássica. O ensaísta sugere mesmo a leitura que não respeita as pausas gramaticais, o que levaria à obscuridade procurada pelos simbolistas.

O fundamento da pesquisa de Jean Cohen (1966) é semântico. Ele parte do estudo estatístico de três funções sintáticas – predicação, determinação e coordenação – visando às relações semânticas nelas envolvidas. O desvio, e, portanto, a expressividade, estaria na impertinência ou na redundância no caso da predicação; na redundância no caso da determinação; na inconseqüência no caso da coordenação. O que falta no estudo citado é justamente a relação entre a forma da expressão e a do conteúdo.

Já do ensaio de Hugo Friedrich (1978), *Estrutura da lírica moderna*: da metade do século XIX a meados do século XX, depreendem-se as características mais importantes da lírica até os anos 50: dissonância, anormalidade, multiplicidade de significações, entrelaçamento de tensões de forças absolutas; traços arcaicos e místicos que se manifestam junto à mais aguda intelectualidade; simplicidade de exposição combinada com a complexidade do que é expresso. Daí, por exemplo, o vocabulário usual com significações insólitas, a sintaxe desmembrada ou reduzida a expressões nominais.

Entre o poema e o leitor, destaca-se o efeito de choque e não a comunicação própria da poesia romântica; o eu lírico é despersonalizado e a fantasia passa a ser elaboração do intelecto. A beleza seria resultado de razão e de cálculo. Como vemos, a distância entre essa lírica e a da intimidade comunicativa, estudada por Emil Staiger (1969), é grande.

TEXTO LITERÁRIO E INTERTEXTUALIDADE

O texto literário, diz-nos Graciela Reyes (1984, p.9), é uma estrutura verbal representativa do discurso e também da realidade que o discurso articula. Trata-se de um simulacro lingüístico, de uma imagem do discurso desvinculada de um eu-tu, de um aqui e de um agora determináveis e históricos. E é também citação de discurso, como língua mostrada em uso, análise e exploração das suas virtualidades, jogo com as convenções e as limitações dos atos de fala correntes.

A possibilidade de autor e leitor viverem a ilusão que a literatura proporciona, iniciando-se no universo do mito, vivendo a catarse, impregnando-se da exemplaridade do símbolo ou divertindo-se, depende dos mesmos comportamentos lingüísticos aprendidos para o uso da língua nas demais esferas. O estatuto ontológico da ficção, como lembra a autora que acompanhamos (p.18), é um estatuto lingüístico. Sendo manifestação de discurso, a ficção concentra o que é próprio dele, ou seja, como ele faz parte de uma história de discursos, é continuação de discursos anteriores, citação implícita ou explícita de textos prévios. "Todo discurso é suscetível, por sua vez, de ser enxertado em novos discursos, de tomar parte em uma classe de textos, do *corpus* textual de uma cultura. A intertextualidade, junto com a coerência, a adequação, a intencionalidade comunicativa, é requisito indispensável do funcionamento discursivo" (p.42-3).

Concluímos, a partir do que está aí afirmado, que a *iterabilidade* é parte da natureza do texto literário. Como diz Graciela Reyes (1984, p.39) – e outros antes e depois dela –, um texto literário só se faz inteligível porque está inscrito num conjunto de textos, porque faz parte desse processo de intertextualidade que é a reativação de toda atividade lingüística. E ainda:

> A literatura refere-se ao mundo e também se refere à literatura, ainda que seja apenas por inscrever-se em um gênero (aceitando ou rompendo seus postulados). Desde a alusão mais sutil até a repetição literal, desde a eleição de uma fórmula (seja "havia uma vez"...) até a paródia de um sistema literário completo, em todo texto literário há outros – muitos, os identificáveis e os não identificáveis – textos literários. (p.45)

Não é diferente do que afirma Laurent Jenny (1979, p.5), de modo mais efetivo, em "A estratégia da forma": a relação de realização, transformação ou transgressão da obra literária ante os modelos arquetípicos define a literatura. Como Graciela Reyes, lembra também que, mesmo quando uma obra se caracteriza por não ter nenhum traço comum com os gêneros existentes, essa negação é a afirmação da permeabilidade. O fato de só na atualidade esse aspecto ser destacado deve-se, para Laurent Jenny, à cegueira causada pela sua evidência. O desenvolvimento da crítica formal é que torna possível a consideração da intertextualidade no que diz respeito ao "funcionamento" da literatura.

Todavia, antes de Bakhtin (1981 e 1987) e de Julia Kristeva (1969 e 1984) – que, de certo modo, compendia e estende, multiplicando, as posições do ensaísta russo sobre dialogismo e polifonia, cunhando o termo "intertextualidade" e colocando-o em circulação – o problema da retomada, genericamente pensado, revela-se na antiga preocupação grega com a *mímesis*. Não está vinculada às reflexões sobre o fenômeno da representação, a discussão sobre repetição, reprodução, gênese a par de outros fenômenos como diferença, independência, autonomia, originalidade?

Não nos aprofundaremos nessas considerações, mas reproduzimos um fragmento de Luiz Costa Lima (1980, p.4) que, no primeiro ensaio de *Mímesis e modernidade*: formas das sombras, em busca do conceito de *mímesis*, a partir de Auerbach, retoma Platão:

Todos os caracteres distintivos adquiridos pelo corpo vivo são reconhecíveis no cadáver, ou quase todos, durante um certo tempo. Creio, Cálicles, que o mesmo sucede com a alma, e que aí se percebe, quando está despojada de seu corpo, todos os seus traços naturais e todas as modificações que sofreu por decorrência das maneiras de viver a que o homem se submeteu em cada circunstância (Górgias, 524 d). Assim fazendo, a *mímesis* podia aparecer como um conceito atemporal e unitário, pois, diante da mutabilidade do mundo, há uma maneira de respeitá-la e, ao mesmo tempo, de dar conta da permanência de uma atitude. O ato mimético seria em si dialético: permanência que não se nega ao transformado, transformado que não lança um abismo ante o que passou. Homero dá as mãos a Rabelais, que se reconhece na tão distinta senhora Woolf.

Na contemporaneidade, conclui-se pela presença inevitável da intertextualidade e pela possibilidade de critérios estruturais provarem um fato intertextual. As citações literárias por cópia, pastiche, alusão, plágio, paródia e todos os mecanismos de citar tanto no relato literário quanto na língua corrente, oferecem algum tipo de representação do texto e da situação de enunciação original (Reyes, 1984, p.60).

A relação representativa entre o texto citado e o seu original é independente da forma direta ou indireta da citação. Reconhecemos o "outro" texto no texto novo porque ele nos dá uma imagem do primeiro, uma palavra, um modo de entonar, um traço estilístico, uma transcrição completa ou a reformulação dos seus conteúdos.

A iterabilidade é parte da natureza do signo e, conseqüentemente, do discurso. Mas, como diz Graciela Reyes (1984, p.59), só em parte ele pode repetir-se. É o seu modo de representação:

> Um ato de fala – a parte verbal de um ato de fala – é suscetível de converter-se em uma imagem dentro de outro ato de fala. Essa representatividade é o eixo da economia discursiva.
>
> A citação produz a imagem verbal de outro objeto verbal, real ou inventado, anterior, possível, futuro. Já sabemos que essa imagem nunca será completa e fiel, já que a sua produção se efetua mediante uma inevitável recontextualização do texto citado.

A iterabilidade é, portanto, limitada e provoca um tipo qualquer de alteração. Todo texto pode ser lido em outro momento, o que o modifica inapelavelmente. Como o texto é feito de outros e serve para novos textos, não há pureza textual (Reyes, 1984, p.53). Pode-se perverter *ad libitum* o significado dos textos pela "técnica do anacronismo deliberado e das atribuições errôneas" (p.57). Por exemplo, a *Odisséia* seria lida como se fosse posterior à *Eneida*. Todos os anacronismos são possíveis, de modo que livros já muito interpretados trazem novidade, pois cada citação ancora-se num tempo diferente, o que significa que a enunciação é irredutível. Todo texto, pela aptidão para ser citado, está sujeito a uma perversão inesgotável.

Assim, de um lado, ante a fatalidade da intertextualidade e em vista das múltiplas possibilidades da sua ocorrência, o problema que se apresenta é explicitado por Laurent Jenny (1979): a dificuldade de "determinação do grau de explicitação da intertextualidade" numa certa obra, o que só não ocorreria nos casos de citação literal. A esse desafio muitos estudiosos como ele próprio e Gérard Genette tentam responder.

De outro lado, as transformações que a operação intertextual comporta leva Julia Kristeva, citada por Laurent Jenny (1979, p.13), a propor outra denominação para o processo de que tratamos:

> O termo "intertextualidade" designa essa transposição de um (ou vários) sistema(s) de signos noutro, mas como este termo foi freqüentemente tomado na acepção banal de "crítica das fontes" dum texto, nós preferimos-lhe um outro: transposição, que tem a vantagem de precisar que a passagem dum a outro sistema significativo exige uma nova articulação do tético – da posicionalidade enunciativa e denotativa.

No que se refere às relações entre intertextualidade e crítica de fontes, Laurent Jenny (1979, p.14) opõe-se a Julia Kristeva por acreditar que a primeira, tomada em sentido estrito, prende-se a esse tipo de crítica. Desse modo, por intertextualidade, entende não a mistura de influências, mas a transformação e assimilação de vários textos, realizada por um texto centralizador, detentor do comando.

Pensamos que a intertextualidade não exige "transformação e assimilação de vários textos", bastando a interferência de um texto em outro. Mas concordamos com Laurent Jenny quanto à relação da intertextualidade com a crítica de fontes. E também com a crítica genética que – distanciada da crítica de fontes pelos objetivos que propõe, mas mantendo vínculos com ela – busca discernir os processos da criação literária. O exame do transporte de formas do conteúdo e da expressão entre textos de um mesmo autor, como vemos neste trabalho, e da recuperação de procedimentos textuais de um autor em textos de outro, desde que envolvam manuscritos e não apenas a obra publicada, são pontos de interesse da crítica genética, já que constituem parte do processo de criação.

TRANSTEXTUALIDADE GENETTIANA

Os estudos sobre a intertextualidade literária, para Graciela Reyes (1984, p.45-6), centram-se em obras particulares e as bases teóricas dessa análise são confusas e talvez o sejam sempre, dada a vastidão do fenômeno que impediria submetê-lo a um "rigor teórico definitivo". Na verdade, por mais rigorosa que seja a teoria relativa a qualquer problema, dificilmente ela será definitiva. Por outro lado, o estudo sistemático da intertextualidade, com os avanços que se têm manifestado, traz luzes cada vez mais claras sobre esse elemento essencial do discurso literário e não-literário. A colaboração de Gérard Genette em *Palimpsestes* (1982), por exemplo, é fundamental, tendo tanta importância quanto os seus estudos sobre a narrativa no âmbito da narratologia. Entre outras propostas teóricas muito interessantes, além daquelas da própria Graciela Reyes, estão as de Laurent Jenny em "A estratégia da forma" (1979) e as de Antoine Compagnon em *La seconde main ou le travail de la citation* (1979) também mobilizadas nesta pesquisa.

As investigações de Gérard Genette nesse campo compreendem ainda *Introduction à l'architexte* (1979). Nessa obra, afirma que o objeto da poética não é o texto, considerado na sua singularidade, mas o que ele então denomina *arquitexto* ou *arquitextualidade do texto*, ou seja, o conjunto de categorias gerais ou transcendentes, como os tipos de discurso, os modos de enunciação, os gêneros literários, de que depende cada texto singular.

Em *Palimpsestes*, obra em que se encontra a mesma erudição que encanta o leitor das *Figures* (1966, 1969, 1972), Genette (1982, p.7) faz uma correção: o objeto da poética não é a arquitextualidade, mas a *transtextualidade* ou *transcendência textual do texto* que define da seguinte maneira: "tudo o que o coloca em relação, manifesta ou secreta, com outros textos". Não há, portanto, texto sem transcendência textual. A transtextualidade ultrapassa e inclui a arquitextualidade e outros tipos de relação intertextual.

Genette afirma a existência de cinco tipos de relação transtextual: a *intertextualidade* que é a relação de co-presença entre dois ou vários textos, eideticamente, pela presença efetiva de um texto em outro. É o que ocorre no plágio, na citação, na alusão. A *paratextualidade* é a relação menos explícita e mais distante que, no conjunto formado por uma obra literária, o texto propriamente dito entretém com o seu paratexto. Entre os elementos por ele considerados como paratexto estão o título, o subtítulo, o prefácio, o posfácio, as notas marginais, as epígrafes, as ilustrações. É nessa rubrica que coloca os materiais que a crítica genética utiliza. Assim, os títulos de capítulos com que James Joyce relaciona cada capítulo do *Ulisses* com um episódio da *Odisséia* – em versão do texto anterior à sua liberação para o público – é de ordem paratextual. Do mesmo modo, prototextos, rascunhos, esquemas, projetos são componentes paratextuais. A conceituação de tais textos como paratextos constitui, a nosso ver, uma limitação. Em conseqüência da própria noção de texto, Genette (1982, p.10) pergunta, radicalmente, se devemos ler um texto póstumo dado que não sabemos se e como o autor o publicaria.

Acrescenta ainda que a paratextualidade é uma mina de questões sem resposta. No entanto, é preciso frisar, a crítica genética não considera o problema desse modo e desfaz tais restrições. Para os estudos genéticos, a noção de texto engloba desde a primeira palavra do esboço inicial até as últimas variantes do escritor em versões publicadas. A concepção de texto deixa de ser unívoca, para ser múltipla e fluida, compreendendo a dinâmica do processo de criação. Sendo assim, a mina de questões sem respostas fica menos saturada ou, no mínimo, as discussões dos geneticistas sobre elas esclarecem muitos problemas da paratextualidade genettiana.

A *metatextualidade* é a relação de comentário que une um texto a outro de que ele fala, sem necessariamente citá-lo, até mesmo sem nomeá-lo. É a relação crítica, ainda não estudada do modo como merece. A natureza e o estatuto da metatextualidade são objeto de estudos meta-metatextuais.

A *hipertextualidade*, matéria principal de *Palimpsestes*, é definida como toda relação unindo um texto B (hipertexto) a um anterior A (hipotexto), no qual ele se enxerta de uma maneira que não é a do comentário. Genette propõe, nesse caso, a noção de texto de segundo grau ou texto derivado de outro preexistente. A derivação é tanto de ordem descritiva e intelectual em que um texto "fala" de outro quanto de outra ordem, como quando B não fala de A, mas não poderia existir sem ele. O autor distingue, na relação hipertextual, duas formas de transformação: a *simples ou direta* e a *por imitação*.

O quinto tipo de transtextualidade é a *arquitextualidade* que Genette considera o mais abstrato e mais implícito. Trata-se de uma relação "muda" que articula uma menção paratextual de pertencimento taxionômico. Fazem parte desse tipo de menção títulos como poesias, ensaios e referências infratitulares como romance, poemas que acompanham os títulos na capa. Nenhum texto é, todavia, obrigado a indicar o pertencimento de gênero. Aliás, a decisão sobre o estatuto genérico é tarefa do leitor, do crítico, do público, que podem recusar a indicação do paratexto. O fato de a relação arquitextual ser implícita e sujeita à discussão e à flutuação histórica não diminui a sua importância: a percepção genérica orienta e mesmo determina, em larga medida, a expectativa do leitor e a recepção da obra.

Embora fixe o seu estudo na hipertextualidade, Genette (1982, p.14) faz uma ressalva fundamental: os cinco tipos de transtextualidade não devem ser considerados como classes estanques. Ao contrário, há entre eles comunicações numerosas e decisivas. Assim, a arquitextualidade genérica constitui-se quase sempre através da imitação, portanto, da hipertextualidade. Sobre esse aspecto, a posição de Laurent Jenny (1979, p.6) é a mesma: a determinação intertextual da obra é dupla, visto que uma paródia, por exemplo, relaciona-se, simultaneamente, com a obra de que faz a caricatura (relação hipertextual, de acordo com a conceituação genettiana) e com todas as obras do gênero parodístico (relação arquitextual, na mesma conceituação).

O pertencimento arquitextual de uma obra é freqüentemente declarado por meio de índices paratextuais, esboços de metatextos. Um paratexto, por sua vez, como o prefácio, é uma forma de comentário, o mesmo ocorrendo com o hipertexto: um *travestissement*, ou seja, uma deturpação, pode ser uma crítica. A própria crítica só se faz com a atividade intertextual como apoio.

A hipertextualidade como classe de obras é um arquitexto genérico ou transgenérico. Trata-se de categoria que engloba, inteiramente, certos gêneros canônicos, tais como o pastiche, a paródia, o *travestissement* e, provavelmente, atravessa todos os outros, que pertencem à classe reconhecida do seu gênero oficial e à dos hipertextos. Além disso, como todas as categorias genéricas, a hipertextualidade declara-se freqüentemente por meio de um índice paratextual.

Outra advertência genettiana reforça a noção de que as categorias de textos não são estanques. Sendo a transtextualidade não uma classe de textos, mas um fator da textualidade, os diversos componentes devem ser considerados como aspectos da textualidade e, por conseguinte, de toda classe de textos. Todo texto pode ser citado, mas a citação é uma prática literária definida; todo enunciado pode ser investido de uma função paratextual, contudo o prefácio é um gênero. A crítica é um gênero, o arquitexto é a *classeité* mesma. A hipertextualidade é também um aspecto universal: não há obra que não evoque outra e assim todas as obras são hipertextuais (Genette, 1982, p.15), como afirmam também outros estudiosos, como Graciela Reyes (1984) e Laurent Jenny (1979), ficando apenas naqueles mencionados neste estudo.

No início de *Palimpsestes* (1982, p.16), o teórico da narrativa esclarece ser o escopo desse livro abordar a hipertextualidade na face mais clara, aquela em que a derivação do hipotexto é maciça e declarada de forma mais ou menos oficial. Além disso, trata da hipertextualidade, partindo das situações em que a derivação é mais cerrada – como a paródia, o *travestissement,* o pastiche – para aquelas em que é menos visível.

No sétimo capítulo do livro (1982, p.33), procura precisar o objeto de estudo, construindo um quadro geral das práticas hipertextuais, a começar do que já tratara nos capítulos anteriores, ou seja, da paródia. A seu ver, o termo paródia encobre uma confusão bastante problemática, porque designa tanto a deformação lúdica quanto a transposição burlesca e ainda a imitação satírica de um estilo. A explicação está na convergência funcional das três fórmulas que resultam em efeito cômico. Todavia, tal convergência mascara uma diferença estrutural importante entre tais procedimentos. A paródia estrita e o *travestissement* procedem por transformação do texto e o pastiche satírico por imitação do estilo. Em virtude dessa circunstância, na palavra paródia estão investidos dois significados discordantes. A proposta genettiana é chamar de *paródia* o desvio do texto com transformação mínima; *travestissement*, a transformação estilística com função degradante; *charge*, o pastiche satírico e *pastiche*, a imitação de um estilo desprovido de intento satírico.

Os dois primeiros tipos que diferem pelo grau de deformação imposto ao hipotexto recebem a denominação geral de *transformação* e os dois outros que diferem apenas pela função e grau de agravamento estilístico denominam-se *imitação*. Lembra, porém, uma forma de hipertextualidade de enorme importância na literatura que é a *paródia séria*. A categoria funcional do "sério" traz, para Genette (1982, p.36), a necessidade de propor a palavra *transposição* para as transformações sérias e *forgerie* para as imitações sérias.

Como o nosso escopo é tomar conceitos e classificações genettianos unicamente como orientação geral para o estudo de produções rosianas, sintetizamos apenas divisões e subdivisões que dizem respeito a esse *corpus*. Mas cabe assinalar a pertinência e a pertinácia desse estudioso no tratamento da transtextualidade.

A transposição – a mais rica das categorias em procedimentos técnicos e investimentos literários – contém as operações que resumimos em seguida: a *prosificação* e a *amplificação*. Duas outras formas de hipertextualidade são também apresentadas: a *transestilização* e a *suíte*.

Prosificação

A *prosificação*, um dos processos de hipertextualidade de que Genette trata em *Palimpsestes* (1982, p.246-53), é, paradoxalmente, mais comum que a *versificação*. De autoria de Lucius Septimius, aparece, no século IV d. C., uma pretensa tradução latina das *Efemérides da guerra de Tróia* do guerreiro grego Dictys de Creta, companheiro de Aquiles e de Diomedes, que as teria escrito em fenício como um diário de guerra que depois foi vertido para o grego. O autor pode ser outro, mas o texto é uma prosificação condensada de Homero. Dois séculos mais tarde, surge nova "versão" em prosa, ainda mais reduzida, de Darès. Antes da redescoberta de Homero, os dois textos são as principais fontes sobre a guerra de Tróia. Em 1670, Père le Moyne escreve que a *Ilíada* nada mais é que uma cópia em verso dos textos em prosa de Dictys e Darès. Para Genette (1982, p.249), trata-se do hipertexto "hipotextificado": nessa singular situação borgiana, a epopéia original é lida pelo avesso, como uma versificação derivada.

Sobre a repetição desse procedimento, no que diz respeito à canção de gesta e ao romance medieval, Genette (1982, p.249) reproduz fragmento do *Essai de poétique médiévale* de Paul Zumthor em que se afirma o seguinte: estando a epopéia francesa extinta no século XV, os príncipes pediam aos escritores que revivessem, em prosa, canções da época precedente. Tais prosificações, último avatar da matéria épica, formam a fonte de muitos romances franceses e estrangeiros dos séculos XV e XVI e da literatura popular que, até o século XVIII, circula na Europa.

A comparação detalhada desses hipertextos com os hipotextos é complicada, uma vez que não podem ser considerados como traduções fiéis em prosa. Em Houdar de la Motte está a rara oportunidade de estudo pela prosificação escrupulosa.

Antes de analisar o trabalho de Houdar, o autor de *Palimpsestes* (Genette, 1982, p.249-50) comenta a "performance intermediária": a *dérimaison*, isto é, o fato de suprimirem-se as rimas sem destruir o ritmo métrico. Voltaire retira quatro rimas de *Fedra*, para mostrar que, como a clareza e a elegância constituem o "gênio" da língua francesa, não é admissível nenhuma licença à sua poesia. Com a apre-

GUIMARÃES ROSA: MAGMA E GÊNESE DA OBRA

sentação dos versos sem as rimas, o autor de *Cândido* pergunta se, ainda que poético, o trecho proporciona o mesmo prazer sem a rima.

Já no caso de Houdar, Genette mostra como, na primeira cena de *Mithridate*, o hipertexto é mais literal do que no exercício contrário, ou seja, na versificação. Trata-se de desfazer as inversões de Racine, de realizar algumas substituições. O resultado é a possibilidade de verificação de que os versos racinianos são, nesse caso, prosa ritmada e rimada. Um poema lírico certamente traria dificuldades muito maiores para a prosificação.

Na tradução em prosa de Góngora por Damaso Alonso, a prosificação torna-se comentário. Mas transforma-se também em poema em prosa, como faz Baudelaire com *Chevelure* e com *Invitation au voyage*. Dessa transformação, Genette retém o conceito de *transfiguração*. Não se trata apenas de suprimir as figuras ou o sistema implícito de figuração, mas de proceder à desfiguração e à refiguração, num trabalho duplo.

Amplificação

Entre as possibilidades de transformação, Genette (1982, p.263) classifica duas operações antitéticas: a *redução* e o *acréscimo* ou a *amplificação*. Essa última categoria, que não é um simples alargamento (p.298), pode ser de dois tipos. O primeiro – o contrário da redução por supressão maciça – é o aumento por adição maciça, que o autor chama de *extensão*. O exemplo de Genette é Apuleio, que, ampliando as *Metamorfoses* de Lúcio, acrescenta, no mínimo, um episódio que é o mito de Amor e Psiquê. Todavia, o investimento maior, nesse tipo de operação, acontece no teatro, sobretudo no teatro clássico francês, quando, nos séculos XVII e XVIII, os dramaturgos desejam adaptar tragédias gregas para a cena moderna, preenchendo-as para que ocupem os cinco atos então exigidos. *Édipo rei* é o caso mais conhecido por ter recebido extensões de todo tipo.

Corneille, o primeiro a executar essa atividade de ampliação sobre a tragédia de Sófocles, explica e descreve ao leitor com clareza como se dá a intervenção. Acreditando que o amor não é explorado como deveria ser e que o papel das mulheres não é suficiente, dá a Laio e a Jocasta uma filha e a Édipo, uma irmã, acrescentando ainda ou anexando Teseu, como a personagem por quem Dirce se apaixona. Há mesmo um final feliz para essas duas personagens, distorsão da tragédia, própria de Corneille.

O jovem Voltaire também conclui que o assunto é muito breve, realizando a própria peça que conta, do mesmo modo, com a adição de heróis exteriores a Tebas, para trazer a paixão que, a seu ver, falta às tragédias. Introduz Filoctetes, antigo amante de Jocasta, o qual, sabendo da morte de Laio, tenta uma reaproximação com ela, mas encontra-a casada com Édipo. Além disso, Filoctetes é acusado da morte de Laio.

Houdar de la Motte é o terceiro a realizar inserções na tragédia de Sófocles; escreve-a em prosa, versifica-a e a publica em 1726. Evita o defeito dos antecessores, Corneille e Voltaire, ao deixar de trazer um herói estranho a Tebas (Genette, 1982, p.300-1).

O autor de *Figures* acompanha outra modificação por adição que *Édipo rei* conhece: a de Cocteau de 1932 que apresenta aumentos analépticos.

É também a partir de *La machine infernale* de 1934 de Cocteau que o estudioso da transtextualidade (Genette, 1982, p.303) trata de outro princípio da adição: a *contaminação*. A presença visível de *Hamlet* no texto de Cocteau não é exemplo único de contaminação entre as duas grandes tragédias: no *Édipo* de Gide de 1930, isso já ocorrera. A contaminação supõe a mistura, em quantidade variável, de dois ou mais hipotextos em um hipertexto e é uma prática tradicional.

O segundo tipo de aumento de que *Palimpsestes* (1982, p.304) trata é a antítese da concisão e não procede de um aumento maciço, mas de uma espécie de dilatação estilística. Simplificadamente, define-se como o ato de duplicar ou triplicar cada frase do hipotexto. Esse procedimento é chamado de *expansão*. Dada essa possibilidade de modificação de um texto é que a retórica clássica praticava – e fazia que os alunos praticassem – a amplificação.

A distinção que então se propunha entre aumento "por figuras" – introdução de figuras num hipotexto considerado como literal – e amplificação "por circunstâncias" – exploração de detalhes por meio de descrição, animação etc. é considerada por Genette como artificial.

GUIMARÃES ROSA: MAGMA E GÊNESE DA OBRA

A partir de um modelo de expansão de "O lobo e o cordeiro" – era sobre as fábulas de Esopo que tal exercício se realizava preferencialmente – o ensaísta mostra que as figuras dominantes são, justamente, as figuras "circunstanciantes" como descrições, retratos, diálogos. Além do mais, tais acréscimos de ordem estilística têm a finalidade de trazer um efeito comum de "animação realista".

Hipotexto e hipertexto são, nesse caso, exemplos de textos sérios com efeito moralizador. Há também o uso lúdico da expansão, como mostram os *Exercices de style* de Queneau, traduzidos e adaptados no Brasil. Nesses hipotextos são encontradas algumas formas inéditas de expansão por hesitação, por excesso de precisão, por transformação definicional, por preciosismo.

Essas duas possibilidades de aumento, a extensão e a expansão, na prática, não são encontradas em estado puro. Assim, Genette (1982, p.306) considera a *extensão temática* e a *expansão estilística* como duas formas de um aumento generalizado para o qual utiliza o termo *amplificação*.

Essa operação é uma das fontes fundamentais do teatro clássico, sobretudo da tragédia, de Ésquilo ao final do século XVIII. Sófocles e Eurípides ampliam os episódios do predecessor. Corneille e Racine, inspirados no curto texto de Suetônio sobre a separação de Titus e Berenice, oferecem exemplo desse processo. A expansão é mais ou menos a mesma: o texto incha por hesitações, deliberações, pressões contraditórias. Mas estendem-no também a adição de um ou dois personagens que possibilitam ampliação nos movimentos da ação.

O *Moyse sauvé* de Saint-Amant, lembra Genette (1982, p.309), amplia para seis mil versos as poucas linhas do Gênese que tratam do episódio. A ampliação dá-se especialmente pelo "desenvolvimento diegético", pela expansão: dilatação de detalhes, descrições, multiplicação de episódios e de personagens secundárias, dramatização máxima. Também por "inserções metadiegéticas", por meio do essencial da extensão: episódios estranhos à fábula inicial, mas que lhe dão aprofundamento histórico e religioso. E ainda por "intervenções extradiegéticas" do narrador não tão produtivas nesse exemplo.

Mais recente é *José e seus irmãos* de Thomas Mann, que transforma o trecho bíblico em um imenso romance de quatro volumes a um tempo de formação e histórico (Genette, 1982, p.310). Longo desenvolvimento ou expansão diegética convive com enormes intrusões extradiegéticas de um narrador prolixo, ostensivamente onisciente.

Transestilização

O nome do processo já diz: o investimento, nesse caso, é a reescritura estilística, a transposição cuja única função está na mudança de estilo. Como exemplo, Genette (1982, p.257) cita o *rewriting* jornalístico em que se substitui um estilo "bom" por um "menos bom".

Ludicamente, o processo ocorre nos *Exercices de style* de Queneau: o título de cada "exercício" indica o estilo transestilizado. No regime sério, tal atividade raramente se encontra em estado livre, acompanhando práticas como a *tradução* e a *transmetrização*.

Um exemplo é a transestilização dos *Contes et légendes de l'Inde* de Mary Summer por Mallarmé, que se transformam, parcialmente, nos quatro *Contes indiens*. O trabalho do poeta – redução do hipotexto em um sexto e enriquecimento do léxico em um décimo – pode ser chamado de *estilização*, já que se trata de colocar "estilo (artístico)" onde não havia ou era mínimo.

Outro exemplo é o *Essai de traduction en vers français du Cimetière marin de Paul Valéry*, efetivado em 1933 pelo coronel Godchot. O propósito é tornar claro o obscuro estilo de Valéry.

A prática da *autotransestilização* é comum: Valéry, Mallarmé e outros formulam várias versões de um mesmo poema, em que cada nova versão "transestiliza" a precedente. Em Mallarmé, temos a ocorrência talvez mais conhecida desse tipo de investimento: há três versões de muitos poemas. O estudo desse processo em Mallarmé, Genette (1982, p.261) deixa para os geneticistas e, para outra pesquisa, a teorização da função, a seu ver, paratextual, do prototexto (*avant-texte*) ou do "auto-hipotexto".

Uma advertência final nesse item: toda transestilização que não opera por simples redução ou acréscimo, como nos exemplos precedentes, contém o processo de substituição, de acordo com a fórmula supressão + adição.

Suíte

A atividade de imitação, Genette (1982, p.181) divide em duas: *continuação* e *suíte*. Em princípio, quando se trata do processo de imitar uma obra literária – ou uma música, um filme – de outrem, temos continuação, e a suíte dá-se quando se trata de imitação da própria obra. A primeira é "alógrafa", a segunda, autógrafa. Mas não é nesse ponto que Genette (p.182) se fixa. Antes, completando tal distinção com o *Littré*, lembra que as palavras continuação e suíte designam a ligação de uma coisa com o que a precede. Suíte tem um significado mais geral, não importando se o texto a que se dá seqüência é ou não acabado, ao contrário da continuação que indica que o hipotexto não foi terminado.

Interessa-nos a suíte, no sentido de procedimento autógrafo e também naquilo que Genette toma como ponto principal: difere da continuação, porque não se vincula a uma obra para dar-lhe um final, mas para relançá-la além do seu término. O motivo é o desejo de explorar o primeiro ou o segundo sucesso e é natural que o próprio autor aproveite a oportunidade. O caso de Defoe é o melhor exemplo. Todavia, a suíte autógrafa não faz parte do interesse de Genette (1982, p.230), porque escapa da sua concepção de imitação: num romance, a segunda parte é uma imitação da primeira, como também o segundo capítulo o é em relação ao primeiro. O escritor, ao prolongar a obra, de certo modo, imita-se, a menos que se transcenda ou se traia, mas isso não tem a ver com a hipertextualidade.

Não tem mesmo a ver? Na transcendência, na traição de um estilo não há hipertextualidade? O próprio teórico em que nos baseamos completa: a suíte e inúmeras outras formas de integração narrativa a ela vinculadas como os ciclos locais, os *romans fleuves*, trazem questões que não se encerram mais na "imanência" do texto (p.230-1). Nesses casos, ainda que assinados por um mesmo autor, há vários textos que se reenviam uns aos outros: "Essa 'autotextualidade', ou 'intratextualidade', é uma forma específica de transtextualidade, que seria, talvez, necessário considerar em si mesma – mas não há pressa."

Apesar das ressalvas de Genette, tendo em vista que ele desconfia de que no que chama "autotextualidade" há algo a observar, tomamos o termo suíte para a imitação de estilo em textos de um mesmo autor.

Outros conceitos genettianos de ordem mais restrita, que podem auxiliar o direcionamento do trabalho, são resumidos no momento da descrição dos fenômenos no texto rosiano.

Embora se saiba que o uso da teoria nunca deva ser de forma a aprisionar o objeto estudado para que a fórmula bem se aplique, cabe aqui uma advertência. As sugestões de Gérard Genette e as dos demais teóricos recenseados servem-nos de guia unicamente para abrir caminho para a pesquisa, oferecer-lhe pistas e ajudá-la a manter a objetividade possível.

Como já mostramos, em *Palimpsestes* (1982), o estudo centra-se nas operações de hipertextualidade em que tal fenômeno é visível, tendo o autor (p.16) pensado mesmo em restringi-lo aos gêneros oficialmente considerados como hipertextuais. A investigação persuadiu-o do contrário, figurando tal restrição como insustentável.

No *corpus* selecionado como objeto desta pesquisa, não só o fenômeno da hipertextualidade não se dá desse modo, como, muitas vezes, faz-se de maneira contrária: é implícita, escondida. Este é um dos desafios do trabalho: trazer à tona procedimentos que nem sempre são visíveis – a sua translação, menos ainda. Se a paródia, o *travestissement*, o pastiche não cobrem todas as ocorrências desse tipo analisadas por Genette, as práticas por ele levantadas não incorporam todas as possibilidades de retomada que arrolamos nos textos de Guimarães Rosa. Mas, seguindo o teórico de *Figures*, analisamos, em primeiro lugar, as relações de intertextualidade mais evidentes – que, mesmo assim, estão longe da clareza apresentada nos exemplos genettianos – e só depois aquelas menos explícitas, tentando enfrentar os riscos apontados em *Palimpsestes* (1982, p.16) – quanto menos a hipertextualidade é maciça e declarada, mais a sua análise vincula-se ao julgamento e à decisão interpretativa do leitor – de modo gradual.

AUTO-INTERTEXTUALIDADE E CRÍTICA GENÉTICA

Tratamos, até aqui, sobretudo, da intertextualidade referida às relações entre textos diferentes de autores diversos. Todavia, a nossa investigação centra-se num *corpus* especial: textos diferentes de um mesmo autor. As operações de retomada, nesse caso, de um lado, são as mesmas envolvidas no processo de intertextualidade. De outro lado, têm especificidade. Daí ser necessária uma reflexão sobre o pressuposto fundamental da pesquisa – o da recuperação, realizada por Guimarães Rosa, de procedimentos de um texto em outro.

Antoine Compagnon (1979, p.362-3), no estudo sobre a citação, *La seconde main*, discute também os desvios na tipologia dessa operação. Não seriam grandes e radicais transformações no sistema, mas transgressões pontuais do código, embaraços na classificação, agrupados em duas espécies: *regressões* e *perversões*. A primeira comportaria o retorno a uma tábua de valores relativa à citação incompleta e inacabada como na Idade Média. Seriam ressurgências do comentário ou do discurso teologal sob todas as suas formas, quando ignoram o valor icônico da citação e da enunciação. Exigem não apenas a adesão do sujeito, mas a fé. Já a perversão é a ausência de fé e de lei. Trata-se de um desafio ao sistema, ao modelo e à classificação. Porém, sendo a classificação exaustiva de modo a conter a perversão como a sua aberração, confirma pelo contrário a própria pertinência. O exemplo é justamente o da autocitação: Chateaubriand em *Vie de Rancé*, remetendo ao *Génie du christianisme*, escreve: "Eu me cito (não sou mais que o tempo)".

Para Compagnon, nesse caso, entre dois sistemas semióticos habituais, introduz-se uma "ligação suplementar" – os dois textos têm o mesmo autor, mas são diferentes – anomalia que traz determinadas dificuldades, pois não é seguro que os textos constituam um único sistema semiótico.

Lembrando que em economia se fala em fenômenos perversos, aqueles que os modos de intervenção tradicionais não solucionam, Compagnon (1979, p.363) escreve: "Em matéria de escritura, a perversão é econômica: ela perturba a estrutura das trocas no discurso e a propriedade literária. É o roubo (o plágio), a dissipação (o *dumping*, a inflação de citações), a prostituição (a autocitação), o dom: tudo o que trapaceia ou frauda a regra do jogo e que não existia em Montaigne antes de essa regra ser formalizada".

Outros autores definem a autocitação, sem considerar que ela constitui um desvio. Em "Intertexto e autotexto", Lucien Dällenbach (1979, p.52) refere-se à distinção teórica habitual entre *intertextualidade externa* e *intertextualidade interna*. Jean Ricardou propõe-na em *Pour une théorie du nouveau roman* (apud Dällenbach, 1979), entendendo a primeira expressão como relação de um texto com outro e a segunda, como relação de um texto consigo mesmo. Em momento posterior, no colóquio Claude Simon de Cerisy-la-Salle de 1974, ele estabelece distinção entre *intertextualidade geral*, que compreende relações intertextuais entre textos de autores diferentes, e *intertextualidade restrita*, que concerne a relações intertextuais entre textos do mesmo autor.

Já Lucien Dällenbach (1979, p.52) propõe o reconhecimento de uma *intertextualidade autárquica*, à qual, na esteira de Gérard Genette, denomina *autotextualidade*. Define o setor do autotextual como "conjunto das relações possíveis dum texto para consigo mesmo".

Por questão de clareza, nessa linha e com base em Genette, preferimos o termo *auto-intertextualidade* para tratar da intertextualidade restrita, ou seja, entre textos de um mesmo autor. O estudioso da narrativa emprega *autotextualidade* e *intratextualidade* para o caso que examinamos (p.231), e é comum, na sua tipologia, o uso do prefixo auto-. Tratando, por exemplo, da transestilização (p.257-61), inclui o auto-hipotexto.

A pesquisa que desenvolvemos, ou parte dela, pode ser nomeada com mais pertinência como estudo centrado na auto-intertextualidade rosiana vista como um dos procedimentos de criação do escritor.

Sendo, portanto, o seu objetivo a investigação da gênese de procedimentos do escritor mineiro e contando com manuscritos como parte do *corpus*, o trabalho tem também ligações com a crítica genética, linha de abordagem do texto que se constrói com avanços consideráveis em diversos países, especialmente na França. No Brasil, conta com bom número de pesquisadores, em geral

GUIMARÃES ROSA: MAGMA E GÊNESE DA OBRA 65

relacionados com o arquivo de um escritor-autor (Willemart, 1993, p.22). Na busca de constituição de metodologias e de teorias próprias, tem-se apoiado em diversos pressupostos, tais como os da lingüística, da teoria da literatura, da filologia, da psicanálise, da semiótica, nas suas diferentes linhas.

A expressão crítica genética aparece, pela primeira vez, em 1979, no título do livro organizado por Louis Hay – *Essays de critique genétique* – como lembra Almuth Grésillon (1991). A autora acrescenta que tal campo de estudos tem relações com a filologia e a edótica, com a manuscritologia, áreas com as quais divide o mesmo objeto, mantendo a especificidade da sua atuação. Reproduzimos duas de três definições de crítica genética por ela apresentadas, das quais a primeira provém do seu domínio, dos que a praticam e indica o seu objeto e objetivos:

> Analisar o documento autógrafo para compreender, no próprio movimento da escritura, os mecanismos da produção, elucidar os caminhos seguidos pelo escritor e o processo que presidiu ao nascimento da obra, elaborar os conceitos, métodos e técnicas que permitam explorar cientificamente o precioso patrimônio que os manuscritos conservados nas coleções e arquivos representam ... (In: brochura de apresentação do Item, CNRS, 1988, p.4) (Grésillon, 1991, p.7)

A segunda não é de geneticista e salienta o ponto de partida fundamental para esse tipo de crítica que é o novo conceito de texto: "o estudo genético confronta o que [o texto] é com o que foi, ao que teria podido ser, ao que quase foi, contribuindo assim para relativizar, de acordo com o desejo de Valéry, a noção de conclusão, para confundir o demasiadamente famoso 'fecho', e a dessacralizar a própria noção de Texto (G. Genette, 1987, p.369 ss.)" (Grésillon, 1991, p.7). Tal definição é corroborada por Pierre-Marc de Biasi (1990, p.5): "a crítica genética tem por objeto a dimensão temporal do texto em estado nascente, e parte da hipótese de que a obra, na eventual perfeição final, é também o efeito da própria gênese".

É interessante lembrar que Genette, sem alinhar-se aos estudos genéticos, remete a eles com freqüência. De fato, é impossível tratar da intertextualidade com o grau de profundidade com que ele a examina, sem perceber que o material e a orientação das investigações dos geneticistas e daqueles que tratam dos processos de retomada convergem. Seguem-se dois exemplos entre outros em que tal aproximação é manifestada em *Palimpsestes* (1982). Cuidando da transestilização, diz que não comenta esse trabalho em Mallarmé, que chama de "mallarmeização": "é tarefa dos geneticistas, que nisso não têm falhado" (p.261). Páginas adiante (p.273-4), menciona a *autoconcisão* e chega a um ponto muito curioso: constatado tal processo em Chateaubriand, mas dele não tendo restado manuscritos, o teórico imagina uma página com rasuras que mostrariam o procedimento e, mais ainda, para poupar-se de comentários inúteis, transcreve o "rascunho imaginário"!

Mas importa-nos, das pressuposições da crítica genética, especialmente, a de que cada obra editada é ela mesma e toda a sua memória registrada nos materiais que a precedem – das anotações, dos planos, dos esboços, dos rascunhos, às primeiras e demais versões. E mais, um texto publicado ou não de um autor pode fazer parte do *dossiê de manuscritos* de outro texto. Segundo Pierre-Marc de Biasi (apud Mouzat & Travaglia, 1989, p.6), o dossiê é um "conjunto de documentos que comporta além de uma eventual documentação reunida pelo escritor (cadernos de leitura escritos pelo autor, notas, comentários) uma série mais ou menos diversificada de documentos de redação".

O fato de uma obra compor o dossiê de outra dá-se na produção de muitos escritores, como, por exemplo, na de Balzac: "*Falthurne II, Wann-Chlore, L'enfant maudit* trazem elementos necessários para uma análise genética do *Lys*"[2] (Séginger, 1996, p.260).

É o que acontece também com o material que examinamos: determinados textos de *Magma* que têm relações de parentesco com outros do mesmo autor podem ser considerados como componentes do dossiê de manuscritos daqueles que o sucederam.

Além disso, podemos conceber a obra de Guimarães Rosa como um único texto, composto de vários e diferenciados textos, ou como um conjunto de textos que se complementam em diversos sentidos. Fazem parte desse conjunto, a nosso ver, manuscritos do

---

2 Na produção de Balzac, as primeiras obras citadas antecedem *Le lys dans la vallée*.

escritor em qualquer fase de elaboração, traços materiais que a crítica textual busca, descreve e elucida e que a crítica genética procura interpretar. Subsiste nessa consideração, além dos argumentos gerais, próprios da crítica genética, a idéia de que há, a reger a produção rosiana, uma poética, um projeto estético de que o escritor pode não ter consciência plena, mas que tende a explicitar em muitos momentos. Aliás, Guimarães Rosa encaixa-se entre aqueles autores que se comprazem em pensar o seu ofício, em determinar o conceito de obra literária, as suas direções, de modo claro e muitas vezes didático na correspondência e em escritos paratextuais e de maneira explícita ou implícita na produção artística.

OS SUJEITOS QUE FALAM: ESCRITOR, AUTOR, AUTOR-IMPLÍCITO, NARRADOR

Como o fulcro deste estudo é a auto-intertextualidade rosiana, paralelamente à reflexão sobre as relações palimpsestas entre textos literários, desenvolvemos outra sobre a natureza do primeiro elemento dessa palavra-chave, ou seja, "auto-". Leva-nos a isso a necessidade de responder a questões como: Qual é a instância responsável pelas escolhas iterativas?

Temos que considerar, inicialmente, o *escritor*, a pessoa humana, entidade complexa que envolve também o universo não-lingüístico e que foi pouco investigada pelas teorias da literatura e pela crítica literária nas últimas décadas, interessadas, sobretudo, na textualidade ou nas relações obra-sociedade. Apenas nos últimos anos é que alguns estudiosos passaram a debruçar-se sobre essa figura.

A questão do escritor põe-se também, evidentemente, para os estudiosos da crítica genética. Um dos especialistas desse campo de pesquisa entre nós, Philippe Willemart, lembra, *a priori*, a obrigação, determinada pelo trato com o manuscrito, de efetuar-se a separação entre *escritor* e *autor*. O crítico geneticista não pode, como a crítica formalista e estrutural o faz, deixar de lado a existência do escritor, mas deve separar as duas figuras. Para Willemart (1988, p.B-2), "o escritor é a instância mais próxima da mão, do corpo e da pulsão de escrever, que tem família, bens e um nome no cartório, Henri Beyle ou Frederic Sauser (Cendrars); é aquela que tem passado, inconsciente freudiano e cultura determinada".

Entre escritor e autor ocorre uma transmutação definida pela transformação do cotidiano em poesia, ficção, drama. O estudioso do manuscrito, comparando rasuras, emendas de toda ordem, "se dá conta de que o tempo da escritura trabalha a pessoa do escritor e devolve uma outra instância mais rica e diferente que assina muitas vezes com o mesmo nome, mas que, logicamente, deveria usar um outro, como Stendhal, Cendrars etc. o fizeram" (Willemart, 1988, p.B-2).

Escritor é, portanto, a entidade pessoal, física e psíquica, enquanto autor é o escritor transmudado, quando, "manipulando sabiamente a língua, pratica uma espécie de feitiçaria", no dizer de Théophile Gautier, citado por Willemart.

Da nossa parte, aproximamos a noção de *autor*, desenvolvida no artigo do geneticista, da categoria de *autor implícito*, apresentada por Wayne Booth (1961) em *The rhetoric of fiction*. Tal categoria, utilíssima na época em que foi proposta, continua a dar muitos frutos. A consideração dessa imagem do escritor adianta um passo – largo – na análise da narrativa.

Para Wayne Booth, o autor implícito é responsável pelos movimentos do narrador, pelos acontecimentos que ele narra, pelas personagens, pelo tempo e pelo espaço dos fatos narrados. Há, portanto, uma instância "atrás" do narrador.

Verificamos, com isso, que a aproximação entre os dois conceitos – autor e autor implícito – só faz sentido se levarmos em conta também a instância do *narrador*.

Sobre essa figura literária, muito se tem debatido e escrito desde Platão e Aristóteles, imbuídos da reflexão sobre o narrar e o imitar, passando por Hegel e pela discussão sobre a objetividade e a subjetividade e, neste século, por Henry James e os seus defensores e detratores.

Percy Lubbock propõe técnicas restritivas em relação a essa categoria, no que é contestado pelo romancista e teórico inglês E. M. Forster. Do mesmo modo, Edwin Muir critica Lubbock por apresentar normas específicas para o desenvolvimento do narrador.

GUIMARÃES ROSA: MAGMA E GÊNESE DA OBRA

Do universo francês, ressalta a importância de *Temps et roman* de Jean Pouillon (1946). As três possibilidades de relação entre narrador e personagem – a visão com, a visão por trás e a visão de fora – por ele formuladas têm grande utilidade, apesar de não permitirem uma apreciação mais profunda do fenômeno.

Outras propostas teóricas sobre a natureza do narrador, como as de Norman Friedman e as de Gérard Genette apresentadas em "Discours du récit" de *Figures III* (1972), surgem depois das anteriormente mencionadas. Aliás, a teoria da narrativa interessou-se mais por essa categoria a partir de meados deste século. Todavia, não temos a intenção de recensear todas as conceituações e classificações.

O narrador, um dos sujeitos que fala, constituído pelo discurso e no discurso, como afirma Graciela Reyes (1984, p.39-40), é um sujeito textual. Da fala desse sujeito nascem outras categorias como a do espaço, a do tempo e, naturalmente, a das personagens. Instância tão fictícia quanto as personagens, os acontecimentos e os atos lingüísticos, é ela que "decide" sobre a presença de monólogos ou diálogos. Essas reflexões de Graciela Reyes (p.20 e 25) referem-se à narrativa fictícia, essa forma discursiva universal que, de uma maneira ou de outra, reflete não só a organização humana da realidade como o seu significado. No entanto, podem ser estendidas para outras formas discursivas. Além disso, é preciso considerar que as "decisões" do narrador podem ser guiadas pelo autor implícito.

Já em 1948, outro lúcido teórico da literatura, Wolfgang Kayser, no conhecido *Análise e interpretação da obra literária: introdução à ciência da literatura* (1963, p.310), observa: "A técnica da arte narrativa deriva da situação primitiva do 'narrar': há um acontecimento que é narrado, um público a quem se narra, e um narrador que serve de intermediário a ambos. Por meio de um artifício técnico pode concretizar-se e intensificar-se esta situação primitiva: o autor oculta-se então atrás de um outro narrador na boca do qual põe a narração".

A separação entre autor e narrador e a sua implicação mais imediata está aí apresentada. No dizer de Graciela Reyes em *Polifonía textual* (1984, p.40): "O autor literário aliena o seu eu, declina da sua responsabilidade de falante (dizer a verdade), atribui o discurso a outro, cita".

Mas a distinção óbvia entre autor e narrador não resolve problemas específicos da análise literária. Kayser (1963, p.333), em excurso a "Problemas de apresentação da épica (Técnica da arte narrativa)", ao analisar a posição do narrador em *Memórias póstumas de Brás Cubas*, afirma que só uma parte da ironia provém do narrador, pois, quando o narrador é objeto do sentido irônico, "ergue-se atrás dele o 'verdadeiro' autor que soube arranjar tudo isto".

As aspas em verdadeiro apontam os problemas envolvidos nas reflexões sobre o escritor e o autor e a sua responsabilidade pelo que se passa no texto. As observações de Wayne Booth acerca do autor implícito trazem alguma luz nessa discussão. Essa categoria pode, por exemplo, subsidiar ou mesmo presidir o embasamento teórico para a análise desse aspecto em textos que aparentam a condição de prescindir de narrador e/ou de autor.

Por sua vez, para frisar a importância do autor implícito, Graciela Reyes (1984, p.12) destaca o recurso comentado por Kayser: a ironia. Contudo, não é apenas na ironia que essa presença deve ser admitida, mas em todo discurso literário. Na teoria de Booth, o autor implícito é dedutível, em cada uma das obras, do autor empírico de que é uma imagem. Ele é responsável pela criação e desenvolvimento do narrador e, em última instância, das demais categorias que aparentam depender da atuação do narrador, como o espaço e o tempo. Apoiando-nos ainda em Graciela Reyes (1984, p.104) para tratar da natureza do autor implícito – o autor como se mostra na obra – vemos que, estritamente, ele é também

> o conjunto de normas sobre as quais está construída a obra, o "conjunto de eleições" – de temas, de técnicas, de pontos de vista – que fazem da obra o que é: neste sentido, o autor implícito é coexistente com cada fragmento da sua obra, com cada palavra, com cada destino fictício, e com todo o sistema de idéias que dá coerência ao conjunto de entidades ou indivíduos fictícios. Este autor que o texto implica manifesta-se mediante as eleições lingüísticas e técnicas do estilo, e na ideologia que sustenta essas eleições e conforma os temas e a resolução dos conflitos. A coerência de uma obra depende, em última instância, da nitidez do autor implícito, da convicção com que as suas

normas organizam e executam, do poder com que as imagens nos obrigam a atos de conhecimento ou reconhecimento, oferecem-nos revelações ou sugerem-nos o indizível.

O autor implícito é um ponto de encontro de elementos ideológicos, incluindo-se aqueles do autor. Tem responsabilidade, portanto, na ideologia que permeia a narrativa, nos valores nela implicados. Dá voz ao narrador e, ao mesmo tempo, expressa-se por meio dele ou interrompe o seu discurso para nele introduzir-se sem mediações. Como instância coextensiva da obra é, para o leitor, mais verdadeiro do que o autor empírico, ou seja, o escritor. Como bem observa Graciela Reyes (1984, p.105), o leitor percebe o autor implícito porque é leitor dele e, simultaneamente, aproxima-se do narratário do narrador e até mesmo se identifica com ele. Esse desdobramento é que possibilita a leitura irônica e auto-reflexiva.

Tais proposições sobre as relações entre escritor, autor, autor implícito, narrador dão-nos alguns elementos para pensar a instância a que "auto-", de auto-intertextualidade, refere-se. É a instância que incorpora características apontadas por Philippe Willemart no que concerne ao autor a que se somam aquelas do autor implícito. Ao mesmo tempo, é uma ampliação da instância definida por Wayne Booth, já que não é entidade circunscrita a uma única obra, mas a algumas ou a todas as obras de um mesmo autor. O autor-autor implícito assim configurado, presente em cada um dos textos de um escritor, ocupando, ao mesmo tempo, a posição daquele que está além deles como instância criadora e controladora, teria a responsabilidade da interação e também da iteração discursiva e/ou textual.

Cuidando do narrador e, mais raramente, do autor implícito, a teoria da literatura trata da presença dessas categorias no texto narrativo. Entretanto, não é apenas nesse tipo de texto que se apresentam instâncias como a do autor implícito ou a do narrador. Na poesia, mesmo na forma que estaria mais distante da narrativa – a poesia lírica – é possível detectar a presença dessas instâncias.

Se, com Michel Butor (apud Compagnon, 1979, p.91), acreditamos que a obra individual é um entrelaçamento produzido no interior do tecido cultural e que toda obra é coletiva, cada texto do autor deve ser também visto como parte de toda a sua produção, resultado da memória do que foi e da expectativa do que será.

Naturalmente está sempre presente, numa discussão como esta, a proclamada morte do autor, de que tomamos como paradigma o texto de Roland Barthes (1988), que, em primeiro lugar, mata o autor para dar lugar à escritura. Em segundo lugar, considera que a morte do autor deve ser realizada para dar lugar ao leitor.

Ao invés de considerar na obra literária o encontro de várias vozes, o ensaísta supõe nela a anulação dessas vozes. Perguntando-se sobre quem fala num momento da novela *Sarrasine* de Balzac, Roland Barthes (1988, p.65), em "A morte do autor", responde que nunca é possível saber, porque a escritura é a destruição de toda voz, de toda origem. Ela é também o espaço onde se perde "toda identidade, a começar pela do corpo que escreve".

Vida da escritura, morte do autor. Mallarmé, a seu ver, seria o primeiro a prever a necessidade de colocar-se a língua no lugar do autor, até então considerado como o seu proprietário. Valéry, a despeito de todo embaraço "numa psicologia do Eu", sempre pôs em dúvida o autor, acentuando a natureza lingüística da sua atividade e reivindicando, em todos os seus livros em prosa, a condição essencialmente verbal do texto literário, diante do qual qualquer recurso à interioridade do escritor lhe parecia superstição (Barthes, 1988, p.66-7).

Proust, por sua vez, teria dado à escritura moderna a sua epopéia, ao realizar uma inversão radical que consiste em contrariar a expectativa e não colocar a própria vida no romance, mas fazer dela "uma obra de que o livro foi como o modelo". O surrealismo, preconizando a frustração brusca dos sentidos esperados, propondo a escritura automática, também contribuiu para dessacralizar a figura do autor.

Mas a lingüística é que teria fornecido "um argumento analítico precioso", ao ver na enunciação um processo vazio, funcionando sem que haja necessidade de preenchimento com a pessoa dos interlocutores. Desse modo, o autor, do ponto de vista lingüístico, não é mais do que aquele que escreve. A linguagem possui um sujeito, não uma pessoa. Esse sujeito, "vazio fora da enunciação que o define, basta para 'sustentar' a linguagem, isto é, para exauri-la" (Barthes, 1988, p.67).

Isso permitiria ao autor moderno nascer ao mesmo tempo que o seu texto. A enunciação não teria outro conteúdo que o ato pelo qual ela se profere. Para o escritor moderno, "a mão, destacada de qualquer voz, levada por um puro gesto de inscrição (e não de expressão), traça um campo sem origem – ou que, pelo menos, outra origem não tem senão a própria língua, isto é, aquilo mesmo que continuamente questiona toda origem" (1988, p.68).

Um texto é espaço de dimensões múltiplas, resultantes de inúmeros focos da cultura. A "coisa" interior que o autor teria a pretensão de traduzir nada mais é que um dicionário "cujas palavras só se podem explicar através de outras palavras, e isto indefinidamente".

Roland Barthes (1988, p.69) une a valorização do autor à do crítico que pretende dar ao texto um sentido definitivo. Historicamente, ao reinado do autor, corresponderia o do crítico. Finalizando o texto, desloca a primazia da escritura para a da leitura, ou melhor, preconiza que na leitura se desvendaria o ser total da escritura. O texto é o ponto de encontro de várias escrituras, provenientes de diferentes culturas que dialogam entre si. O espaço em que essa multiplicidade se agrupa é o leitor, lugar onde se inscrevem, sem nenhuma perda, todas as citações de uma escritura. A unidade do texto está no seu destino, que não é pessoal: "o leitor é um homem sem história, sem biografia, sem psicologia; ele é apenas esse alguém que mantém reunidos em um único campo todos os traços de que é constituído o escrito".

O ensaísta fecha o trabalho proclamando a necessidade de inverter o mito: "o nascimento do leitor deve pagar-se com a morte do Autor"(p.70).

Da nossa parte, acreditamos não ser preciso matar uma instância para que se dê atenção a outra, formando ambas o par autor-leitor em que a existência de um depende do outro. Ademais, a consideração do autor não impede a da escritura como múltipla, em que "tudo está para ser *deslindado, mas nada para ser* decifrado". A aceitação da instância do autor não obriga a "designar ao texto (e ao mundo como texto) um 'segredo', isto é, um sentido último" (Barthes, 1988, p.69-70).

Há um eu, auto-, um "moimeichego" ao mesmo tempo singular e múltiplo, que se metamorfoseia nas diferentes produções rosianas: perseverando no ato de escrever, repele e retoma. A metáfora-metonímia que porventura melhor exprime a figura a que nos referimos é a da mão, de que nos fala Claude Simon com o desenho da própria mão no prefácio a *Orion aveugle*. Esse escritor, conforme Annie Clément-Perrier (1996, p.23), incita o leitor a examinar o motivo de mãos simbólicas ou metafóricas nos romances. Ainda que os escritores não trabalhem mais diretamente com a pena, referem-se ao trabalho com ela como o que lhes é inerente: "essa paixão *au bout des doigts*: escrever, formar palavras, linhas", no dizer de Paul Nizon (apud Clément-Perrier, 1996, p.25).

Entre os estudiosos da literatura, aqueles voltados para o manuscrito talvez sejam um tanto mais sensíveis à visão do trabalho de escrever pela metonímia da mão. Esse ato permite ver, na escritura, a resposta ao desejo, à vontade de fazer e a mão como intermediária entre o "magma informe de sensações mais ou menos confusas, de lembranças mais ou menos precisas acumuladas" e o que será o texto impresso, como afirma Claude Simon (Clément-Perrier, 1996, p.27 e 28). O autor de *Orion aveugle* faz do gigante cego o emblema do escritor que tateia no vazio, que hesita, que quer ver no escuro. A mão que escreve não é apenas mão artesã, é criativa-criadora na ação de traduzir o mundo: ela desencadeia a transformação das coisas, quando começa a movimentar os sinais na página. "A escritura é artesã, mas é também alquimista." A mão que escreve suprime a ausência e se insurge contra a morte, diz Clément-Perrier (1996, p.31) a propósito das mãos na obra de Claude Simon.

Na obra "pronta", ficam os traços da mão que a compôs, ficam os resultados do desejo, da memória pessoal e cultural do autor. Seja na poesia seja na prosa, a presença simultânea dessas e de outras vozes tem como resultado aquilo que, a partir de Bakhtin, convencionou-se chamar, de modo amplo, de *polifonia*.

A presença de todas essas vozes torna fundamental a audição do leitor para a apreciação do texto romanesco e de qualquer outro tipo de texto, como quer Oscar Tacca (1983) em *Vozes do romance*. Metaforicamente, dizemos que, mais do que ver, é preciso ouvir o texto, apurar o ouvido para as suas vozes, os seus sujeitos: à polifonia essencial do texto literário deve corresponder, simetricamente, como diz Graciela Reyes (1984, p.40), uma "poliaudição".

O autor implícito é também leitor-ouvinte do seu narrador: ele o lê e o ouve. O narrador, por sua vez, lê as personagens, também ouvidas pelo autor implícito. O leitor tem, portanto, leitores anteriores que, de algum modo, dirigem o seu ouvido. No estudo da auto-intertextualidade rosiana, procuramos ver-ouvir, na medida do possível, as diferentes vozes expressas nos textos.

2 TEMÁTICA E EXPRESSÃO EM MAGMA

Visualmente os textos de *Magma* recobrem a exigência básica da poesia: são linhas que sofrem solução de continuidade, isto é, são versos. Uma leitura superficial permite verificar que são livres; a rima é ausente ou irregular; o agramaticalismo, a dissonância entre a sintaxe (e o significado) e a linha do verso – traço básico da poesia moderna de acordo com Jean Cohen (1966) – é comum.

Mas a caracterização geral da coletânea leva em conta, como não poderia deixar de ser, as relações entre conteúdo e expressão. Unicamente como meio de organizar a matéria tratada, partimos da concentração de determinados temas em certos poemas e agrupamos os textos de acordo com esse dado. Apesar da grande quantidade de composições, tal critério mostrou-se adequado.

A convergência de recursos expressivos, por sua vez, acompanha as composições reunidas pelo tema. Assim sendo, o agrupamento dos poemas em blocos de acordo com a temática é método operante como ponto de partida para a apreensão do todo.

Entre as dificuldades encontradas no tipo de classificação proposto está o fato de as relações entre os grupos serem fluidas, pois, no mínimo, mais de um universo temático convive num mesmo texto. A opção pelo tema dominante resolve, em parte, o problema.

Guimarães Rosa, ao distribuir as peças ao longo da coletânea, usa esse mesmo critério em alguns momentos. Em outros, aproxima-as pela forma, como é o caso daquelas de apenas três versos e dos haicais, que recebem, respectivamente, as denominações: "Poemas" e "Haicais".

Os poemas são aqui agrupados de acordo com os seguintes temas que se evidenciam: animais, natureza, vida no campo, manifestações culturais negras e indígenas, mitos e crendices, amor, proposições filosóficas. Algumas constelações estão ainda subdivididas de acordo com os subtemas envolvidos.

ANIMAIS OU PRIMEIRO BESTIÁRIO ROSIANO

> Muitos bichos reunidos?: um jardim Hagembeck.
> Ou, quem sabe, talvez, a Arca de Noé...
> Mas um gênio os dirige?: um livro de Kipling...
>
> Guimarães Rosa, "Taumaturgo".

Nenhum leitor interessado na obra rosiana ignora a presença fundamental dos animais nos seus textos e o modo eufórico como são tratados – o burrinho pedrês é apenas a súmula desse tratamento. Daí a importância desse primeiro grupo de poemas de *Magma*.

No bloco, reúnem-se composições que, ludicamente, descrevem traços físicos de animais e os seus movimentos. Fazem parte desse grupo poemas cujos títulos são anafóricos: "Caranguejo", "A aranha", "O c[k]ágado" e outros como "Paisagem", "Azul", "Verde", "II - Rapto".

Isolamos o subgrupo caracterizado pela titulação anafórica, porque, além desse fato, os textos comportam o prosaísmo e contam com a presença marcante da comparação no universo semântico. Embora não constituindo grande exemplo de poesia, o melhor realizado talvez seja "O c[k]ágado" (p.126-7), que associa som e significado na descrição do animal e se reveste de simplicidade. Vejamos os primeiros versos:

GUIMARÃES ROSA: MAGMA E GÊNESE DA OBRA

> Numa dobra da serra
> há um minadouro,
> uma bica,
> e um poço azul.
> E ali, na água redonda, pequenina e fria,
> mora um c[k ms spp]ágado escafandrista,/ ...

A alternância de versos curtos e longos repete-se até o final do poema, que dela retira efeitos diferenciados. Nas primeiras linhas, a pouca extensão, jungida às vírgulas, enumera elementos: dobra de serra, minadouro, bica, poço azul. Na terceira estrofe,

> [E ras. em B, mas não em A] L[A: l; B: L ms spp]eva bom
>   tempo
> para assomar o focinho
> de periscópio.

a mesma curta extensão amplia, no significante, a lentidão do significado, pela junção a nasais, no início, e a vocábulos mais longos, no final.

Já o maior comprimento do verso associa-se ao gerúndio e ao advérbio terminado em "-mente" para circunscrever morosidade em:

> lá vem aflorando, levemente, à tona,/ ... (p.127)

Formas do conteúdo e da expressão unem-se para a criação do jogo de alternância entre calmaria e explosão nos versos do segundo bloco:

> ele escorrega e pula, na água mansa
> que explode e respinga. (p.126)

"Na água mansa" opõe-se aos demais sintagmas dos dois versos. No plano do conteúdo, os semas /sereno/ e /tranqüilo/ de "mansa" confrontam-se com os traços sêmicos de "escorrega", "pula", "explode", "respinga". No da expressão, no primeiro sintagma destacado, a reiteração do /a/, unida ao ditongo /wa/, às nasais e à sibilante de "mansa", prolonga o andamento do trecho. O ritmo mais lento contrasta com a rapidez determinada pelas consoantes plosivas das palavras que se defrontam com os semas de "na água mansa".

O poema descreve o animal fisicamente e também os seus movimentos, o que também ocorre, em outros textos, em relação à aranha, ao caranguejo. O cágado traz a "cuia emborcada", é "chato, cascudo e feio" e

> passeia o dorso, convexo e abaulado,
> como um "U-18"
> da base de Kiel. (p.127)

A troca da letra *c* pela letra *k* na palavra "kágado", desde o título, pode ser vista como uma reiteração de sentido: na grafia, temos a forma do animal enfocado, se pensarmos na configuração do réptil ao assomar o focinho "de periscópio". O desenho de Poty para o poema na edição da Nova Fronteira (p.126) é um impático e prudente quelônio, humanamente bípede, de chapéu e guarda-chuva. O curioso é que os traços formados pelo animal e pelo guarda-chuva fechado, seguro na "mão", e por uma palmeira configuram a letra *k*.[1]

Tais considerações remetem a outro momento em que Guimarães Rosa faz uso da mesma letra, claramente com a finalidade de aproximar a imagem visual do significante e o sentido da palavra: "E o canguru, às culapadas. Mas k a n g u r u é que ele é!" (Rosa, 1970a, p.114). "O canguru, pés clownescos, não é que se ajoelhe às avessas. Kangaroo! – quando põe as mãos no chão, suas construção (sic) torna se desexplica (sic)" (p.118).[2]

De todo modo, o cágado não é aqui visto como em *Corte na aldeia* de Rodrigues Lobo: "O símbolo jeroglífico da preguiça foi o cágado, pelo vagar e peso com que se move" (apud Silva, 1949). O vagar e o peso estão consignados, mas há outras figurações – o pessimismo de filósofo, a mania de perseguição, a prudência, a existência pré-diluviana:

---

1 Na ilustração de Poty para "A volta do marido pródigo" de *Sagarana* (1967, p.79), acentua-se o longo pescoço do cágado que, com a linha das patas e a do pescoço, mais a do corpo, constitui um traçado que se assemelha ao *k*.

2 A propósito dessa escolha rosiana, Edna M. F. S. Nascimento (1986, p.239-40) comenta que a forma utilizada restaura a grafia original da palavra: "*Canguru* – de uma língua australiana, através do antigo inglês *Kangooroo*, atual *Kangoroo*, e do francês *Kangouru*"; além disso, pode ser a transcrição fônica da palavra.

GUIMARÃES ROSA: MAGMA E GÊNESE DA OBRA

> E o c[k ms spp]ágado, lento e pré-diluviano,
> na cacimba da grota, espera outro d[A: D spp]ilúvio...
> (p.127)

Além disso, é manifestada a crença popular acerca do réptil:

> E o caipira guarda a vida do monstrengo
> (Ai! meus pecados todos!...) [todos!...) ms ch.] [de antes do
> Dilúvio!...) 4 pals e sinais ras. em B, mas não em A]
> se o matarem, o olho d'água se evapora/ ...

"Caranguejo" (p.42-4) é também texto significativo: um pouco mais longo do que o anteriormente comentado, os 37 versos, em quatro estrofes, caracterizam forma e modo de deslocamento do animal. Como é comum em *Magma,* o número de sílabas das linhas é bastante diversificado, de três a doze.

Na primeira estrofe, apesar da predominância do acento a cada três sílabas, a ausência de outras recorrências sonoras cria certo prosaísmo que se mantém até o final:

> Caranguejo feiíssimo,
> monstruoso,
> que te arrastas na areia/ ... (p.42)

A comparação é a figura dominante em três das quatro estrofes, e na terceira a conjunção "como" reitera-se:

> Caranguejo sujo,
> desconforme,
> como um atarracado Buda roxo
> ou um ídolo asteca...
>
> És forte, e ao menor risco te escondes
> na carapaça bronca,
> como fazem os seres evoluídos,
> misantropos, retraídos:
> o filósofo, o asceta,
> o c[k ms spp]ágado, o ouriço, o caracol... [A e B: as duas
> estrofes formam uma única estrofe]

Repetem-se traços figurativos de isolamento e fechamento aplicados em relação ao cágado. Comparemos essa citação com outra do texto anteriormente examinado:

> filósofo pessimista,
> que tem a mania da perseguição.
>
> Quando o sol bate de cheio,
> ele traz para fora a cuia emborcada,
> e se aquece, aberto, [A: inexistente; B: ms ch.] [A: encolhido;
>   B: encolhido ras.], em cima da laje
> chato, cascudo e feio.
> Mas, se alguém pisa [A: pal. ras. ileg.] perto,
> ele escorrega e pula, na água mansa/ ... (p.126)

"A aranha" não tem resultados melhores. É mais curto – dezoito versos – com as sílabas variando de três a doze. Tem relação com os dois textos cuja apresentação vem a seguir pela pouca extensão e por tratar de inseto. As recorrências não são suficientes para elevar o poema, que tematiza a aranha envelhecida, a traçar linhas para resolver "o seu problema de trigonometria" e a fazer treinos de "trapézio e de corda".

Outros dois poemas incluídos no grupo, "Paisagem" e "Azul", em especial o último, têm, num certo sentido, direção diferente dos demais: os insetos retratados chamam a atenção pela beleza. "Paisagem" (p.62-3) fixa-se nas libélulas e traz metáforas indicadoras de brilho e de cores que não se destacam pela originalidade:

> jóias faiscantes, broches de jade,
> duplas cruzetas, lindos brinquedos,/ ...

mas há qualificações interessantes como "água polida", "ar de alumínio", "vôo de caça".

Na penúltima estrofe, intensifica-se a dimensão narrativa da composição:

> A libelinha pousa na ponta
> do estilete de uma haste verde,
> que faz arco (pronto!...)

GUIMARÃES ROSA: MAGMA E GÊNESE DA OBRA

e a leva direta à boca,
aberta e visguenta, de um sapo cinzento...

Nela, opõe-se o universo da miudeza, da leveza e da rapidez das quatro primeiras linhas ao pesadume e à lentidão da última. A composição traz, na estrofe final, o termo "aeroplanar" de uso raro, não registrado no *Novo dicionário da língua portuguesa* (Ferreira, s. d.), mas encontrado no *Grande dicionário da língua portuguesa* (Silva, 1948) cujo significado é "andar de aeroplano". No contexto em que é utilizado pelo escritor, tem sentido de pairar, constituindo, portanto, um neologismo semântico:[3]

– Glu!... Muitas bolhas na escuma...
E as outras aeroplanam, assestando ... (p.63)

De "Paisagem", aproxima-se "Azul" (p.57), sobre a "vanessa tropical". A palavra "vanessa" também não se encontra no *Novo dicionário da língua portuguesa* (Ferreira, s. d.). É no *Dicionário etimológico de nomes e sobrenomes* de Mansur Guérios (1981) que localizamos: "vanessa. 1) nome de uma borboleta; 2) nome criado pelo escritor americano Dean Swift, composto de *Vanhomrigh* e *Essa (de Ester)*". É ainda o escritor exercitando-se em trazer novidades lexicais para o texto.

Quanto ao poema, o inseto é nele visto como paisagem que concentra formas, cores, brilhos, aromas, movimentos:

Dobra o quimono de franjas sinuosas,
marchetado e hachureado
com minérios de cobre:
aréolas, anéis, jóias concêntricas,
olhos de íris elétrica e de pupila enorme,
ocelos de um leque de pavão.
Sinto o perfume da flor nova,

---

3 Uso assemelhado encontramos no discurso do doutorando João Guimarães Rosa (Rosa,V. G. 1983, p.413) em 1930: "Não; é impossível que situações como essa, mesmo quando vividas todos os dias, consigam embotar os sentimentos de algum, fazendo dele o protandro do paradigma nietzcheano, que zomba dos males e das circunstâncias com a placidez do petrel entre a fervura do mar e os vagalhões do vento, com o orgulho de águias que *aeroplanassem* sobre crateras" (Grifo nosso).

com mais dois estames, buliçosos,
e quatro pétalas, de um esmalte raro,/ ...

O desejo de representar a beleza da borboleta leva a figuras desdobradas: quimono, olhos, ocelos de pavão, flor, estames, pétalas esmaltadas. Como poema lírico, não ultrapassa a dimensão de catorze versos.

Do grupo ainda faz parte outro texto com nome de uma cor – "Verde" (p.56) – que se destaca pela leveza rítmica:

Na lâmina azinhavrada
desta água estagnada,
entre painéis de musgo
e cortinas de avenca,
bolhas [gasosas ras.] espumejam [à tona, ms em A e ras. em B]
[A: pal. ras.] como opalas ocas
num veio de turmalina:
é uma rã bailarina,
que ao se ver feia, toda ruguenta,
pulou, raivosa, quebrando o espelho,
e foi direta ao fundo,
reenfeitar, com mimo,
suas roupas de limo...

Como é comum em *Magma,* a variedade métrica também se revela aqui. No entanto, há concentração em versos de cinco a nove sílabas, sem passagens repentinas quanto ao comprimento. O equilíbrio é buscado, o que se evidencia na linha número cinco, que perdeu seis sílabas, ficando com a extensão do verso posterior e quase com a mesma dos três anteriores. Aliás, só o nono e o décimo chegam a nove sílabas, quando do discurso descritivo passa-se ao narrativo. O texto, privado de uma rima externa toante – "tona/ocas" –, ganha equilíbrio rítmico.

Mantém, todavia, bela identidade som-sentido nos dois primeiros versos. A manutenção do acento na segunda sílaba da linha número dois e o deslocamento acentual da sétima para a quinta sílaba no mesmo verso ensejam um balanço melódico. Tal balanço associa-se à aliteração do /a/, estrategicamente combinada com o /i/ no primeiro verso e com o /e/ no segundo, e à assonância dos sons nasais da linha inicial que ecoam em "estagnada" do verso

GUIMARÃES ROSA: MAGMA E GÊNESE DA OBRA

seguinte para criar solidariedade entre o plano da expressão e o do conteúdo. A repetição de momentos acentuados e não-acentuados e dos fonemas mencionados constrói também a estagnação da água empoçada.

Os demais acentos não sofrem deslocamentos muito grandes, conservando a melodia. Rimas internas e externas, sendo três consoantes, não freqüentes na poesia de *Magma*, consubstanciam esse quadro de ondas curtas. A primeira parte iria até o verso número sete, se levássemos em conta a pontuação. Entretanto, a quebra está no nono verso que rompe o balanço e não cumpre o sentido da linha anterior – "é uma rã bailarina" –, pois a marcação da pontuação e dos acentos cria, no significante, um movimento mais de acrobata do que de bailarina. A ondulação rítmica inicial é, porém, retomada nos versos finais.

Do mesmo modo, o verde cenário da "rã bailarina" firma-se com referências à cor, no final dos versos – "azinhavrada", "musgo", "avenca", "turmalina", "limo".

Esse poema destaca-se pela proximidade entre o plano do conteúdo e o da expressão, mas teria encanto maior se evitasse a subordinada relativa, de menor impacto informacional, e se nem tudo fosse explicitado.

Diferencia-se do grupo o texto "II-Rapto" (p.47-8), que descreve animais da fauna nacional – onça, tamanduá-bandeira, anta, veada –, todos relacionados à paisagem com lua. De cada animal, fixa um traço: os "olhos verdes" da onça, o "penacho" do tamanduá-bandeira, o grande peso da anta, o "corpo esguio e branco de prata" da veada. Na primeira estrofe há retomadas sonoras como rimas internas e externas, reiteração de explosivas, vibrantes e nasais que constroem o significado juntamente com os traços lexicais dos termos envolvidos:

> Na Canoa-Quebrada, à beira da lagoa,
> tão branca e redonda,
> onde há catueiras pescando sozinhas,
> a onça está parada,
> apontando para cima olhos verdes de brasa,
> só com o ra[ms spp a e]bo e os bigodes ainda mexen-
> do,[ponto spp]/ ...

Assim, o hiato /oa/ repetido faz eco com as plosivas de "Quebrada", "branca", "redonda" e também de "Canoa" e "lagoa". O intenso gume dos "olhos verdes de brasa" está solidificado nos encontros /rd/ e /br/ e nos semas de "brasa": /qualidade ou estado de incandescente/, /ardor/, /cólera/. A última estrofe, com redondilha menor reiterada, busca movimento:

> Mas, brusco, rebenta
> [Um ras. em B, mas não em A] alarma furioso:
> rugidos, miados,
> e galhos quebrados,/ ... (p.48)

Incluem-se, na série, textos-relâmpago que compõem os haicais, tendo como objeto o albatroz e a lagosta, além do muito bem achado "Turismo sentimental" (p.34):

> Viajei toda a Ásia
> ao alisar o dorso
> da minha gata a[A e B: A]ngorá...

Também alguns dos "Poemas" (p.72-7), composições de apenas três versos, mas cujas linhas possuem maior extensão que as anteriores, têm animais como tema. É o caso do besouro em "Riqueza", do escorpião em "Pudor estóico", da águia em "Bergson", do camarão e da lagosta no dispensável "Mal-entendido". No mesmo bloco, dois caracóis chocam-se em "Falta de armas", a borboleta é saudada por lírios em "Madrigal gravado em laca". Em "Taumaturgo", epígrafe deste item, uma profissão de fé nos animais.

Nessa série como um todo, a presença de elementos nativos não é maciça, mas é significativa, contando-se com a vanessa tropical, o cágado, a onça, o tamanduá-bandeira, a anta. Em "Anil" (p.58), integram-se, na paisagem, a jaçanã e outros componentes da natureza. Todavia, não parece ser precípua a intenção de recriar-se, poeticamente, o motivo brasileiro. Não há, por exemplo, a vinculação dos animais a um nicho ecológico nacional ou regional.

NATUREZA

A natureza, dizem os antropólogos, é sempre culturalmente apropriada. Maurice-Jean Lefebve (1980, p.22) afirma ser ela

GUIMARÃES ROSA: MAGMA E GÊNESE DA OBRA
87

"uma criação cultural ... é (e torna-se cada vez mais a partir do pré-romantismo) um repertório de símbolos". Nos poemas do conjunto em questão, a apropriação da natureza supõe o recorte de alguns aspectos aos quais se atribui significado.

Os textos desse grupo trazem, como componente temático dominante, elementos da natureza, nacionais ou não, configurados como paisagem, o que a subdivisão ilustra: lua e luar; amanhecer, manhã e crepúsculo; chuva e paisagem chuvosa, além de um acidente geográfico especial – a gruta de Maquiné.

O primeiro subgrupo – cuja temática é o luar – tem peças relativamente curtas (haicais, poemas de três, quatorze, dezenove e 27 versos), cumprindo, quanto à extensão, a característica do lírico mencionada por Emil Staiger (1969, p.28): "Toda composição lírica autêntica deve ser de pequeno tamanho". Isso acontece porque o abandono involuntário à inspiração não pode ter longa duração sob pena de perder-se de algum modo pela repetição.

Tomam parte na série em questão: "Luar", "Na Mantiqueira", "Luar na mata". O primeiro (p.26), apesar de não lograr grande efeito poético, atinge alguma leveza, por meio da alternância de versos de quatro e cinco sílabas. A linha mais longa, com onze sílabas, permite a separação em dois versos de cinco e seis:

No alto da noite as estrelinhas piscam,/ ...

Além disso, os versos curtos têm ritmo pendular, o que se reforça pelas rimas não-sistemáticas. O poema possui ainda uma moldura conteudística e formal: a primeira e a última estrofes trazem elementos laterais ao tema e o final,

Se lhe estenderes
tuas mãos brancas,
ela [a lua] cairá... (p.26)

pretende evitar que o poema termine sem conclusão, com a penúltima estrofe de verso único:

Desliza solta...

Destaca-se, na segunda estrofe, o humor auto-irônico na menção metapoética:

e dançam nos fios
cachos de poetas. (p.26)

Nos dois outros poemas, que poderiam ter o mesmo título do anterior, também a lua é "madura". Em "Na Mantiqueira" (p.70), a diversidade no tamanho dos versos consubstancia a movimentação da lua:

Por entre as ameias da cordilheira
dormida,
a lua se esgueira,/...

Dá para o alto um arranco,
repentino,
de balão sem lastro.

Na terceira peça, a mais extensa – "Luar na mata: I - Cinema" (p.45-6) – o recorte da paisagem é mais amplo. No primeiro poema sobre o subtema em questão, o centro é o luar em si; no segundo, a lua na serra; agora é o luar na mata. Enumeram-se componentes da noite, seus predicados e movimento:

Vaga-lumes passam, com lanternas tontas,
procurando se ainda tê[A e B: e]m lugar.[4]
E[A: ms] [A: as spp a pal. ileg.; B: as ras.] corujas chegam,
    vestindo[A: das ms spp a ndo] [A: de ms etl.] sedas,
esvoaçando, sem fazer rumor.

...

e todos, ariscos, se mexem, de susto,
quando a onça desliza, procurando
o moleque *penetra* Saci-Pererê.

Contrastando com o dinamismo do mundo animal, palmeiras referidas no verso seis mantêm-se "em longa fila indiana". Todos se calam para ver, no "telão da lua", não o São Jorge de sempre, mas

---

4 Ver comentário sobre esse verso em "Versões da poesia premiada", no Capítulo 1.

GUIMARÃES ROSA: MAGMA E GÊNESE DA OBRA

um cavalo num prado
a galopar parado,/ ... (p.46)

O título "Cinema" e o desenvolvimento do texto fazem entrever dois filmes: o da movimentação na "clareira da mata" e o da tela da lua, que se confrontam. Embora haja alguns pontos que chamam a atenção, como o oxímoro "galopar parado", o texto talvez ganhasse poesia se fosse mais curto e menos solene. O tom grave provém, em parte, do fato de tratar-se de uma única e longa estrofe; em parte, da extensão dos versos para a situação apresentada, em geral com treze sílabas, alternados com outros um pouco mais curtos. Além disso, a pontuação caracterizada pela abundância de vírgulas internas e a presença do gerúndio concorrem para infundir lentidão na leitura. Os únicos versos que não têm pontuação final terminam com gerúndio, criando *enjambements*.

Apesar do ritmo marcado dos versos iniciais,

Noite de lua,
noite de festa,
na clareira da mata. (p.45)

o texto é um exemplar de prosa poética, contribuindo para isso as orações subordinadas e a comparação.

Vale lembrar que, nos dois textos anteriormente comentados, nada leva a ver a especificidade do país. "Na Mantiqueira", apesar do título, trata do que é comum: luar na serra. Nessa composição, entretanto, é a primeira vez que um representante da flora brasileira, ou do que se convencionou chamar como tal, apresenta-se: as palmeiras, "graves guerreiros carijós". O mais importante, todavia, é a presença do Saci-Pererê, ainda que só mencionado. Introduzindo-o, Guimarães Rosa faz uma concessão à forma popular: grafa "penetra" por "perneta", mas anuncia a "impropriedade" pela sublinha.

Quanto ao subgrupo formado pelos poemas cujo fulcro é a paisagem na manhã quente ou o ipê coroado de insetos ao amanhecer, constitui-se de discurso eminentemente descritivo – seria difícil não ser assim. As peças são curtas – vinte ou 21 linhas –, alternando-se versos longos e breves. O cromatismo é intenso e a assonância e a aliteração, aliadas ao universo semântico, criam segmentos poéticos, em alguns trechos, pela proximidade som-significado.

Em "Tentativa" (p.125), na manhã quente, projeta-se uma revoada de periquitos. Predicações e metáforas químicas constroem cores e luminosidade:

> Manhã básica, alcalina,
> neutralizando a gota ácida do sol.
> O tornassol do céu, no fundo/ ...

Expressões e orações de teor assemelhado preenchem outros versos: "poços de marna alagada", "frascos chatos sem gargalos", "A[A: ms spp a pal. ileg.] pressão calca [A: com; B: com ras.] cinco atmosferas", "vapores alvacentos", "pirômetros negros". Nem mesmo a "revoada triangular de periquitos" escapa a essa direção do universo semântico: ela

> estraleja e crepita,
> flambada [ao sol, numa ras. em B, mas não em A] em [ms etl]
> alça enorme de platina,
> como o fio de chama [2 pals ms ch. etl] [da língua ras. em
> B, mas não em A], fugidio[A: a; B: o spp ao a] e verde,
> de um sal de boro...

A alternância de versos longos e curtos imprime movimento ao poema, o que ocorre de modo mais radical entre a primeira e a segunda linhas do terceiro bloco. No final, uma estrofe desnecessária como em outras peças, ao que tudo indica, para que o texto tenha uma conclusão:

> Quanto esforço da manhã,
> para [mostrar ras. em B, mas não em A] riscar [ms etl] tão
> alto,
> um corisco de esperança...

Em "Amanhecer" (p.140), um ipê coroado de insetos junta-se a acácias amarelas, neblinas, nuvens, garças brancas e... fadas e almas. Mais leve que a anterior, essa peça destaca-se pelas assonâncias e rimas internas e externas, especialmente na primeira e na última estrofes:

GUIMARÃES ROSA: MAGMA E GÊNESE DA OBRA

Floresce, na orilha da campina,
[enorme ras. em B, mas não em A] esguio [ms etl] ipê
de copa metálica e esterlina.

...

Dançam fadas alvas,
cantam almas aladas,
na taça ampla,
na prata lavada,
na jarra clara da manhã...

Situadas entre esses dois grupos, as duas estrofes centrais a eles se conectam pela assonância que liga a "orilha da campina" e a "copa metálica e esterlina" do ipê às suas "mil corolas", de onde saem "vespas, abelhas e besouros", "polvilhados de ouro", "pousando"

nas piritas que piscam nas ladeiras,
e no riso das acácias amarelas. (p.140)

da segunda estrofe, para chegar, na terceira, aos "charcos frios" de onde

sobem a caçá-los redes longas, [A: longas redes com sinal
   de inversão]
lentas e rasgadas de neblina.
Nuvens deslizam, despetaladas,
e altas, altas,
garças brancas planam. (p.140)

Vale salientar, no início do poema, a retomada do /i/ para mencionar o ipê e a cor "metálica", e a do /a/ para a claridade da manhã, associando som e sentido. A troca de "enorme" por "esguio" não traz apenas novidade no nível dos sentidos do adjetivo: o fonema /i/, tônico, combina com o /a/, átono e também tônico em "metálica", "saem" e "acácias", cedendo lugar a esse fonema que é não apenas tônico, mas tem pleno domínio na última estrofe: "rasgadas", "despetaladas", "altas, altas". As tônicas em /e/ fazem a intermediação. O resultado é uma paisagem com agudeza de cores e brilhos e de sons de insetos no início e mansidão de neblina, de nuvens deslizando, de garças planando, de fadas dançando, de almas cantando no final.

Às composições anteriores, alia-se a terceira da subsérie, "Primavera na serra" (p.141). A distribuição do conteúdo aproxima-se daquela de "Amanhecer", poema que antecede o que ora comentamos também nas páginas da coletânea. Na segunda estrofe de ambos, a árvore coberta de vida animal: ipê e insetos no primeiro e pequizeiro e periquitos e araras no segundo. As imagens, na peça em pauta, nem sempre são felizes e, no término, há o "fecho". Só na estrofe final, a referência, rápida, à serra:

> E o lombo da serra é tão bonito e claro,
> que até [Ras. em A; ms ch. etl em B] uma coruja, [vírg. ms]
>   [cinza, ras. em B, mas não em A]
> tonta e míope na luz,
> com grandes óculos redondos,
> fica trepada [num ras. em B, mas não em A] no [ms etl]
>   cupim, o dia inteiro,
> imóvel e encolhida, admirando as cores,
> [cansada, ras. em B, mas não em A] fatigada, [ms etl]
>   talvez, de tanta erudição... (p.141)

Nesse grupo em que o amanhecer é o tema, flora e fauna brasileiras são mais presentes do que no conjunto de poemas sobre animais e do que na subdivisão que reúne peças sobre o luar. Além dos componentes já citados desse texto, como periquitos, araras, coruja e pequizeiro, o poema menciona "mochoqueiro", forma não-dicionarizada para mocho, "braúnas" (variante de baraúna), "jatobás", "imbaúbas" num único verso.

Entre luar e manhã, os sete versos de "Alaranjado" (p.54) tematizam outro componente da paisagem: crepúsculo tropical combinado com queimada. A associação entre sentido, figuras semânticas e sonoras – em especial o ritmo e os vocábulos e fonemas motivados – carreia interesse para o poema:

> No campo seco, a crepitar em brasas,
> dançam as últimas chamas da queimada,
> tão quente, que o sol pende no ocaso,/ ...

GUIMARÃES ROSA: MAGMA E GÊNESE DA OBRA

A paisagem tropicalíssima – possivelmente ao meio-dia – em "Anil" (p.58) comporta vôo de "jaçanã fugida", céu "quase sólido, em cobalto líquido", "peixinhos escamados de ouro" e "sol a se desmanchar, tal qual um sabão redondo". Como em poemas já mencionados, a natureza tropical é recriada com o auxílio de metáforas que contemplam o brilho metálico por meio de elementos como zinco, cobalto, ouro:

> no dorso esbelto, de zinco polido,
> à calota do céu,
> liso, congelado em calmaria,
> e quase sólido, em cobalto líquido.
> Pensei que a ave fosse frechar, de cheio,
> para pescar peixinhos escamados de ouro:/ ...

O subgrupo final centra-se na paisagem com chuva. São dois textos bastante longos – 61 e 45 versos. Começando pelo mais extenso, nas oito estrofes de "Toada da chuva" (p.118-21), a melancolia do sujeito na paisagem urbana expressa-se na toada singela e melodiosa da chuva que associa, de modo simples, mas com certa eficácia, som e sentido.

Na estrofe de abertura, há a reflexão do eu, que não se manifesta nos poemas anteriormente comentados:

> Posso vir ao passado,
> porque a chuva cai, em [ms ch. etl] [como em ras. em B,
> mas não em A] estribilho
>
> ...
>
> e o meu passado é frio...

A interferência do sujeito não significa a permanência do poema no universo pessoal. As estrofes intermediárias ocupam-se com a descrição da paisagem urbana com chuva, enquanto a presença do eu lírico retorna no último conjunto, manifestando-se de modo canhestro nas linhas finais:

> (Chuva boa,
> chuva meiga,
> que assim me vens consolar...
> Se no céu estão chorando,
> por que [A e B: porque] preciso chorar?!...) (p.121)

Entre a primeira e a última estrofes, alternam-se grupos de versos – emoldurados por parênteses e marcados, no início, pela interpelação à chuva por meio de vocativos (estrofes pares) – com outros que não têm tais características (estrofes ímpares). Na primeira versão do poema – no manuscrito A –, essa separação é maior: os blocos ímpares estão estampados no lado esquerdo da página, enquanto os pares ocupam a parte da direita, enfatizando o balanço visual e sonoro.

As estrofes pares procuram criar o ritmo da chuva através da regularidade no número de sílabas das linhas: três sílabas nos dois versos iniciais e sete nos demais. A redondilha auxilia a composição da toada da chuva, pela distribuição dos acentos que, associada a alternâncias e rimas, garante a melodia:

> (Chuva fina,
> Chuva fria,
> desfiando sem cessar...
> Ontem foi dia de festa,
> e a chuvinha veio, lesta,
> todas as flores regar.
> Hoje é manhã de Finados,
> os túmulos já estão lavados,
> e a chuva não quer parar...) (p.118)

A quarta estrofe mostra a continuidade impressa nos grupos de versos de número par:

> (Chuva bela,
> chuva leve,
> que te debulhas no ar...
> Se és tão triste nas goteiras,
> porque tuas mãos, zombeteiras,
> vêm nas vidraças tocar?!...
> – "Mas, junto a cada goteira,
> se há sempre um poeta a escutar?!...") (p.120)

As rimas também guardam certa regularidade nesse conjunto de blocos pares, como nas estrofes transcritas. Na primeira, "fina"

GUIMARÃES ROSA: MAGMA E GÊNESE DA OBRA

e "fria" numa recorrência semântico-sonora. Na rima que se apresenta em seguida, o liame som-sentido é constituído por versos em que os sons retomados fixam-se em vocábulos indicadores da continuidade da água caindo: "desfiando sem cessar", "todas as flores regar" e "e a chuva não quer parar". Entre "festa" e "lesta", o nexo entre os significados é clara.

O que mostramos em relação à primeira, repete-se nas duas outras estrofes pares: semântico-sonoramente, os dois versos iniciais combinam entre si e os quatro seguintes também, de modo interpolado.

A metapoesia da primeira estrofe,

> porque a chuva cai, em [ms ch. etl] [como em ras. em B,
> mas não em A] estribilho
> de dedos brancos num teclado manso,
> disciplinada, como uma velha trova,/ ...

é recuperada nos versos finais da citada quarta estrofe.

A referência ao poeta não é única no livro. Já vimos que ele aparece em poema centrado no luar, lugar mais comum no universo lírico que a chuva. O uso exagerado de reticências que ocorre no livro também se evidencia aqui. Cabe destacar a eliminação, em B, da comparação no terceiro verso – "a chuva cai em estribilho" –, o que evita a presença de duas comparações numa mesma estrofe.

O poema manifesta a toada da chuva, sem dúvida. Mas perde muito com a extensão e a repetição. Concentrando os procedimentos mais felizes, seria mais completo.

"Chuva" (p.142-3) distancia-se do que foi comentado. Descreve modificações ocasionadas pela proximidade da chuva na vegetação, nos animais e no homem na zona rural. Ao contrário do frio e da tristeza que pode trazer na cidade, no campo, a chuva proporciona alegria, principalmente onde a água escasseia. Os momentos em que a linguagem poética se apresenta são construídos, principalmente, com figuras sonoras, alternando-se versos de ritmo marcado com outros mais prosaicos que se aliam a falas que lembram frases feitas como

– [Travessão ms em B e ausente em A] Eh aguão!...

...

"Vai fazer tua casa, Urubu!...
Tempo de chuva aí vem, Urubu..." (p. 143)

...

– G[ms spp a g] [A: g]alopa, Cabiúna, que a água vem vindo,"/ ...

Esse poema tem relações com aqueles dos grupos intitulados Manifestações culturais negras e indígenas e Mitos e crendices em que a representação da realidade brasileira se destaca. O plano do conteúdo, nos textos desses dois conjuntos e também no que acabamos de comentar, associa-se ao da expressão, em um aspecto bem evidente: são composições extensas.

Parte do bloco que tem a natureza como tema é a peça "Gruta do Maquiné" (p.35-7), tratada no item em que discutimos "Maquiné", conto de juventude do autor, e esse poema.

VIDA NO CAMPO

Do grupo sobre a vida no campo, com que "Chuva" também se relaciona de modo direto, fazem parte as composições "Boiada" (p.28-32) e "Maleita" (p.38-41). O primeiro é revelador da interação homem-animal no campo. Ao longo de 67 versos, a marcha da boiada em atropelo expressa-se na associação entre o ritmo martelado dos versos curtos, os fonemas motivados e o universo semântico que comporta o aboio dos vaqueiros e as suas falas. Comentários mais extensos sobre o poema estão no item sobre "Boiada", "Chuva" e "O burrinho pedrês" de *Sagarana*.

Já no diálogo de dois compadres tomados pela febre e rodeados de mosquitos à beira do rio Pará de "Maleita" (p.38-41), alternam-se o prosaísmo das falas e a linguagem mais poética de momentos em que conteúdo e expressão se unem. A análise um pouco

GUIMARÃES ROSA: MAGMA E GÊNESE DA OBRA 97

mais detida da composição fica reservada para o item acerca da correspondência entre ela e "Sarapalha", também narrativa de *Sagarana*.

Não por acaso, tais textos têm continuidade na produção em prosa do escritor: cuidam da vida no campo que, mais tarde, é traduzida de forma muito ampliada para a vida do sertanejo.

MANIFESTAÇÕES CULTURAIS NEGRAS E INDÍGENAS

Nos poemas cujo fulcro é a tentativa de apreensão de características e atividades culturais consideradas como próprias de negros e indígenas, temos um avanço em direção à representação de elementos do país. Além disso, se a poesia prosaica não é novidade na produção em versos de Guimarães Rosa que examinamos, nesse agrupamento ela é presente de modo bastante visível.

Reúnem-se aqui os poemas: "Batuque" (p.104-7), "Ritmos selvagens" (p.20-5), "No Araguaia-I" (p.102-3), "No Araguaia-II" (p.108-10), "No Araguaia-III" (p.113-15) e "No Araguaia-IV" (p.117).

O primeiro, como não poderia deixar de ser, traz o andamento marcado, apressado por versos curtos, pela presença abundante da vírgula, indicando cortes que assinalam também o movimento rítmico. A repetição de construções sintáticas, de vocábulos, de fonemas, associada ao universo do sentido, procura expressar a dança dos negros e o "gemer" dos instrumentos. Em A, na segunda página do poema, há um desenho esquemático, representando um grupo de negros dançando e um tocando sanfona.

A segunda estrofe evidencia os recursos mencionados:

> E o batuque ferve,
> e a sanfona geme,
> e a violada chora,
> arrastando a função...
> Comidas finas, querendo comer,
> bebidas finas, querendo beber:
> pau-a-pique, cobu, bolo de fubá,
> cachaça queimada, garapa e aluá... (p.104)

98 MARIA CÉLIA LEONEL

Na sexta estrofe[5] é mais insistente a repetição sonora em palavras centradas no campo semântico da dança, combinando fonemas sibilantes e a consoante plosiva /p/:

> Sapateio, patadas, cem [ms ch. etl] [de ras. em B, mas não
> em A] pés, em pancadas,
> pisando, pelados, aos pulos pesados,
> a poeira do chão... (p.106)

Todavia, o que segue está longe de ser poesia:

> –"Corre, gente, qui envém sordado!...
> Some, gente, qui envém Felão!.../ ..." (p.106)

O poema, como se vê, comporta uma personagem ameaçadora, Felão. Tal menção pode ser associada a uma figura da infância do escritor. Segundo Vicente Guimarães (1972, p.79), no item "Felão" do livro *Joãozito*, trata-se de "Valentão raivável, machão de farruscada aterrorizável, desmedroso de tudo, mestiçado espiritual com jagunço, usava métodos sanguinários na repressão aos desordeiros". Age "em região sertaneja" e é chamado a Cordisburgo pelo vigário para acabar com os jogos de azar, a prostituição, o consumo de bebidas alcoólicas, as danças que esvaziam a festa do santo padroeiro. Quando todos, "clareados pelas chamas, o curusco do fogo, num pedaço de chão varrido e bem batido, dançavam o batuque, de umbigadas fortes" (Guimarães, 1972, p.83), avisaram: "Felão vem aí!..." e, de improviso, cantaram:

> Felão vem?
> Não vem, não!
> Por que não vem?
> Não sei, não.
> Felão vem?
> Não vem, não!
> Felão tá com medo,
> Cadê Felão? (Guimarães, 1972, p.83-4)

---

5 Ver comentário sobre a divisão estrófica em "Versões da poesia premiada", no Capítulo 1.

Felão chega com os comandados, espalhando porretadas. Guimarães Rosa não conheceu o alferes, mas ouviu muito sobre a sua ferocidade. O tio lembra a referência a essa figura em *Grande sertão: veredas*. A parte final da primeira estrofe de "Batuque":

> – "A premera imbigada
> é papudo qui dá.
> Eu também sou papudo,
> eu também quero dá..." (p.104)

pode ser aproximada da versão assinalada por Vicente Guimarães (1972, p.88):

> "A primeira umbigada
> O mulambo é quem dá,
> Eu também sou mulambo,
> Eu também quero dá."[6]

Após a primeira menção a Felão na terceira estrofe,

> o [A e B: e] Felão que não veio, graças a Deus,
> que eu tenho muito medo do [A e B: de] *Seu* Felão...[7]
> (p.104 e 106)

segue-se o esclarecimento na quarta:

> (Tenente Felão, cabra malvado,
> que foi capitão do mato, noutra encarnação...) (p.106)

No outro grupo de versos, a transcrição do que, a crermos em Vicente Guimarães, repetia-se em Cordisburgo:

> – "Felão veio?..."
> – "Nun[m] vei não..."
> – "Pruquê qui nun veio? ..."
> – "Nun sei não..." (p.106)

---

6 A estrofe pode ser aproximada daquela ouvida na música popular brasileira, provavelmente apropriada da cultura popular: "A primeira umbigada / O baiano é quem dá / Eu também sou baiano, / Eu também quero dar".

7 Ver comentário sobre esses dois versos em "Versões da poesia premiada", no Capítulo 1.

A representação da prosódia popular ocorre também em outros momentos da composição e Felão e a sua fereza aparecem no sétimo bloco:

> – "Pula, negrada, no meio do terrero,
> que eu vou ensiná vocês a [ms ch. etl, inexistente em A]
> dançá!...
> Dança de refe, sanfona e rebenque,
> olá, violero, começa a tocá!...
> Quem fugi, fogo nele, no meio da testa,
> e não tem *i* [sbl] nem *a* [sbl], se a justiça mandá!..." (p.106)

Se tudo indica haver no texto a recriação da história que Guimarães Rosa ouvia em pequeno, nele destaca-se a manifestação, nos dois planos do discurso, do ritmo e movimentos da dança. Na última estrofe, salienta-se não apenas o fecho comum em composições de *Magma*, mas ainda a referência aos sofrimentos dos escravos, aproximados à angústia dos que não podem se defender daqueles que detêm o poder e a força.

No bloco que analisamos, quatro peças extensas e uma mais breve tematizam características físicas e hábitos de indígenas aculturados, numa concepção que exalta certos atributos e desqualifica outros, principalmente, aqueles relacionados à conduta.

"Ritmos selvagens" (p.20-5) – poema mais longo da coletânea, com 88 versos distribuídos em onze estrofes – apresenta, num vôo, traços físicos e culturais de cinco etnias indígenas – caiapós, nhambiquaras, bacairis, bororos e carajás – de diversas regiões do país. Os traços são evidenciados de modo genérico pela menção ao grupo todo ou a um indivíduo. A representação de cada etnia é antecedida da "fala" de um dos nossos animais ou de um bando deles – um pica-pau, uns "estúrdios marimbondos-de-chapéu", um paturi, um "triste tucano" e um "jacaré crespo, de lombo verde":

> O pica-pau, vermelho e verde,
> paralelo ao tronco [A e B: branco de papel. B: sinal de
> mudança para a linha seguinte]
> branco de papel de uma mirtácea,
> como um poeta, que desde a madrugada[A e B: vírg.]
> vem fazendo o [A: ms spp ao a] [A: maquillage sbl ras.] re-
> toque [A: ms etl] dos seus versos,

GUIMARÃES ROSA: MAGMA E GÊNESE DA OBRA

> martela com o bico, na casca da árvore,
> o poema dos índios caiapós:/ ... (p.20)

A referência ao ato de poetar, mais uma vez, ocupa as linhas de *Magma*. Mas, no texto, temos, novamente, prosa poética e não poesia. Nos versos, cujo número de sílabas varia de quatro a vinte, os ritmos selvagens do conteúdo não se manifestam, em geral, na desejada união com a expressão. A presença de um único e longo período em cada uma das cinco primeiras estrofes, de pronomes relativos e gerúndios em vários momentos contribui para esse resultado:

> – "Carajás das praias do Araguaia,
> meio vestidas, meio peladas, mal domesticadas,
> mulheres roxas, de nariz chato, de pés enormes,
> trincando piolhos nos dentes brancos,
> índias pesadas, quase na hora de dar à luz,
> vêm nas pirogas, [que são simples troncos ras. em B, mas
> não em A] em troncos bambos, [3 pals ms etl] finos,
> compridos,/ ... (p.24)

Vale salientar a diminuição no número de subordinadas relativas com a emenda no último verso, e lembrar que o prosaísmo não é absoluto. Embora a frouxidão rítmica se manifeste na maior parte das linhas, há, em raros momentos, alguma correspondência semântica, rítmica e morfossintática entre os dois planos da linguagem em alguns segmentos do discurso, como ocorre em:

> – "Índios escuros, das terras fechadas,
> ...
> broncos e brutos, sem arcos nem flechas,
> ...
> matam veados só com pauladas,/ ..."

Em outros, o paralelismo sintático é recurso para unir som e sentido:

> E o jacaré crespo, de lombo verde, de papo amarelo,
> ensina à arara,

toda azul, de patas pretas, de pálpebras pretas,
que ensina o [A e B: ao] gavião, que passa no vôo, fino e
    pedrês,[8]
que ensina a um bando, que vai de mudança, de maraca-
    nãs,/ ... (p.24)

Nas citações, evidencia-se o que se poderia chamar de visão realista das culturas referidas, que se mantém no texto todo.[9] E, como é quase praxe nas peças da coletânea, temos o fecho, que, como em "Batuque", refere-se à opressão do branco: o massacre cultural dos índios que sobreviveram ao genocídio. Entretanto, em ambas as composições, o final soa deslocado, já que não tem vínculo com o que é dito anteriormente.

Os quatro outros poemas sobre o índio referem-se aos carajás e agrupam-se por meio do título "No Araguaia". Apresentam-se nas páginas do livro em seqüência numérica, mas com uma peça de temática diferente intercalada entre cada um.

A união entre os textos não se dá apenas por meio da referência a essa etnia, mas de uma personagem, Araticum-uaçu, que contracena com o "narrador" – um amigo, implicitamente caracterizado como "branco", que observa o índio, salientando-lhe e valorizando-lhe os traços: grande força física, olfato apurado, aguda capacidade visual, destemor, comunhão com o rio. Há também o índio "grande e feioso como uma capivara" e o que ataca à traição.

No primeiro e no último poemas, Araticum-uaçu é o centro dos acontecimentos. Em "No Araguaia-I" (p.102-3), o destaque positivo das características físicas do amigo "escuro/de cara pintada a jenipapo e urucum":

---

8 Ver comentário sobre esse verso em "Versões da poesia premiada", no Capítulo 1.
9 Guimarães Rosa teria tido contato direto com esses grupos, já que, de 1933 a 1935, trabalha no Serviço de Proteção ao Índio (Lima, 1996, p.250). Embora não tenham sido encontradas anotações do escritor sobre esse trabalho no Arquivo Guimarães Rosa, e o SPI, em conseqüência de um incêndio, não guarde material daquele momento, existe a possibilidade do conhecimento mais próximo da condição indígena no Brasil da época. No mesmo ano de 1933, o escritor ingressa na Força Pública como Oficial Médico do 9 Batalhão de Infantaria, sediado em Barbacena. Em 11 de julho de 1934 é nomeado Cônsul de Terceira Classe (Lima, 1996, p.250).

GUIMARÃES ROSA: MAGMA E GÊNESE DA OBRA

Seus músculos são cobras grossas
que incham sob o couro moreno;
suas narinas têm sete faros;
e nos seus ouvidos há cordas sutis, onde ressoa o pio
curto e triste,[A e B: que, mais de um quilômetro distante,
     com sinal de mudança para a linha seguinte em B, mas
     não em A]
que, mais de um quilômetro distante,
solta o patativo [borrachudo ras. em B, mas não em A] bor-
     rageiro [ms]. (p.102)

A acuidade dos órgãos dos sentidos do carajá é reforçada ante a
reduzida capacidade de percepção do branco em "No Araguaia- II"
(p.108-10). Araticum-uaçu, "cheirando o ar e escutando o vento",
corre como o veado, ouve o capinzal, vira bicho do mato e onde,
para o enunciador, há apenas "cerrado sujo", vê uma encruzilhada
de pegadas: de carregadores dos Padres da Missão, de mulher carajá
– possivelmente, "a bonita Auá-naru", "procurando amor" – e de três
guerreiros tapirapés, que "vêm armados, querendo brigar..."

As estrofes, a partir da terceira, terminam com a onomatopéia
imitando sons da mata:

Um bem-te-vi, como um floco ouro-verde, [2 pals ms ch. etl]
     [distintivo auriverde, ras. em B, mas não em A]
avisa, do pique da lança d[A: o ras.]e[A: ms spp] um [ms etl]
     coqueiro:
– Auiri coti!... Auiri coti!...
Auiri!... Auiri!...
...
As rolinhas sussurram, nos ramos de assa-peixe:
– Inantu diadomã!... Inantu diadomã!...
Dia-domã!... Dia-domã!... (p.109)

As vozes não são aleatórias. A menção aos missionários é
acompanhada do bem-te-vi, as rolinhas simbolizam a carajá

que deixou cair um cacho de bogari[s ras. em B, mas não
     em A],/ ...

os guerreiros "gente forçuda, cheiro de carniça," são seguidos
pelo som rascante do carcará. As onomatopéias recuperadas, na

mesma ordem, na penúltima estrofe, num procedimento de *leixa-pren,* compõem os sons que acompanham Araticum-uaçu na decisão sobre o caminho a seguir: calado ao ouvir o bem-te-vi, sorri com as rolinhas e "alisa o porrete" com o "– Corrotê!... Corrotê!...".

Como em "Ritmos selvagens", a andadura aqui é quase prosaica. A diferença é que, no texto anteriormente comentado, há a tentativa de marcar o ritmo.

Em "No Araguaia - II", as recorrências fônicas, incluindo-se as rimas internas e externas, são também raras, bem como o são os paralelismos sintáticos. O poema traz figuras que só com o modernismo ligar-se-iam livremente àquele que representa o passado da nação:

> Araticum-uaçu levanta o peito,
> berra como cabrito,
> e bate nas minhas costas. (p.110)

Os tapirapés, por sua vez, "carregando morto um jaguaretê-pixuna", têm "cheiro de carniça" e

> sangue miúdo respingado,
> fiapos pretos nos carrapichos. (p.109)

No terceiro e no quarto poemas da série sobre os carajás, a apresentação do comportamento do índio foge de qualquer visão idealizante. Em "No Araguaia - III", por motivo fútil – roubo de um "gramofone velho" do Capitão Bacuriquirepa – e por outro grave, "a história de um menino índio/morto no mandiocal" (p.113), os carajás de baixo e os de cima estão brigados.

A chegada do Capitão Uachiatê, trazendo paz e alguns garrafões, evita a briga e os chefes dos de baixo dormem "emborcados",

> Mas, no trilho da Missão, tem um homem morto,
> grande e feioso como uma capivara.
> É o Capitão Uachiatê,
> com a cabeça quebrada a porrete,/ ... (p.115)

GUIMARÃES ROSA: MAGMA E GÊNESE DA OBRA 105

Em "No Araguaia - IV", é a vez de Araticum-uaçu cair morto,

empalitado de flechas como um ouriço afogado,/ ...

com a natureza preparando-lhe um réquiem de herói,

o rio o levou para um remanso bonito,
forrado com todos os lírios d'água:/ ... (p.117)

embora bichos e águas continuem também a cumprir as atividades normais:

O rio parou todo marulho no remanso,
mas não deixou [, um só minuto ras. em B, mas não em A]
de correr, porque tem pressa [vírg. e 3 pals ms]
[Porque tem pressa ras. em B, mas não em A]/ ...

Como vemos, tanto a natureza se identifica com a vida indígena como tem vida própria. Aliás, a despeito de a representação da natureza ser mais visível nesse poema, ela está presente nos quatro textos. Em "No Araguaia - III", explicita-se um cortejo de luzes em que natureza e cultura se irmanam:

A fogueira está acesa,
e, lá em cima, ainda há muitas fogueiras.
E a maior delas é a estrela
fogo-grande-da-lua,
iaci-tatá-uaçu... (p.113)

No poema, há breve referência a mitos nacionais, nenhum unicamente indígena, envolvendo a noite das praias do Araguaia em magia e mistério:

Alguém vai cantando, lá longe, lá longe,
uma voz dentro d'água, sem boca, sem garganta. [A: final
da página. B: espaço e traço de junção com o verso
seguinte]
Tem uma luzinha passeando e pulando,
na praia comprida,
[um ras. em B, mas não em A] fogo que o vento não espa-
lha nem apaga,

[um ras. em B, mas não em A] fogo do fundo, que deve ser
frio.
E estão rasgando, na maceg clara,
uma gargalhada fina.
São as três mães do índio órfão:
a Mãe do Ouro, a Mãe d'Água, a Mãe da Lua... (p.114)[10]

Já no conjunto dos poemas, chama a atenção a expressão direta, muito próxima da linguagem coloquial. As falas, desacompanhadas de travessão, indicam isso: "Vai ter barulho feio!...", "Não vai ter mais briga...". As cenas compõem-se com os verbos "ter", "estar" e "haver", interligando-se os enunciados pela conjunção "e", que também inicia alguns períodos.

A divisão em estrofes acompanha a distribuição em cenas que vão do interior ao exterior, à paisagem, sem nexo explícito. Alguns momentos lembram recursos oswaldianos de Pau-Brasil, como a simplicidade e a informação direta:

[Estão ras. em B, mas não em A] T[ms spp sobre t]rês chefões reunidos
na maloca do Capitão Codunê:
Cobra-Grande, Arco-Verde e Ariranha,
bebendo pinga e fumando *coti*. (p.113)

Nesses textos, o vocabulário, como acontece nos poemas examinados até agora, é desprovido de eruditismos, havendo também economia de figuras. Mais propensa à motivação do significante em relação ao significado, é a última parte, a de número IV, que,

---

10 A Mãe do Ouro, protetora das minas, é própria do Sul e do Sudeste do país, vindo de civilizações caldaicas através de Portugal (Cascudo, 1947, p.369). Inicialmente, seria o relâmpago, seguido do trovão, depois se confunde com a estrela cadente. A Mãe d'Água é mito europeu aqui aclimatado, mestiçado. Não há lenda indígena que registre a Iara; certamente o mito do índio Ipupiara – homem-peixe que só sai das águas para matar – veste-se com as roupagens das lendas trazidas pelos portugueses como a das sereias, convergência da Moura Encantada com as Oceânides e as Nereidas clássicas (p.170). Mãe da Lua é o urutau que, como corujas e mochos, tem fama universal de agoureiro (p.454). A tradição européia teria encontrado campo preparado nas aves amedrontadoras do indígena, como o urutau. A rasga-mortalha é uma *estrigea* cujo canto lembra o rasgar de um tecido.

GUIMARÃES ROSA: MAGMA E GÊNESE DA OBRA   107

não por acaso, é aquela em que se narra a morte de Araticum-uaçu
em uma única estrofe. O remanso do rio constrói-se com sons na-
salados e sibilantes:

> nelumbos azuis, nenúfares rubros e ninféias alvas.

E o som das aves com vibrantes e plosivas:

> e os marrecos, de barrete cor de folha,
> ...
> grasnaram longos réquiens pelo ar. (p.117)

MITOS E CRENDICES

Na classificação dos poemas, da natureza como tema passamos à cultura, sem que aquela deixe de estar presente. Assim, os
dois últimos grupos de que tratamos e o que agora discutimos
têm relações com o da natureza. Distingue-se dos demais por reunir textos resultantes, principalmente, da percepção rosiana
acerca de elementos lendários e mitológicos da vida nacional e
regional.

O modo peculiar de tratar mitos e lendas liga três poemas: "A
Iara" (p.16-9), "O Caboclo d'Água" (p.92-4) e "A terrível parábola"
(p.98-100). "A Iara" é o avesso do mito conhecido entre nós e na
cultura européia: dotada de preguiça macunaímica, a sereia nacional não canta, nem se esforça para seduzir os homens.

Para introduzir o reverso do mito, o texto traz uma especial
reunião de entidades femininas aquáticas de espaços ou de épocas
longínquas, numa atmosfera fantástica:

> descem todas as sereias dos mares e dos rios,
> irreais e lentas, como espectros de vidro,
> para os palácios de madrépora de Anfitrite,
> [num ras. em B, mas não em A] em [ms etl] vale côncavo,
>   transparente e verde,
> num recanto abissal, como uma taça cheia,/ ... (p.16)

Na descida das sereias pelas águas, as sibilantes seguem-se em
vocábulos motivados que também criam um universo transparente

nas imagens: "espectros de vidro", "palácios de madrépora de Anfitrite", "vale côncavo, transparente e verde", "taça cheia".

"Carregando os jovens afogados", chegam as sereias exoticamente denominadas e sensualmente apresentadas:

> Ondinas das praias, flexuosas,
> Nixes da água furtacor do Elba,
> Havefrus do Sund e Russalkas do Don... (p.16)

e Loreley, Danaides, Nereidas

> que [descem ras. em B, mas não em A] imergem [ms etl],
> ondulando as caudas palhetadas
> dos seus vestidos justos de lamê [A e B: lamé sbl; C: *lamé*] ...

A Iara, todavia, é a grande ausente. Diferenciada,

> Lá bem pra trás da boca aberta do rio,
> onde solta seus diabos
> o bicho feroz da pororoca,
> ela ficou, cheia de medo,/ ... (p.18)

Para compor a sensualidade dessa figura, à repetição de palavras como "sangue" e "carne" junta-se a retomada de fonemas vocálicos /e/, /a/, /o/ e consonantais explosivos, mais /r/, /lh/ em posição de força nos versos:

> sangue de mulher moça da terra vermelha,
> carne [branca ras. em B, mas não em A] de peixe da água
> gorda do rio... (p.18)

> ...
> e só à noite sem bordas dessas terras grandes,
> quando a lua e as ninféias desabrocham soltas,/ ...

O poema insiste na sensualidade:

> [eu ras. em B, mas não em A] posso beijá-la,
> nua,
> dormida,
> esguia,
> bronzeada, [A: pal. inexistente; B: ms etl]

GUIMARÃES ROSA: MAGMA E GÊNESE DA OBRA   109

> oleosa,
> na concha carmesim de uma vitória-régia,
> tomando o banho longo
> de perfume e luar... (p.19)

Os versos formam ondas sonoras através de recursos como a variação do acento e do comprimento das linhas que evitam o ritmo mais marcado. As linhas extensas e as vírgulas ao final de todos os versos, em especial dos curtos, imprimem morosidade aos sons ondulados. O importante é que essas ocorrências identificam-se com as imagens criadas pelos traços semânticos da volúpia, nos qualificativos encadeados e em segmentos como "noite sem bordas", lua e ninféias que "desabrocham soltas", "concha carmesim de uma vitória-régia", "banho longo", "perfume e luar". No penúltimo verso, a reiteração de nasais, da vogal tônica /a/ seguida da vogal /o/ reforça a motivação do ritmo ondulante, constituindo também o sentido.

Na linha do desfazimento do mito, que não deixa de ser procedimento inovador no ato de tematizar componentes da cultura brasileira, há outro texto de *Magma* que forma par com "A Iara": "O Caboclo d'Água" (p.92-4).

Como a sua companheira no universo das lendas e mitos nacionais, o caboclo só inicialmente faz medo ao canoeiro que

> fica parado, rezando baixo,
> sempre a tremer.
> Crescendo d'água, lá vem a máscara,
> negra e medonha,
> de um gorila de olhar humano,
> o Caboclo d'água
> ameaçador. (p.93-4)

Mas o mito se inverte: O Caboclo,

> com olhos tristonhos, rosto choroso,
> quase falando,
> quase perguntando
> pela ingrata Iara,
> que, já faz tempo, se foi embora,
> que há tantos anos o abandonou... (p.94)

Destacamos, como segmentos em que ocorre a ligação conteúdo-expressão, aqueles em que o ritmo não-marcado, o alongamento proporcionado pelas muitas pausas, pelos gerúndios, por algumas repetições de formas sintáticas identificam-se com o significado das palavras, embora permaneça certo prosaísmo. Em diferentes momentos, temos:

> todo peludo, todo oleoso,
> que vem subindo lá das profundas,

> Crescendo d'água, lá vem a máscara,
> negra e medonha,

> com olhos tristonhos, rosto choroso,/ ...

A última linha em questão é construída, no que diz respeito aos sons vocálicos, quase que unicamente pela reiteração do /o/, em geral fechado, que, visivelmente, atua como repetidora do sentido dos vocábulos que têm esse som no significante e que se destacam por concentrar a manifestação do sofrimento.

Para a fixação do mito humanizado,[11] sofrendo com o abandono amoroso, é interessante o contraste entre o modo como se apresenta, anunciando-se por um rugido

> tão rouco e feio, que as ariranhas
> pegam no choro, como meninos. (p.93),

caracterizando-se por monstruoso aspecto físico e manifestando dor e desalento.

No que tange à expressão, conforme dissemos, de modo geral, a escrita é prosaica. Assim sendo, como determinados segmen-

---

11 Camara Cascudo (1947, p.167-90) menciona o Caboclo d'água no mesmo item em que trata da Iara, ou seja, no das lendas relacionadas às águas. Tudo indica, nas figurações brasileiras, a confluência de mitos aquáticos femininos europeus com a crença indígena no Ipupiara que, em muitos registros, aparece como um monstro de olhos encovados, cabelos pelo corpo – possivelmente, a foca ou o leão marinho tenham originado tais imagens – e que causa a morte aos índios. Em nota de rodapé, Cascudo (1947, p.172-3) cita Noraldino Lima que descreve o Caboclo d'água do São Francisco como "baixo, grosso, musculoso, cor de cobre, rápido nos movimentos e sempre enfezado".

GUIMARÃES ROSA: MAGMA E GÊNESE DA OBRA

tos da prosa rosiana, especialmente de "O burrinho pedrês" e de *Grande sertão: veredas*, sugerem à crítica a sua transcrição como versos pela visível poesia que há neles, nesse e em outros momentos de *Magma*, somos levados a reescrever versos como prosa. Neste caso, a descrição predomina:

> No lombo de pedra da cachoeira clara as águas se ensaboam antes de saltar. E lá embaixo, piratingas, pacus e dourados dão pulos de prata, de ouro e de cobre, querendo voltar, com medo do poço da quarta volta do rio, largo, tranqüilo, tão chato e brilhante, deitado a meio bote como uma boipeva branca.
>
> Na água parada, entre as moitas de sarãs e canaranas, o puraquê tem pensamentos de dois mil volts [A e B: sbl; C: *volts*]. À sombra dos mangues, que despetalam placas vermelhas, dois botos zarpam, resfolegando, com quatro jorros, a todo [A e B: o] vapor. E os jacarés compridos, de olhos esbugalhados, soltam latidos, e vão fugindo, estabanados, às rabanadas, espadanando, porque do fundo do grande remanso, onde ninguém acha o fundo, vem um rugido, vem um gemido, tão rouco e feio, que as ariranhas pegam no choro, como meninos. (p.92-3)

Nas duas estrofes iniciais, ou nos dois parágrafos, há a construção do espaço da eclosão do antimito, organização que também se dá em "A Iara": no remanso do rio brasileiro, peixes vários entre moitas de sarãs e canaranas constroem a tranqüilidade da paisagem. Na parte final da segunda estrofe, o ritmo mais marcado pela acentuação silábica, pela repetição de estruturas sintáticas e pela pontuação cerrada, constitui, com os significados, a movimentação dos jacarés.

A principal característica dos poemas com que trabalhamos neste item e no anterior talvez seja o fato de terem um viés narrativo. A longa extensão deles é, possivelmente, apenas uma decorrência dessa circunstância. Longas descrições enformam o discurso, como ocorre no início das duas últimas peças analisadas, mas tais momentos não se sobrepõem aos narrativos. Em "Batuque" e no poema que passamos a examinar – "A terrível parábola" (p.98-100) –, a disposição para a narrativa é crucial. Também realizam, de certo modo, em determinados momentos, a unidade entre sentido e música. Não se tratando de poesia lírica, trazem não a musicalidade inefável que lhe seria própria, mas a sonoridade que, combinada com o significado, faz a música mnemônica, incisiva.

O conteúdo de "A terrível parábola" (p.98-100) relaciona-se com o Quibungo que Camara Cascudo (1947, p.272) não considera um mito propriamente, mas uma figura da literatura oral afro-baiana, "com sua bestial ferocidade, sua feiúra, estupidez e inexistente finalidade moral".[12] O próprio Guimarães Rosa, em carta ao tradutor para o italiano de *Corpo de baile* (Bizzarri, 1980, p.54), trata dessa figura nos esclarecimentos sobre termos e passagens mais obscuras das novelas: "O *quibungo-branco*. Este, existe. Isto é, existe o QUIBUNGO. Monstro, devorador de meninos, das lendas africanas, trazidas pelos escravos. Deve ser entidade da mitologia bantu. É o quibungo-gerê ou tibum-tererê, das estórias, muito contadas no interior".

No caso do poema, no que diz respeito ao conteúdo, chama a atenção a variante apresentada: a menina mata a cachorrinha que desviara o Quibungo-Gerê. O texto tem conotação nitidamente sexualizada. Componentes de diferentes níveis fazem pensar em retomada de elementos orais que predispõem à memorização. Linhas de cinco e seis sílabas predominam e as longas, de até quatorze sílabas – que ultrapassam a possibilidade de serem consideradas, efetivamente, como versos –, são bimembres, associadas a rimas externas:

A Mãe-Preta contava:
uma meninazinha
[A: pal. ras.] morava num sobrado
com uma cachorrinha.
E [A: ms] n[A: ms spp a N]o meio da noite bateram na porta
e cantou lá fora
o *Kibungo-Gerê*. [A e B: sbl] (p.98)

---

12 "O Quibungo surge sempre num conto romanceado, com episódio feliz ou trágico mas indeterminado, inlocalizado, vago ... É um ... devorador permanente de crianças ... expressão para disciplinar as insubmissões precoces ou as insônias persistentes. É uma variante do Tutu e da Cuca, da dinastia informe dos pavores noturnos ... Em quase todos os contos em que aparece o Quibundo há versos para cantar. Esse detalhe denuncia sua articulação aos alôs, às estórias contadas, declamadas e cantadas que ainda hoje podemos ouvir n'África equatorial e setentrional e na China" (Cascudo, 1947, p.272).

GUIMARÃES ROSA: MAGMA E GÊNESE DA OBRA

Como no caso de "Batuque", o poema pode ter como lastro quadras ouvidas por Guimarães Rosa que compunham a lenda. A segunda estrofe tem a oralidade mais acentuada:

> – *"Kibungo-Gerê!... Kibungo Gerê!...* [A e B: sbl]
> Cadê Zabelinha, que eu quero comê!..." (p.98)

As rimas, que se dão com a retomada de estruturas morfossintáticas, enfatizam o dizer da cachorrinha:

> – "Zabelinha já lavou,
> já deitou,
> já dormiu!..."

Em outros segmentos,

> A menina, de raiva, enterrou a cachorrinha,
> a menina, de raiva, queimou a cachorrinha,
> a menina, de raiva, jogou no rio a cinza
> da brava cachorrinha,
> que cantava acordada,
> que cantava morta,/ ... (p.99)

> E o bicho voltou,
> *Kibungo-Gerê!...* [A e B: sbl]
> e o bicho cantou,
> *Kibungo-Gerê!...* [A e B: sbl]
> e foi abrindo a porta,/ ... (p.100)

evidenciam-se paralelismos e o modo como se dá a reiteração em todos os níveis leva ainda a supor uma retomada de discurso oral.

Como nos três poemas ("A Iara", "O Caboclo d'Água" e "A terrível parábola"), componentes da cultura nacional – ponto alto da passagem entre os contos publicados em 1929 e 1930 em periódicos e ambientados em terras estrangeiras e *Sagarana* – são recriados em "Assombramento" (p.122-4), revelando-se, em *Magma*, mais uma vez, o interesse de Guimarães Rosa pela transmutação desses elementos. Entretanto, a composição consegue apenas em alguns momentos o necessário ajuste conteúdo-expressão.

Na primeira estrofe, apresenta-se a condição propícia à interferência do sobrenatural:

> Meia-noite amarela de sexta-feira,
> com lua cheia, na meia quaresma,
> no pequeno arraial. (p.122)

Em versos mais curtos, haveria aumento no mistério do ambiente que, sonoramente, constrói-se com acentos finais e rimas incidindo sobre vocábulos que carregam o sentido daquilo que atrai o estranho:

> Meia-noite amarela
> de sexta-feira,
> com lua cheia,
> na meia quaresma,
> no pequeno arraial.

Ao grupo que, tetricamente, encomenda as almas do purgatório segue-se o desfiar de assombrações: almas penadas carregando ossos de defuntos, mulas-sem-cabeça galopando nas estradas, lobisomens uivando, mortalhas abandonadas, a morte "sentando nos telhados" e o Pitorro, cachimbando.

O ritmo marcado e a recorrência de consoantes explosivas e sibilantes motivam a relação entre o significante e o significado:

> Tinidos secos de matracas,
> gente cantando orações tétricas
> em frente às cruzes das encruzilhadas,
>
> ...
>
> E logo atrás vêm vultos brancos,
> almas penadas sussurrando,
> com ossos de defuntos alumiando [A: pal. inexistente; B:
> ms ch. etl] nas frias mãos brancas. (p.122)

Vale notar, na penúltima linha, a oposição entre os sons vocálicos da primeira parte – a reiteração do /a/ para a transparência das almas – e a do /u/, na segunda, para o lúgubre da sua voz, associando sons e sentido. No verso final desse bloco, identifica-se também o

GUIMARÃES ROSA: MAGMA E GÊNESE DA OBRA   115

esquema vocálico com o significado: na primeira parte, os sons fechados para os ossos sinistros; na porção intermediária, a agudeza
do /i/ para a luz e, finalmente, o /ã/ para a brancura das mãos.
O ritmo mais marcado, acompanhando plosivas, sibilantes e
chiantes, enforma o galopar das mulas-sem-cabeça:

> Mulas-sem-cabeça galopam doidas
> pelas estradas,
> queimando o capim com as chispas dos cascos. (p.122)

Nas últimas linhas, observa-se, mais uma vez, a necessidade de
"terminar" o poema e, apesar de alguns acertos pela aproximação
entre o conteúdo e a expressão, o resultado geral não é positivo.
Falta poesia nessa representação da folia das almas ou encomenda-
ção das almas realizada em algumas cidades mineiras, seguida do
recenseamento das assombrações mais comuns na cultura nacional.
Em "Reza brava" (p.111-2), a narração dramática ganha vulto.
Tal composição, muito mais feliz, cria a imagem de um sortilégio pelo recurso que lhe é próprio: a palavra magicamente utilizada. Voltamos a esse poema em outra parte deste trabalho, comparando-o
a "São Marcos" de *Sagarana*.

AMOR

> Por que me trancas
> o rosto e o riso
> e assim me arrancas
> do paraíso?

C. Drummond de Andrade, "Lira romantiquinha"

Os textos com temática amorosa, na maior parte, apresentam-se em seqüência na coletânea, mas alguns localizam-se longe
do grupo – "Elegia" (p.50) e "Madrigal" (p.116) – além daqueles,
com o mesmo tema, encontrados nos dois conjuntos de peças de
três linhas: "Haicais" (p.33-4) e "Poemas" (p.72-7). A caracterí-
ca mais visível das peças seqüencialmente exibidas é a sua menor
extensão – de oito a 29 linhas – o que, conforme Staiger (1969), é

um traço da poesia lírica. Excetuando-se os haicais e os textos de "Poemas" (p.72-7) com três versos, essas composições são as mais breves de *Magma*.

A manifestação explícita da subjetividade é também comum nessas páginas. Todavia, em tal exposição dos sentimentos do eu, a poesia é escassa. Além disso, na grande maioria, tais textos tematizam o amor desejado e frustrado ou terminado. A peça que mais se aproxima da realização amorosa centra-se na permanência do desejo após o encontro com a amada. Em outros poemas, a mesma figura, interlocutora implícita na fala do sujeito, é esquiva e distante, ou a sua presença é apenas efeito de estado febril. As composições podem ser ordenadas numa linha que vai do momento posterior ao encontro amoroso ao abandono pela amada.

Como adiantamos, justamente o único poema que menciona a concretização amorosa trata da permanência do desejo depois do encontro e intitula-se "Ausência" (p.90). As estrofes inicial e final espelham-se, encerrando o poema no círculo:

> Na almofada branca,
> as sandálias sonham
> com a seda dos teus pés...
>
> ...
>
> E na almofada de seda,
> [A: pal. ras., talvez eu] beijo as sandálias brancas,
> vazias dos teus pés...

Uma sinestesia é meio achado:

> Do frasco aberto
> vestidas de vespas,
> voam violetas... (p.90),

como também as recorrências consonantais e vocálicas que se aliam ao sentido:

> talvez no ninho morno, calcado por teu corpo
> no leito desfeito...

Todavia, o recurso mais utilizado para indicar a ausência é composto pelas reticências que encerram todas as estrofes e outros dois versos.

Outra composição ligada ao tema em pauta é "Meu papagaio" (p.86-8) com duas partes, a primeira delas fazendo que o poema se aproxime da série dos animais:

> Papagaio Real, meu Papagaio Louro,
> sisudo e notável discursador!...

Seguem-se a manifestação da admiração do sujeito pelos atributos da ave e o pedido para que repita "eu te amo" em diferentes línguas, o que constitui uma estrofe. Talvez seja esse o poema mais adolescente da coletânea.

"Elegia" (p.50) trata também, de maneira muito superficial, do desencontro amoroso, embora a melancolia, leve, lembre a da endecha. A comparação é o recurso semântico utilizado para compor a figura feminina entrevista uma única vez.

Na seqüência de poemas de temática amorosa, a ligação dos demais com "Elegia" é grande. "Impaciência (duas variações sobre o mesmo tema)" (p.79-80), com duas partes – I e II –, por exemplo, traz o desejo de posse que pode nunca se concretizar. O artifício mais evidente para a expressão desse desejo é a suspensão, indicada pelas reticências que finalizam a metade das dezoito linhas do texto I, prolongando os versos curtos e exigindo lentidão na leitura. O alongamento semântico é também produzido por palavra polissílaba a que se segue o efeito prolongador das sibilantes:

> Eu queria dormir
> longamente...
> (um sono só...)

O tema específico do desejo de alongamento do sono, projeção da evasão em conseqüência da espera da realização amorosa, ou da não-realização, está ainda concentrado na reiteração de certos semas de vocábulos diversos e na da vogal /i/:

> Para esperar assim
> o divino momento que eu pressinto,
> em que hás de ser minha...
>
> ...
>
> ah!, então eu gostaria
> que o meu sono,
> friíssimo e sem sonhos
> (um sono só...)
> não tivesse mais fim...

Na parte II (p.80), a lentidão do andamento repete-se. As reticências são em menor número, mas polissílabos como "vertiginosamente", "eternamente", pausas indicadas pelas vírgulas e versos mais extensos encompridam a leitura.

Em outras composições, há a presença implícita da mulher amada e até mesmo da sua fala na enunciação do sujeito. O ponto central é sempre o desencontro, a esquivança, o distanciamento. Em "Delírio" (p.89), sobressai a ambigüidade pela atmosfera de certo modo onírica – produto de febre. Trata-se de peça um pouco mais madura. A presença da mulher pode ser provocada pelo delírio, mas há uma figura interessante:

> No parque morno, um perfumista oculto
> ordenha heliotrópios...

Heliotrópio é planta que se vira para o sol e também "pedra preciosa, esverdeada e com pontos róseos e estrias vermelhas" (Silva, 1949). Girassóis e/ou pedras de colorido variado, a bela e estranha metáfora, de inspiração rara em *Magma*, lembra a estrofe de Murilo Mendes em "O pastor pianista" de *As metamorfoses* tão bem lido por Antonio Candido (1985, p.82) em suas tensões e ambigüidades:

> Acompanhado pelas rosas migradoras
> Apascento os pianos que gritam
> E transmitem o antigo clamor do homem ...

Infelizmente, o poema de Guimarães Rosa, após tal introdução um tanto surrealista, não mantém o mesmo tom, embora haja interesse em outro momento:

Não sentes na tua boca
um gosto de papoulas?...

Nele, ritmo, assonância e aliteração identificam-se aos sentidos do enunciado, colando "gosto de papoulas" à "na tua boca" e fazem eco à ambigüidade já apresentada. Essa peça, pelo desconcerto, tem vaga aproximação com a poesia moderna.

"Hierograma" (p.97) procura criar uma atmosfera de sensualidade na natureza, motivo pelo qual poderia estar na série de textos que tratam desse tema. É o esperado, pois, a natureza, transformada em *locus amoenus*, é companheira da poesia amorosa: o tropo do lugar agradável como ornamento discursivo é encontrado tanto na poesia amorosa e pastoral a partir de Virgílio quanto nas descrições do paraíso (Gally, 1996, p.162). A erotização da natureza, a voluptuosidade e o exotismo provêm de vocábulos eruditos:

No jardim pagão,
entre os panos de púrpura de uma fúcsia
poliandra,
oito estames preguiçosos
[amam ras.] namoram [ms ch.] um pistilo
voluptuoso...

A brisa baralhou
o enxame azul de borboletas
que se casavam nas corolas,
e logo todas trocaram de par...

[A: E ms, um ms spp a Um; B: E um ras.] o [ms ch.] jasmineiro
desfolha e derrama
na s[S em A e B]uburra do charco,
em lácteos jasmins de cheiro açucarado,
os beijos mais raros de uma Imperatriz...

Todavia, apenas ocorrências como "fúcsia poliandra", "namoram um pistilo voluptuoso", "suburra do charco" e todas as demais do mesmo tipo não constroem o erotismo na dimensão que, claramente, o poema deseja atingir.

Na última estrofe, o malogro amoroso:

> Beija-me...
> Depois, se não [A: gostares ras.] me quiseres, [A: 2 pals e
>   vírg. ms]
> [A: eu te direi; B: 3 pals ras.] dir-te-ei [ms ch.], depressa, o
>   nome
> de alguém que te ama... (p.97)

"Madrigal" (p.116) também tem relações com a natureza, mas pouco diz. Já o mais longo dos poemas centrados no amor, "Ironia" (p.84-5), cujo título faz jus ao conteúdo, poderia encimar outros da série em que a realização no amor nunca é alcançada. A atmosfera nele criada, de certo modo, identifica-se com aquela propícia à aproximação amorosa. Para tanto, o poema constitui, de alguma maneira, a cumplicidade significado-significante. A ambientação para o amor – jardim fechado na noite fria, sons agudos e luzes alegres – é construída com a motivação entre as duas faces dos signos. O ritmo, balouçante e leve de cantiga, provém dos acentos predominantes que recaem em sílabas aproximadas em palavras como "fria", "convites", "sibila", "estribilho", "estrelinhas", "jasmim", "querida", "alegria", "jardim" e da pouca extensão das linhas, combinada com versos mais longos que podem ser lidos como dois versos curtos. A freqüência do /i/ recebe reforço considerável, quando a vogal é repetida na rima emparelhada ou ainda acompanhada de sibilantes, atualizando o som agudo e continuado:

> A noite fria, no jardim fechado,
> joga convites
> para os namorados.
>
> Um grilo sibila
> seu estribilho
> de tenor sem sono. (p.84)

A assonância do /i/ e a ocorrência de rimas externas e internas, bem como a acentuação em vocábulos que são parte do universo semântico do som agudo, compõem um ritmo de alegre leveza que, justamente, contrapõe-se à ironia que o poema destila:

GUIMARÃES ROSA: MAGMA E GÊNESE DA OBRA   121

> Não queres beijar-me?...
> Queres ir embora?...
> Perdoa... Eu pensava
> que gostasses de mim...

A rima, novamente, vem acentuar o ponto crucial – agora representado pelo sentimento de frustração do sujeito em "mim" e em "ironia". Mas, como tudo parece mesmo uma brincadeira, o mesmo som /i/, na estrofe final, dá conta da modificação do espaço, acompanhando a metamorfose do eu:

> Os vaga-lumes já vão piscando,
> vão apagando as lanterninhas frias...
> E [A: ms] faz [A: ms spp a Faz] tanto frio
> que o grilo franzino
> já desafina
> no seu flautim... (p.85)

De "Ironia" a "Gargalhada" (p.91), reforça-se e amplia-se a temática do desencontro. No último, trata-se do sofrimento do sujeito com a partida da amada que se segue à declaração dela de que o seu amor terminara. A diferença entre esse poema e os demais do grupo é a atitude reflexiva ante o abandono, visto como conseqüência do destino. Tal atitude manifesta-se num tom solene, construído em diferentes níveis: no semântico, na apresentação visual – um único bloco maciço – e na lentidão do andamento dos versos que acompanha o comprimento deles, extensos na maioria, com vírgulas finais ou reticências:

> Mas olhei-te bem nos olhos,
> belos como o veludo das lagartas verdes,
> e porque já houvesse lágrimas nos meus olhos,
> tive pena de ti, de mim, de todos,
> e me ri
> da inutilidade das torturas predestinadas,
> guardadas para nós, desde a treva das épocas,
> quando a inexperiência dos Deuses
> ainda não criara o mundo... (p.91)

Como não há classificação estanque em relação ao tema de que essa peça trata – aliás, isso ocorre em, praticamente, todos os textos –, a composição encaixa-se também no rol daquelas voltadas para reflexões sobre o homem e a vida.

Se tomarmos os "Haicais" (p.33-4), a frustração amorosa também reúne vários textos, como "Romance - I", "Romance - II" e "Egoísmo". Os dois primeiros trazem a temática figurativizada com imagens visuais:

> Romance - I
>
> No cinzeiro cheio
> de cigarros fumados,
> os restos de uma carta... (p.33)
>
> Romance - II
>
> Bem na frente
> de um retrato empoeirado,
> uma aliança esquecida... (p.34)

Tais textos que, de certo modo, lembram a linguagem sentenciosa tendem também para a prosa poética comum em *Magma*. Mas a mesma impossibilidade de realização no amor ocorre em dois dos "Poemas" (p.72-5), conjunto de dezoito poemetos, como notamos pelos títulos: "Distância sentimental" e "Medo de felicidade". O primeiro é o que mais se aproxima dos anteriores pelo encontro irrealizável, levado ao paroxismo:

> Mesmo ao sonhar contigo,
> só consigo que me ames noutro sonho
> dentro do meu sonho primitivo... (p.72)

No segundo,

> Estremecemos juntos...
> Que Potência má será a soberana
> desse vento frio que passou?... (p.73)

há o medo latente no ser humano; a primeira linha é que nos autoriza a incluir tal peça entre as que se centram no amor.

Mas há, finalmente, um "Encorajamento":

Meu desejo corre a ti com velas enfunadas...
Podes dar-lhe um porto, sem nenhum receio:
ele não traz [A: ms etl inferior e traço de inclusão; leva ras.]
âncora... (p.72)

A maneira como a temática amorosa é enfrentada lembra muito a dos nossos poetas românticos, que Mário de Andrade tão bem analisa em "Amor e medo" (1967a, p.201):

o tema do amor é versado nesse seqüestro precário e geral, com que o amor e medo se mostra na poesia de todo rapaz que verseja: o tema do "amar sem ser amado". É de fato esta, a maneira mais fácil da gente escapar do medo de amor; e por ela deverá se explicar sessenta por cento das trovas com que os rapazes se queixam da útil "ingrata". Se afastam da experiência do amor, criando o amor irrealizável por ingratidão, não correspondência, infidelidade, e outras escapatórias assim.

Mário fala de Castro Alves, "dentre os grandes românticos o que mais esgarçadamente poetou de amor e medo", e dos demais – de Casimiro de Abreu, até mesmo de Gonçaves Dias "entre nós o que deu uma das expressões mais comoventes do amor e medo, com o *Ainda uma vez, adeus!*" – e sobretudo de Álvares de Azevedo, mas podemos incluir Guimarães Rosa na lista.

O escritor de Cordisburgo volta ao tema do desencontro amoroso, ou do absoluto desencontro, da maneira mais completa em *Grande sertão: veredas*. Além do mais, se, com *Magma*, estamos muitíssimo longe dos poemas de amor, digamos, de Carlos Drummond de Andrade, é preciso lembrar também a madura e belíssima prosa rosiana de realização amorosa, como vemos em "Substância" de *Primeiras estórias*, ou da plenitude do erotismo como em "Buriti" de *Corpo de baile*.

Entre os poemas de amor e erotismo, incluímos "Sonho de uma noite de inverno" (p.95-6) de título shakespeariano, em que se cruzam sensualidade e castidade, cristianismo e paganismo, num "subsonho" do sujeito da enunciação estimulado por duplo influxo – o da leitura de texto antigo e o dos sons do momento:

uma crônica do[A: s ras.] tempo[A: s ras.] merovíngio[A: s ras.],
dos monges da Abadia de Cluny.
E um rádio gritante [me ras. em B, mas não em A] trouxe, pela janela,
todo o banzo e o azougue de um samba sensual:
[um ras. em B, mas não em A] vôo de cantáridas tontas
no hálito de incenso de uma nave,
fenestrada de ogivas e ventanas
e toda colorida de vitrais... (p.95)

No torpor que o acomete, a visão de

um monge
rendilhador de jóias de ouro,

que

deixou errar seus dedos e seus sonhos,
e fez crescer, no jalde de um cibório,
o relevo de uma Vênus
com um Cupido ao colo...

E era tão bela a sua idéia de ouro,
e foi tão casto e cristão o beijo longo
que ele pôs na deusa,
que a tênue poeira flava do seu êxtase
de pronto se esvaiu. (p.95-6)

A lentidão última dessa estrofe – com a seqüência de coordenadas iniciadas pela aditiva mais os versos longos, que traduzem o demorado beijo do monge – contrasta com a rapidez da estrofe seguinte. Nela, apesar de mais extensa e da série de gerúndios, há mais pressa na leitura: trata-se do retorno rápido ao sagrado. As pausas determinadas pelas muitas vírgulas não imprimem demora, já que as estruturas semântico-morfossintáticas repetidas fazem que as interrupções sejam de breve duração:

E então, febril,
murmurando, constante, um exorcismo,
santificando traços, disfarçando os [A: ms ch. etl] nus,
fez depressa da Vênus uma Virgem,

GUIMARÃES ROSA: MAGMA E GÊNESE DA OBRA 125

e do pagãozinho alado um menino Jesus.
Depois, [vírg. ms] sorrindo, o santo joalheiro
rezou, com outro beijo, a sua contrição...

Na estrofe final, o fecho, ainda movimentado e, além disso, leve, só que, dessa vez, fazendo parte do desenvolvimento do poema:

E mil diabinhos cr[A: ms]epitaram nas chamas,
rubros, rindo,
porque agora o seu beijo
fora ardente e pagão... (p.96)

Essa peça, no seu ar parnasiano, como outras de *Magma,* tem certa graça. A tônica geral do livro, entretanto, não é essa.

TEMAS FILOSÓFICOS

Uma primeira advertência deve ser feita no que se refere a esse grupo de poemas: em grande parte deles, há mais a manifestação de determinadas percepções ou sensações, relativas à problemática abordada, do que propriamente reflexão. Não se revela aprofundamento nos pontos considerados, que dizem respeito, em geral, ao campo da metafísica. Outra advertência: muitas das composições anteriormente comentadas apresentam aspectos do plano do conteúdo e da expressão repetidos neste bloco.

Um subgrupo de poemas relacionados à temática da morte chama a atenção pela quantidade e por abordarem-na de modo diversificado.

Em "Roxo" (p.59), a morte materializada na figura feminina quer ir-se embora e, deixando um rastro arroxeado no caminho, realiza a expectativa do título:

Ela desceu dos teus olhos de choro,
magnética e profunda, como um rastro
de ametistas mortas...
Passou pelas olheiras fundas,
pousou nos ramalhetes de saudades,
tocou nas fitas das coroas, longas
como equimoses...

Tal movimento expressa-se na construção verbal caracterizada pela lentidão que as reticências ajudam a criar: dos dezesseis versos, seis terminam com esse sinal e sete, com vírgula. O deslocamento acentual contribui também para o alongamento e a gravidade do ritmo que se identifica com o campo semântico. Todavia, o texto aproxima-se do prosaísmo:

> Deixa que o levem, agora,
> que a mulher cristã da sala
> já quer ir embora...
> Ela desceu dos teus olhos de choro,
> magnética e profunda, como um rastro
> de ametistas mortas... (p.59)

A linha inicial,

> Deixa que o levem, agora,/ ...

é retomada no fim do poema, tendo como única modificação a substituição da vírgula por reticências, suspendendo o texto. Do mesmo modo, o terceiro verso é repetido na antepenúltima linha, com leve variação na primeira palavra que resulta em pequeno aumento no número de sílabas, reforçando o tom grave que se impõe à leitura da composição. Essa moldura especular reproduz o andamento do texto:

> Ela quer ir embora...
> Deixa que o levem, agora...

Apesar de tais recursos, no poema em que a morte é quase palpável, o resultado é mediano.

Esse texto é parte de um grupo de sete que têm como título nomes de cores, numa disposição que reproduz o espectro solar: "Vermelho" (p.52), "Alaranjado" (p.54), "Amarelo" (p.55), "Verde" (p.56), "Azul" (p.57), "Anil" (p.58), "Roxo" (p.59). Nessa seqüência de páginas, todavia, a temática é variada. "Alaranjado" e "Anil" são construções de paisagem solar. "Verde" e "Azul" retratam, respectivamente, a rã e a borboleta. "Amarelo" trata da criação artística e "Vermelho", de que passamos a cuidar, é parte do

GUIMARÃES ROSA: MAGMA E GÊNESE DA OBRA

rol de peças que têm como tema a morte. O arco-íris rosiano, portanto, abre e fecha com a morte: "Vermelho" e "Roxo". Aliás, os poemas centrados nesse tema são também sete, embora não tenham todos as cores como título.

Em "Vermelho" (p.52-3), a morte está encarnada em outra figura:

> É uma pomba
> – parece uma virgem.
> De debaixo das plumas, vem o jorro
> enérgico, da foz de uma artéria:
> e a mancha transborda, chovendo salpicos,
> a cada palpitação.

O poema explora uma consideração comum no que se refere à simbologia do vermelho. Para muitos povos, é a primeira das cores, porque ligada aos princípios da vida. Como cor do fogo e do sangue, participa da sua simbologia geral: "Tal é, com efeito, a ambivalência desse vermelho de sangue profundo: escondido, é condição de vida. Derramado, significa a morte" (Chevalier & Gheerbrant, 1974).

Mas a idéia de que sangue mostrado é símbolo da morte constrói-se através de uma condição paradoxal: a "mancha" que jorra da pomba cresce "viva", "Ardente e berrante", prende-se aos olhos do sujeito enunciador, enquanto o corpo da ave esfria. A relação vida-morte expande-se ao longo do poema; todavia, a figura que se impõe perde-se na ênfase demasiada das sinestesias:

> Cresce, cresce,
> tão depressa,
> que chega a mudar o gosto na minha boca...
> Tenho-a agora presa nos meus olhos,
> quente, quente,
> e no entanto a pomba já está fria,
> e colorada, como uma grande flor...

Já em "Pavor" (p.134), formado de uma curta estrofe, figuras semânticas unem-se ao ritmo lento, ao andamento grave e a fonemas fechados, para expressar o horror do vazio pesado e negro da solidão que se assemelha à morte. Esse poema mantém analogia com"Angústia" (p.135). Também com estrofe única, tenta construir o medo da proximidade cada vez maior da morte ou de algo indefinido – "uma cousa fria, qualquer cousa grande" – mas que com ela se parece. Para a criação de tal aproximação, sucedem-se grupos de versos com estruturas morfossintáticas reiteradas. Um dos blocos, com linhas sempre iniciadas pelo advérbio "talvez", traz as possibilidades da origem de tal ameaça, na busca de defini-la. Outro grupo, através da repetição da expressão verbal "vem vindo", na cabeça do verso, revela a aproximação da ameaça:

> Talvez do fundo das grandes matas por onde andei,[A: ms
> etl; errei ras.]
> talvez da terra das cousas vivas que eu enterrei,
> talvez dos cantos do quarto escuro da minha infância,
> talvez das cavernas de dragões negros de livros que li...
> Vem vindo, e o vento está uivando,
> vem vindo, e os cachorros estão soluçando,
> vem vindo da treva, para me agarrar...

A substituição final, observada na versão B, torna mais concreta e próxima a idéia de fim:

> Já está perto, já vem pesando,
>
> ...
>
> vem de uma cova,
> [e eu vou morrer ras. em B, mas não em A]
> para me enterrar... [A: verso inexistente; B: ms]

Embora o texto não chegue a constituir plenamente a angústia da expectativa que o título faz supor, a sua construção caminha nessa direção. As reiterações de estruturas semânticas e morfossintáticas – que lembram, ainda que de longe, o Jorge de Lima de *Tempo e eternidade* ou de *Invenção de Orfeu* – e a diminuição gradual no comprimento das linhas conseguem compor o andamento da aproximação cada vez mais célere e menos distante da "cousa fria".

Outras duas composições – "Lunático" (p.64) e "Desterro" (p.60-1) – relacionam-se às anteriores e unem-se pela temática: se

GUIMARÃES ROSA: MAGMA E GÊNESE DA OBRA

não a morte, a sensação de proximidade desta e sentimentos que fazem parte do seu campo semântico como a falta, a distância. A noite, como em "Angústia" – que se abre com

> Estou com medo das roupas da noite, –

é o momento propício ao desencadeamento de tais disposições afetivas. O fato de comporem uma única estrofe também liga os dois poemas: as sensações mencionadas manifestam-se em jorro contínuo. É desse modo que "Lunático" (p.64) traz sono e sonho próximos da morte:

> Para que eu [A: 3 pals ms; E eu ras.] soçobre[A: spp a arei ras.] no mar dos nenúfares grandes,
> onde remoinham as formas inacabadas,
> onde [A: as almas infelizes ras.] vêm morrer as almas, [A: 2 pals e vírg. Ms ch. etl] afogadas,
> e onde os deuses se olham como num espelho...

A noite, momento do sonho, da ida "à região dos desabrigos", é também o espaço-tempo final de "Desterro" (p.60-1), em que a indesejada viagem de trem é a figura de outra(s) viagem(ns) indesejada(s). A da vida, possivelmente, é uma delas:

> Eu ia triste, triste, com a tristeza discreta dos fatigados,
> com a tristeza torpe dos que partiram tendo despedidas,
> tão preso aos lugares/ ... (p.60)

Unindo expressão e conteúdo, o que mais se evidencia é a lentidão rítmica dessas linhas iniciais, impressa pelo comprimento delas, pela pontuação reiterada, pela recorrência das palavras "triste" e "tristeza", pela construção sintática prosaica. Tal ritmo lento e grave continua no verso que se segue,

> de onde o trem já me afastara estradas arrastadas,

onde chama a atenção a inédita – na poesia de *Magma* – elipse de conectivo entre o verbo e o adjunto. Importante é também o segmento "afastara estradas arrastadas", em que a reiteração da presença do fonema /a/, em posição tônica secundada pelas átonas, é acompanhada de elementos sonoros prolongadores como a sibilante em posição interna nas três palavras e ainda no final das duas últimas. A isso junta-se o grupo consonantal em "estradas" e o fonema /r/ em "arrastadas" para prolongar a leitura, casando som e imagem.

A repetição de radicais do conjunto "triste/tristeza" dá-se com outros, próprios do campo semântico de peso, como figura que tem a seguinte conotação: "Tudo quanto incomoda, molesta, fatiga, preocupa ou abate; carga, fardo" (Ferreira, s. d.). Jungidos à impressão de "pesadume", trazem, além de /tristeza/, os semas de /desgosto/, /pesar/:

> Mas a minha tristeza pesava mais do que todos os pesos,/ ...

Os mesmos semas reiteram-se em "fadiga desolada" do verso seguinte:

> e era por causa de mim, da minha fadiga desolada,
> que a locomotiva, lá adiante, ridícula e honesta, bracejava,/
> ... (p.60)

As sensações de ausência e falta e de distância são retomadas ao longo do poema. O momento mais interessante é o cruzamento de ambas, com a oposição "vagões quase vazios"/"almas cheias de distância" carregando os sentidos das sensações mencionadas – mais a noção de peso – e se completando com a figura final:

> puxando com esforço vagões quase vazios,
> com almas cheias de distância a penetrar no longe.

Apesar desses e de outros recursos como a antropomorfização em

> A tarde subiu do chão para a paisagem sem casas,

não há figuras surpreendentes. O acerto maior está na combinação do andamento e da solenidade da leitura com o conteúdo envolvido. A acentuação, monótona em alguns momentos, sempre grave, as-

GUIMARÃES ROSA: MAGMA E GÊNESE DA OBRA

socia-se aos versos em geral extensos, o que nos permite qualificar essa peça como de valor médio.

De todo modo, os dois textos examinados trazem alguma novidade ao livro: a tentativa de expressão de sensações não bem definidas, mas dolorosas.

Sentimentos de solidão, abandono, medo, dor manifestam-se em outros dois poemas de poucas estrofes e versos curtos – "Revolta" (p.136) e "Regresso" (p.137) – apresentados em seqüência no livro. Podem ser vistos como complementares entre si e têm ligação com os textos acima mencionados – a última estrofe de "Revolta" parece parte de "Desterro" – sendo mais frágeis do que as composições anteriores.

Em "Revolta" (p.136), à grande figura que é o sentido do poema – o abandono – para tratar da condição de solidão do ser humano não se somam microfiguras originais que enriqueceriam o texto, o mesmo ocorrendo em "Regresso" (p.137). Nos dois textos há, ao contrário dos que foram analisados, a manifestação do desejo do sujeito de resistir, de não se perder no completo isolamento, pela memória e pela manutenção da língua, ainda que por meio precário:

> Oh!... que bom, uma palavra basta
> para refazer o meu idioma:
> – "Sofrimento... Sofrimento..."
> e não a esquecerei!...

Se o título desse poema é o oposto de "Desterro", a figura não é do mesmo campo semântico: não mais a viagem ao "fundo do mar sem tona", mas o esquecimento das línguas alheias e da própria.

"Iniciação" (p.71) é outra composição a ser incluída nesse rol. Liga-se às anteriores pelo otimismo final, redentor da condição humana reduzida ao nada, mas tem outra direção, que está indicada no título. Desamparado de tudo,

> E nem mais existirá a esperança do trágico...
> E no vazio,
> em vão apelareis para as grandes catástrofes,/ ...

o iniciado encontra o "segredo, acordado",

> na encruzilhada de todos os caminhos,
> andando na tua frente, desvendado, [A: 2 versos com sinal
> de junção]
> mais difícil de crer do que de decifrar...

O resultado é a liberdade, o livre arbítrio pela via, a um tempo, racional, mística e vital:

> [A: E ras.] T[A: ms spp a t]eu pensamento, tua fé e teu desejo,
> criando, [A: bem ras.] à tua escolha, o teu destino...
> E se fores forte,
> olha bem para cima,
> para ver como é sorrindo
> que morre o teu Pai...

A posição eufórica final tem certo impacto pela relação motivada entre a forma do conteúdo sintetizada em "pensamento", "fé", "desejo", "criando", "escolha" e "destino" e a da expressão que assinala cada um desses termos com vírgula e os encerra em linhas mais curtas e incisivas. No poema, a gravidade da matéria tratada revela-se na identidade entre o universo semântico do discurso, a marcação rítmica acentuada e a lentidão do andamento exigida pela presença de vocábulos polissílabos e trissílabos, pelo comprimento dos versos, na maior parte, extensos e enfeixados num bloco único.

Outro subgrupo compõe-se de peças cujo fulcro temático concentra-se no título de dois deles: "Integração" (p.145) e "Consciência cósmica" (p.146). "Saudade" (p.132-3) também faz parte do novo conjunto. Trata-se de ver o mundo como unidade que reúne todas as coisas, o animado e o não-animado. Nessa fraternidade universal, o sujeito envolve-se pela natureza em "Integração" (p.145), que traz uma figura bem achada no último verso da citação:

> Deitado no chão, fofo de tantas chuvas,
> [onde o meu corpo calca os seus contornos, ras. em B, mas
> não em A]

GUIMARÃES ROSA: MAGMA E GÊNESE DA OBRA

> acompanho as pontas dos cipós que oscilam,
> o respirar das folhas,
> o saltitar de cócegas nas patas dos gafanhotos,/ ... (p.145)

No entanto, esse tipo de ocorrência é ocasional. O mais comum no poema, como de resto em *Magma*, é a comparação, a explicitação e, portanto, a expansão. Mesmo uma bela sinestesia é construída com esse tipo de recurso:

> e o pio dos gaturamos maduros,
> fino e gostoso como um caldo de fruta!... (p.145)

"Consciência cósmica" (p.146) que, não por acaso, segue-se, no livro, ao texto anteriormente comentado, tem como centro temático a energia vital que tudo move, tecendo acasos. Embora não haja originalidade na composição no que toca à escolha das figuras, manifesta-se a adequação do andamento que se desvela na poesia de *Magma*. Assim, a desejável união dos planos da expressão e do conteúdo dá-se, pelo menos, na identidade entre a lentidão do andamento – versos longos, vocábulos-chave também longos, por vezes sibilantes e nasais reiteradas – e o universo semântico em que se somam reflexão e conformismo ante a ironia da unidade inevitável:

> E as vagas do sofrimento me arrastaram
> para o centro do remoinho da grande força,/ ...

> E deveria rir, se me restasse o riso,
> das tormentas que pouparam as furnas da minha alma,
> dos desastres que erraram o alvo do meu corpo...

"Saudade" (p.132-3) é ampliação dos textos anteriores, expandindo a unidade do universo ao passado e ao futuro. No texto, o recurso mais visível é a repetição de estruturas morfossintáticas que constroem, com o universo semântico, a dimensão do sentimento do sujeito, por meio da enumeração dos objetos de que se sente afastado no tempo e no espaço:

> Saudade, essencial e orgânica,
> de horas passadas,
> que eu podia viver e não vivi!...

Saudade de gente que não conheço,
de amigos nascidos noutras terras,/ ... (p.132)

A última estrofe trabalha o movimento de distensão e de concentração no andamento e no campo semântico. À primeira linha, rápida e incisiva no plano do conteúdo e no da expressão, seguem-se dois versos longos, que sugerem leitura acelerada dos vocábulos em consonância com o sentido:

Pressa!...
Ânsia voraz de me fazer em muitos,
fome angustiosa[3 letras spp a ada em B, mas não em A] da
    fusão de tudo,/ ... (p. 132)

Na seqüência, linhas cada vez mais curtas vão criando, com a forma do conteúdo, a desejada unidade total:

sede da volta final [, vertiginosa, ras. em B, mas não em A]
da grande experiência:
uma só alma em um só corpo,
uma só alma-corpo,
um só,
um!...

A eliminação da palavra "vertiginosa" pode indicar a busca de tal efeito. Onde o número de sílabas aumenta, há a exigência de leitura interrompida, já que a linha é constituída de dois segmentos:

uma só alma em um só corpo,/ ...

A parte final do texto (estrofe isolada em A e B, mas não em C)[13] talvez ganhasse maior consistência se insistisse na concentração da gota-oceano, evitando a expansão própria da comparação:

Como quem fecha numa gota
o Oceano,
afogado no fundo de si mesmo... (p.133)

---

13 Ver comentário sobre a estrofação do poema em "Versões da poesia premiada", no Capítulo 1.

GUIMARÃES ROSA: MAGMA E GÊNESE DA OBRA   135

De todo modo, a separação das linhas finais em um bloco isolado, não respeitada pela edição da Nova Fronteira, reitera a idéia de fusão e concentração que o sentido veicula.

Com a água como símbolo, "Águas da serra" (p.15) trata da continuidade ininterrupta da vida e do que não estanca: pensamentos, novos amores, lágrimas. O princípio de tudo dá-se "talvez enquanto o próprio Deus dormia" e "as formas e as vidas se desprenderam" das suas mãos. Livre, a força vital jorra sem nunca se fartar.

Novamente, o efeito mais visível da união entre o plano do conteúdo e o da expressão é o tom solene e grave, determinado pelas escolhas semânticas e pela organização morfossintática e sonora dos termos, aliadas aos significados. Na estrofe única, os versos são, em geral, longos, o andamento contínuo, favorecido pelas reticências, pela presença anafórica da conjunção "e" em seis linhas, pelos gerúndios (cinco ao todo), pelo polissindetismo, pelas palavras compostas.

Aliás, nesse poema, temos um procedimento comum na obra de Guimarães Rosa que pode ter-se iniciado em *Magma*, embora ocorra na coletânea de modo muito discreto: a criação de palavras. Tal processo, todavia, só acontece na segunda versão conhecida dos textos, como mostra a transcrição abaixo, e dá-se pela justaposição de elementos ligados por hífen. Uma das ocorrências envolve dois advérbios – "mais-adiante" – e outra, advérbio temporal e gerúndio – "sempre-descendo":

Águas que correm,/ ...
cantando nas pedras a canção do mais-[hífen ms]adiante,
vivendo no lodo a verdade do sempre-[hífen ms]descendo...

Guimarães Rosa utiliza, na justaposição, elementos já existentes na língua que, unidos, constituem novos vocábulos. Temos significantes e significados novos, ou seja, estamos diante de neologismos. Essa operação repete-se no último verso:

e a luz a avançar, sempre mais longe,
nos milênios de treva do sem-[hífen ms]fim...

Aparentado a esse texto é "Necrópole" (p.128-9): no silêncio da imensa escuridão da noite "igual a muitas outras noites", a presença do absoluto. "Sono das águas" (p.66) tem título que resume parte do sentido do texto: a "hora morta" em que todas as águas dormem, com exceção daquela associada à dor – a "água dos olhos" dos que vigiam e choram a noite toda.

A identificação maior entre o plano da expressão e o do conteúdo acontece pela junção entre o sentido, veiculado por termos que constituem a figura reveladora da distensão – o sono –, e o andamento caracterizado, mais uma vez, pela lentidão. As pausas indicadas pelas vírgulas têm papel fundamental nesse processo, sobretudo as que separam os componentes das enumerações:

> Há uma hora certa,
> no meio da noite, uma hora morta,
> em que a água dorme. Todas as águas dormem:
> no rio, na lagoa,
> no açude, no brejão, nos olhos d'água,
> nos grotões fundos.

"Bibliocausto" (p.138-9), contra idéias e princípios filosóficos opressores, reúne-se às demais deste item. O motivo da ira contra os "traidores" que ministram "veneno" explicita-se aos poucos, mas de forma sistemática: ao longo de três estrofes, a combinação entre elementos da estrutura sintática – dois enunciados, o segundo entre parênteses – e do campo semântico constitui uma unidade de sentido:

> Queimarei o frio
> geometrizador da vida
> lapidada através de lentes bem polidas
> (ah, o horror daquela [inexistente em A; B: ms ch. etl] [da
> ras. em B, mas não em A] pedra voando,
> tangida pela mão de não sei que demônio,
> e a pensar, [A: vírg. inexistente; B: vírg. ms] pelo espaço,
> [A: vírg. Inexistente; B: vírg. ms] que ainda tem arbí-
> trio!...)...

"Geometrizador", não registrado no *Grande dicionário da língua portuguesa* (Silva, 1948), pode ser mais um neologismo que Guimarães Rosa experimenta numa tentativa de inovação.

GUIMARÃES ROSA: MAGMA E GÊNESE DA OBRA   137

A fé professada na liberdade, na solidariedade e na consciência crítica está na última estrofe:

> Porque eu só preciso de pés livres,
> de mãos dadas,
> e de olhos bem abertos...

É clara, na composição, a recusa radical de filósofos, cientistas e artistas que "geometrizam" a vida, que procuram detê-la em "câmara lenta", como Nietzche e a sua proposta de libertação de princípios morais e religiosos considerados como preconceitos. Enfim, o sujeito expele ódio à pura transformação da vida e do homem em objeto científico, como assinala Hygia T. C. Ferreira (1991, p.59 e 24-5).

Entre os textos que não têm ligações diretas com os grupos destacados como "Mil e uma noites" (p.81-3), "Amarelo" (p.55) – poema parnasiano em versos livres –, "Paraíso filosófico" (p.130-1), temos "Reportagem" (p.68-9). Essa peça, embora não traga componentes temáticos próprios dos agrupamentos relativos à vida nacional como Mitos e crendices e Manifestações culturais negras e indígenas, aproxima-se desses conjuntos, já que o cenário tem pontos em comum com a representação da realidade brasileira. Mas o texto pode ser visto como referência à exclusão do doente de lepra ou, abstraindo, à exclusão por qualquer motivo em qualquer local.

A qualidade desse poema é destacada por Vicente Guimarães (1972, p.97), quando o sobrinho discute com ele a preparação dos poemas de *Magma* para participar do concurso da Academia. Além dessa peça, o tio alude também a "Caminho de minha roça" – que, ou teve o título modificado, ou não permaneceu na coletânea – como composição que o emociona. O comentário de Vicente Guimarães mostra que o título do texto era outro: "Adeus de Lázaro". O novo título – "Reportagem" – é superior ao primeiro por fugir à explicitação comum em muitos poemas da coletânea.

Guilherme de Almeida, no parecer da Academia para o concurso, também se refere a essa peça de modo mais elogioso ainda do que às demais, vinculando-a àquelas que trazem, "vivo de beleza, todo o Brasil". Para ele, o poema é, "sem dúvida, uma das mais espantosamente verdadeiras e doloridas páginas da nossa literatura" (1968, p.47).

Na construção da cena, identificam-se o plano da expressão e o do conteúdo: simplicidade e ausência de elevação nos dois níveis. Ainda que o número de sílabas seja grande, o andamento não é solene ou grave. As pausas indicadas pelas vírgulas e as palavras escolhidas – próprias da linguagem não-erudita – imprimem leveza ao andamento. A presença mínima de rima externa e interna e de metáforas casa-se com o prosaísmo do ritmo:

> O trem estacou, na manhã fria,
> num lugar deserto, sem casa de estação:
> a parada do Leprosário...

Apesar de o tema ser tratado quase como na crônica, evitando-se a grandiloqüência, a comoção, medida, economizada, subjaz à empatia do sujeito:

> Pregado [A e B: Gravado] no dorso do bauzinho humilde,[14]
> não havia nome ou etiqueta de hotel:
> só uma estampa de Nossa Senhora do Perpétuo Socorro...
>
> ...
>
> Eu quis chamar o homem, para lhe dar um sorriso,
> mas ele ia já longe, sem se voltar nunca,
> como quem não tem frente, como quem só tem costas...
> (p.68-9)

Todavia, a parcimônia na figurativização – trem, parada do Leprosário, descida sem despedidas, baú, apito da locomotiva – fica em desacordo com a dupla comparação do verso final. Mas a composição tem um ponto a seu favor que se estende a algumas outras de *Magma*: a simplicidade nos dois planos da linguagem que tem como efeito a expressão da compaixão e do desejo de manifestação de solidariedade que não se concretiza.

---

14 Ver comentário sobre esse verso em "Versões da poesia premiada", no Capítulo 1.

CARACTERIZAÇÃO DA POESIA DE ESTRÉIA

Algumas considerações de caráter amplo podem ser agora sintetizadas. A temática da coletânea é variada, mas não foge, genericamente, dos temas da poesia – natureza, amor, morte –, acolhendo, ainda, componentes da cultura nacional. A expressão é também diversificada. Entretanto, as peças situadas num mesmo campo de significados apresentam características gerais de expressão também aproximadas, referentes à quantidade de versos ou de estrofes ou ao número de sílabas dos versos, à presença do discurso narrativo e/ou descritivo. A ilustração mais evidente de tal circunstância é a extensão dos poemas. Por exemplo, composições envolvendo aspectos culturais – mitos, crenças, atributos e costumes étnicos –, com elementos documentais recriados, espraiam-se em poemas longos – "Ritmos selvagens" (p.20-5) tem quase noventa versos – que contam com a presença da narração. A frustração amorosa expressa-se em textos mais curtos, do haicai ao poema de, no máximo, 29 linhas, mas a brevidade ocorre também nas peças centradas na natureza. Já aquelas com fulcro em percepções metafísicas têm comprimento médio. O mais longo, "Bibliocausto" (p.138-9), conta 31 versos e o mais curto, "Pavor" (p.134), doze, mas muitos concentram-se em vinte linhas, pouco mais, pouco menos.

De modo sucinto, apresentamos resultados da análise das características no nível da expressão, para a realização da qual lançamos mão da divisão em estratos que, embora isole o que só didaticamente é separável, revela-se como caminho para a síntese buscada.

Há diferenciação gráfica em conseqüência da multiplicidade no número de versos, na extensão deles, no número e na dimensão das estrofes, o que determina também a variedade sonora. Quanto a esse estrato, as linhas variam de uma a dezoito sílabas, extrapolando o que é considerado como verso. É muito comum, num mesmo texto, a alternância de linhas curtas e extensas, que, unida à variedade acentual e às demais características sonoras, cria ritmos diversificados. A rima, quando aparece, é irregular. Não há economia na pontuação, em especial no que se refere às reticências, abundantemente utilizadas – 455 vezes, segundo Hygia T. C. Ferreira (1991, p.257). É uma das concessões de *Magma* ao simbolismo, fato repetido entre os poetas modernistas de primeira hora, como é o caso de Mário de Andrade que, embora de maneira mais comedida, lança mão desse recurso muitas e muitas vezes. Em Guimarães Rosa, nem sempre tal pontuação é pertinente. Por exemplo, no grupo de poemas voltados para as considerações metafísicas, com alguma freqüência, a aplicação desse tipo de recurso é excessiva. Em "Roxo" (p.59) ou em "Reportagem" (p.68-9), nem todas as reticências são necessárias, como em "Vermelho" (p.52), em que a mancha de sangue,

> Cresce, cresce,
>
> ...
>
> viva, tão viva,
> que quase grita...
> Ardente e berrante...
> Como deve ser quente!...
> Mancha farta, crescente, latejante,
> dói-me nos olhos e me irrita...

Mas voltando ao simbolismo, a mais importante relação entre os poemas e esse movimento está na exploração da sonoridade de palavras, expressões, versos, o que se dá com alguma constância. Apesar disso, e embora não advenha unicamente desse estrato, é nele que se desenha uma das características visíveis em muitos momentos de *Magma*: o prosaísmo, a presença da prosa poética mais forte do que a da poesia. Salienta-se esse aspecto em peças como: "Caranguejo" (p.42-4), "A aranha" (p.101), "Luar na mata I - Cinema" (p.45-6), "Chuva" (p.142-4), "Ritmos selvagens" (p.20-5), "O Caboclo d'Água" (p.92-4) e outras.

Quanto ao estrato lexical, a escolha, de certo modo, tende para a precisão. Termos de uso restrito ou eruditos e vocábulos regionais são poucos, bem como as formas que adquiriram no uso popular, como as encontradas em "Batuque" (p.104-7). Neologismos também são poucos. Raros apresentam-se com a manipulação do texto na versão B, quando o autor cria palavras compostas por meio de hifens acrescentados à mão ao texto datilografado.

GUIMARÃES ROSA: MAGMA E GÊNESE DA OBRA

No que se refere ao domínio sintático, a repetição de estruturas sintagmáticas ou frásticas é o procedimento mais visível. Orações subordinadas, sobretudo as relativas, são comuns, e a explicitação que, em geral, trazem enfraquece alguns momentos de *Magma*, como é o caso exemplar de "Verde" (p.56).

Já no estrato semântico, as figuras não são surpreendentes e, em grande número de peças, a quantidade é reduzida. Num grupo de poemas sobre a natureza, como "Tentativa" (p.125) e "Anil" (p.58), aglutinam-se *tropos* que têm como símile o universo da química. A comparação é recurso muito usado e não é incomum a presença de títulos anafóricos em relação à temática. Também é considerável o número de poemas que terminam com um fecho, às vezes sentencioso, à moda parnasiana. Alguns soam como deslocados ou forçados, como acontece, por exemplo, no citado "Tentativa" (p.125).

A coletânea poucas vezes consegue livrar-se de certo peso para chegar ao que propõe Italo Calvino (1995, p.28) – autor que, não sendo um teórico da literatura no sentido estrito da expressão, tão bem pensa sobre a arte de escrever – como uma das qualidades mais caras à literatura: "A leveza para mim está associada à precisão e à determinação, nunca ao que é vago e aleatório. Paul Valéry foi quem disse: 'É preciso ser leve como o pássaro, e não como a pluma'".[15]

A precisão é qualidade fortemente perseguida por Guimarães Rosa no desenvolvimento da sua produção. Não apenas os contos-poemas de *Primeiras estórias* são prova disso: no caudal de *Grande sertão: veredas*, a precisão é também palpável. As muitas listas de vocábulos por ele efetivadas e conservadas no seu arquivo no Instituto de Estudos Brasileiros revelam essa preocupação, para só ficar num exemplo que diz respeito ao léxico. Mas há ainda as anotações de leituras sobre variadíssimos assuntos, os pedidos de informação sobre diferentes circunstâncias da cultura regional, ao pai e a outras pessoas que, certamente, procuram, também, evitar o menos preciso (Leonel, 1985, p.5-19; Rosa, V. G., 1983, p.162).

---

15 Em francês no original.

Em *Magma*, temos pesadume exagerado em determinados poemas voltados para os problemas metafísicos e em outros como "Ritmos selvagens" (p. 20-5), longo texto com forte presença da narrativa. Todavia, há certa leveza em "A terrível parábola", em que o despojamento da linguagem, de que fala Calvino (1995, p.28), é visível na história do Quibungo e Zabelinha. Em "Verde" (p.56) – da série que tematiza animais, buscando fixar algumas das suas características e, às vezes, o seu *habitat* como paisagem, embora sem nenhuma outra intenção e muitíssimo longe do achado de Emily Dickinson citado por Italo Calvino (1995, p.28)[16] –, há certa leveza:

> Na lâmina azinhavrada
> desta água estagnada,
> entre painéis de musgo
> e cortinas de avenca,
> bolhas [gazosas ras. em B, mas não em A] espumejam [à tona
>   ras. em B, mas não em A],
> como opalas ocas
> num veio de turmalina:
> é uma rã bailarina,/...

As palavras rasuradas indicam o intento de limpar o texto de componentes desnecessários, embora outros tenham sobrado e o poema nem sempre crie nos signos o que é descrito, como ocorre na ilustração exemplar de Italo Calvino.

Outra composição que contempla a exigência do leve e ainda do conciso, combinada com a simplicidade de Manuel Bandeira, é o haicai "Turismo sentimental" (p.34):

> Viajei toda a Ásia
> ao alisar o dorso
> da minha gata a[A e B: A]ngorá...

---

16 *A sepal, petal, and a thorn*
Upon a common summer's morn
A flask of Dew – a Bee or two
A Breeze – a caper in the trees –
And I'm a Rose!

GUIMARÃES ROSA: MAGMA E GÊNESE DA OBRA

Mas as rasuras de "Verde" e de outros textos mostram ainda a tentativa de chegar a outro ponto destacado por Italo Calvino (1995, p.59) para a literatura do próximo milênio – na verdade, para a literatura de sempre –, a rapidez de estilo e de pensamento, que "quer dizer antes de mais nada agilidade, mobilidade, desenvoltura". Todavia, em *Magma*, que viria a ser um treino para a produção posterior, pois a obra ulterior transforma a coletânea em exercício, não se vêem tais qualidades com freqüência. Na falta delas, ausentam-se também a densidade e a concisão encarecidas pelo escritor e ensaísta. Mas os textos reunidos em 1936 trazem, muitas vezes, uma das grandes marcas de Guimarães Rosa que é a exatidão, assim definida pelo autor de *Palomar* (Calvino, 1995, p.71-2): "1) um projeto de obra definido e calculado; 2) a evocação de imagens visuais nítidas, incisivas, memoráveis; temos em italiano um adjetivo que não existe em inglês, 'icastico'... ; 3) uma linguagem que seja a mais precisa possível como léxico e em sua capacidade de traduzir as nuanças do pensamento e da imaginação".

A primeira exigência, pensada em relação à obra que, ao final, dê a impressão de resultado de um projeto, não se aplica a *Magma*, pois, nela, a variação de temas e formas e da qualidade – apreensível nos altos e baixos referentes à presença de poesia – não parece obedecer a um desígnio, mas ser a união de trabalhos compostos em momentos diferentes. Quanto ao segundo e ao terceiro pontos destacados por Italo Calvino, há, na coletânea, uma busca de imagens visuais se não "nítidas, incisivas, memoráveis", ao menos precisas, o mesmo ocorrendo com o vocabulário, como notamos no fragmento de "Verde": o quadro que recorta o espaço em que o anfíbio se desloca e algumas metáforas como "lâmina azinhavrada", "cortinas de avenca", "rã bailarina" indicam essa precisão. É bem verdade que outros versos do mesmo texto não são tão bem-sucedidos, mas isso não destrói tais acertos. O início de "Amanhecer" (p.140) mostra também o esforço rosiano para isso:

Floresce, na orilha da campina,
[enorme ras. em B, mas não em A] esguio ipê
de copa metálica e esterlina.

Das mil corolas,
saem vespas, abelhas e besouros,
pol[ms ch.]vilhados de ouro,
a enxamear no leste, onde vão pousando
nas piritas que piscam nas ladeiras,
e no riso das acácias amarelas.

O mesmo ocorre em "Alaranjado" (p.54):

No campo seco, a crepitar em brasas,
dançam as últimas chamas da queimada,
tão quente, que o sol pende no ocaso,
bicado
pelos sanhaços das nuvens,
para cair, redondo e pesado,
como uma tangerina temporã madura...

Na quarta estrofe de "Paisagem" (p.62), não tão bem realizada, mas efetiva como figura, o efeito visual é também buscado:

A libelinha pousa na ponta
do estilete de uma haste verde,
que faz arco (pronto!...)
e a leva direta à boca,
aberta e visguenta, de um sapo cinzento...

As peças destacadas, que se caracterizam pela presença da descrição, trazem a qualidade mencionada por Italo Calvino (1995, p.102): a visibilidade, a imagem visual. Mas ela está presente ainda em alguns segmentos de textos não-descritivos, como aqueles com sabor metafísico:

O monte, agachado e cinzento,
é um elefante de pedra. (p.128)

Em dois momentos subseqüentes dos curtos "Poemas" (p.72-8), convergem a leveza e a concisão, construindo a imagem visual necessariamente esmaecida:

Sergio Lifar

No palco em penumbra,
como os violinos e as cigarras,
alguém canta com o corpo... (p.75)

Música de Schubert

Sombras de amores
em bailado longínquo, num palco sem fundo
como um fundo de espelho... (p.76)

Contudo, a análise realizada com a intenção de rastrear a poesia de *Magma* revela que ela nem sempre existe nas composições. Entre os melhores momentos estão um ou outro dos textos mais extensos, com discurso narrativo, ou partes deles; nas peças breves de três versos e nos haicais há alguns achados muito interessantes, como mostramos. A desejada unidade conteúdo-expressão, em especial no que se refere ao estrato fônico e ao significado, é de algum modo eficiente em "Batuque" (p.104-7), "Boiada" (p.28-32), "Toada da chuva" (p.118-21) que, entretanto, perde-se pelo excesso no comprimento. Trata-se de composições em que o objeto referido – batuque, boiada, chuva – associa-se, visivelmente, a movimento rítmico de algum modo mimetizado pelas peças em questão. Haveria, nesse caso, uma espécie de indução proveniente da temática escolhida – ou o tema teria sido buscado pela possibilidade de ensejar tal efeito?

Já o grupo que contém composições mais frágeis é o do desencontro amoroso e de viés romântico.

A grande diferença na qualidade das peças faz supor que a elaboração se tenha dado em épocas diferentes. Certas composições podem ter sido retiradas da gaveta no momento da realização do concurso da Academia, sendo refundidas ou não, para entrar na coletânea. Pela disparidade entre elas, não apenas quanto ao valor, não logramos detectar e definir com clareza uma personalidade poética, embora percebamos certa unidade dentro dos blocos examinados. Para sintetizarmos os resultados desta parte de nosso estudo, diríamos que *Magma* se equilibra ou se desequilibra entre duas posições dialéticas que, justamente, dizem respeito ao coração da poesia. De um lado, o prosaísmo de muitos poemas que evidenciam a prosa poética ou a linguagem mais próxima da prosa em que a harmonia entre o plano do conteúdo e o da expressão é rara. De outro, a identidade entre eles, especialmente no que diz respeito à adequação rítmica, ao andamento imposto pelos acentos, pelas pausas, pela entonação. Em um número menor de ocorrências, a aproximação mais completa com correspondência também entre o sentido e os fonemas. A proximidade visual que destacamos entre os textos de cada agrupamento temático, relativa à extensão do poema como um todo, à divisão ou não em estrofes, ao tamanho delas, ao comprimento dos versos, não é unicamente gráfica. Ela acompanha a "ritmização", o andamento das composições, construindo, por vezes, uma unidade com o conteúdo.

O que, de certo modo, unifica o livro é a consciência do ritmo, do andamento, marcando a coletânea de forma ampla, embasando a poesia de determinadas composições e a prosa poética de outras.

Ainda como característica marcante, é preciso insistir na variação dessa obra. De temas, mas sobretudo de expressão: dos poemas de 88 versos aos haicais; do prolongamento à concisão – muitas vezes poética – máxima.

Mas, no que diz respeito à consciência do ritmo, não à toa, a poesia sobre a natureza e o adiamento amoroso encerram-se em peças em geral breves, divididas em estrofes também curtas. O comprimento dos versos, embora muito variado, tende para a pouca extensão e, em especial, o ritmo não é muito marcado. O grupo sobre os animais, dentro da diversidade, guarda também unidade: curtos e mais leves, com deslocamentos rítmicos são os textos sobre a rã e sobre os insetos, como a borboleta, a aranha, as libélulas. Já o cágado, na sua lentidão, e o caranguejo pedem número um pouco maior de versos.

Os poemas centrados nas sensações oriundas de temas metafísicos concentram-se em blocos únicos, pesados, de linhas mais compridas e ritmo lento, grave e solene. Os textos voltados para quadros da vida nacional, verdadeiras narrativas, contendo diálogos algumas vezes, são os mais longos e variam entre o prosaico e o poético, com tendência para o primeiro.

GUIMARÃES ROSA: MAGMA E GÊNESE DA OBRA

Assim, quando a poesia está presente em *Magma*, não se manifestando em grandes figuras, em metáforas surpreendentes ou originais, localiza-se na associação que demonstramos, crucial para a existência da linguagem poética de acordo com os teóricos que nos guiam, especialmente Jakobson.

Nesse livro de duplo perfil, pouca poesia e muita prosa convivem de modo nem sempre harmonioso, de maneira a desconcertar o leitor que não sabe, a cada nova composição, o que vai encontrar.

Esse é um dos fatores que tornam este estudo um empreendimento desafiador. Além disso, trata-se de textos que são, de modo geral, de menor qualidade – em especial quando comparados com a produção posterior de Guimarães Rosa – e que constituem parte da obra de escritor que chegou ao ápice na literatura em língua portuguesa. Ainda que com o intuito de verificar a retomada de procedimentos nele manifestados e, em conseqüência disso, examinar o seu papel na cadeia da obra, a tarefa é árdua. No entanto, procurando efetivar a leitura dos poemas com a atenção voltada para o que de poético há neles, pensamos ter construído um quadro amplo das características de *Magma*.

3 POEMAS DE MAGMA E PRODUÇÃO ROSIANA: DESDOBRAMENTOS

MAGMA E A POESIA BRASILEIRA
DAS DÉCADAS DE 20 E 30

> Narciso acha feio o que não é espelho.
>
> Caetano Veloso, *Sampa*.

O exame das relações de gênese entre *Magma* e a obra rosiana, em especial no que se refere às produções temporalmente mais próximas – contos de 1929 e 1930 e *Sagarana* –, levantou a questão: considerando-se as especificidades próprias da prosa e da poesia, a que se devem determinadas diferenças e semelhanças entre os poemas e os textos que os antecedem e os sucedem? Uma das explicações poderia estar no vínculo entre as composições da coletânea premiada e a produção literária brasileira da época, motivo pelo qual constitui também objetivo deste trabalho a investigação sobre a que tradição literária nacional os poemas imaturos se filiam.

As primeiras leituras de *Magma* lembravam certa poesia conhecida como modernista, ou da fase modernista, embora nem sempre fosse de fato inovadora ou de vanguarda. Confirmada a impressão por meio de exame mais detido, estabelecemos relações com a produção poética do período mencionado, mas não com aquela de fato responsável pela renovação e de maior qualidade estética, como é o caso de composições de Carlos Drummond de Andrade, de Manuel Bandeira, de Oswald e de Mário de Andrade. Tratando, por exemplo, da colaboração em versos na revista do modernismo denominada *Estética* (1924-1925), escrevemos (Leonel, 1984, p.147) que a exploração rítmica e fônica dos simbolistas e recursos dos parnasianos reproduzem-se nos poemas de Afonso Arinos Sobrinho, de Ronald de Carvalho, de Menotti del Picchia e, especialmente, no virtuosismo de Guilherme de Almeida. Sobre o parecerista de *Magma*, afirmamos: a função desempenhada "em *Estética* é a mesma que teve em *Klaxon*: levar a poesia tradicional ao seu requinte mais extremado".

É a esses poetas que nos reportamos para a comparação com os textos rosianos, incluindo ainda outros, como Augusto Frederico Schmidt, que não colaborou no periódico citado e está entre os representantes da geração de 30.

Em relação ao conteúdo, detectamos, em parte da produção de *Magma*, uma aproximação com a poesia modernista da década de 1920 que manifesta nítida preferência pela realidade nacional, apreendida de forma mais crítica por uns e mais ufanista por outros. Entre os últimos estão, por exemplo, Ronald de Carvalho e até mesmo Mário de Andrade em certas composições.

O modo de ver e de expressar na produção modernista, quando mais inovadora, é sabido, deriva, em larga medida, das vanguardas européias. A incorporação de elementos da prosa na poesia de melhor qualidade dessa década é acompanhada, muitas vezes, de um tom bem-humorado, de exploração da paródia, entre muitos outros recursos, como a alta condensação, a colagem, a fragmentação, o poema-piada, que a produção de Oswald de Andrade bem revela. É parte dela ainda a meditação intimista que chega mesmo a momentos de invasão do inconsciente, como vemos em Mário de Andrade.

Na década de 1930, a temática metafísica ou mística ou, ao menos, não tão contingente convive com a recriação de aspectos

GUIMARÃES ROSA: MAGMA E GÊNESE DA OBRA

da vida brasileira. Nesse momento, a percepção mais aguda e madura de Mário de Andrade, de Carlos Drummond de Andrade e de outros penetra mais fundamente na problemática nacional, embora o ufanismo ainda permaneça. Poemas de Ribeiro Couto produzidos no período constituem exemplo da literatura de louvação. Da mesma maneira, o aproveitamento da vertente surrealista faz-se presente com mais força na poesia de Murilo Mendes. De modo geral, a poesia assume um tom mais interiorizado e apropria-se de novas conquistas: as formas fixas tratadas com liberdade, como o soneto branco ou rimado, a balada, os decassílabos.

Em *Magma*, convivem aspectos da vida nacional e temas mais abrangentes. Os recortes na realidade brasileira que envolvem a natureza, os animais, o homem do campo exaltam esses componentes, sem nunca chegar, todavia, ao ufanismo tardio de Ribeiro Couto. Também não enformam um nacionalismo programático como o de Mário de Andrade nem revelam a percepção das tensões nacionais.

Se a problemática social é ausente dos poemas de estréia de Guimarães Rosa, ela não se verifica, igualmente, entre os modernistas, mais preocupados com a identidade nacional e a universalização da arte brasileira pela atualização da expressão. Por outro lado, em *Magma*, falta a dimensão política que afeta os representantes do modernismo, ainda que de modo limitado. É, por exemplo, o caso de Mário de Andrade – ao escrever *O carro da miséria* sob o influxo das revoluções de 30 e 32, como bem lembra João Luís Lafetá em *Figuração da intimidade* (1986) – e ainda de Carlos Drummond de Andrade em *Brejo das almas*, em 1934, e *Sentimento do mundo*, em 1940. Embora o fato de só raramente incursionar pelo cotidiano afaste a coletânea da poesia penumbrista – e da modernista que tem esse aspecto como componente importante –, as composições rosianas em que a função emotiva da linguagem mais fundamente se associa à função poética têm algumas características desse tipo de produção. São próprios de tal veio a melancolia, o conformismo quase masoquista do bloco de poemas assentado no amor não correspondido. É no lamento motivado pela amada inatingível que Guimarães Rosa mais se aproxima dos chamados crepusculares. Todavia, é com os simbolistas que *Magma* mantém vínculos mais estreitos, por tirar partido das possibilidades de modulação da cadência rítmica, das qualidades sonoras dos signos e dos grupos de palavras e pelo modo como faz isso.

Se formas fixas como o soneto não se manifestam nessa poesia, ela está longe de apresentar figuras inusitadas em qualquer estrato. Por exemplo, não há a enumeração caótica – essa espécie de marca registrada da poesia modernista, ainda que não inventada por ela – nem versos independentes. A tensão nas figuras sintáticas, semânticas, sonoras, ou entre elas, é rara. Além disso, o coloquialismo circunscreve-se às falas nos poemas voltados para manifestações culturais onde o aproveitamento de construções populares mostra-se, às vezes, produtivo.

A premiação da Academia pode ser entendida com clareza com esses dados e, principalmente, com as aproximações que estabelecemos em seguida.

No parecer de Guilherme de Almeida (1968, p.46), vemos que, entre os 24 inscritos no concurso, há nomes como os de J. G. de Araújo Jorge, Mário Donato, Odilo Costa Filho e Henrique Carstens, isto é, de autores com alguma projeção, qualquer que seja ela. Ao que tudo indica, a avaliação dos poemas cabia unicamente ao poeta de *Raça*, que informa ter dedicado a todos "uma firme, livre e igual atenção". Quanto ao critério utilizado, diz ter sido só um e "bem simples": "premiar poesia, poesia autêntica e completa, que é beleza no sentir, no pensar e no dizer". Afirma que apenas um dos trabalhos inscritos apresenta tais qualidades "no mais puro, elevado grau" e que tal poesia parece-lhe estar sozinha na literatura brasileira do momento, merecendo o primeiro prêmio em qualquer concurso. Ademais, exige que não "seja a ninguém, neste torneio, conferido o 2 prêmio, tão distanciados estão do primeiro premiado os demais concorrentes" (Almeida, 1968, p.48).

Para ele (p.47), a coletânea é "Pura, esplêndida poesia. Descobre-se aí o poeta, um verdadeiro poeta: o poeta, talvez, de que o nosso instante precisava".

A expectativa criada pelo parecer é grande e não confirmada pelo exame de *Magma*. Naturalmente, a apreciação de Guilherme de Almeida, para fazer sentido, deve ser entendida no contexto em que é produzida. O seu conceito de beleza, por exemplo, tem rela-

GUIMARÃES ROSA: MAGMA E GÊNESE DA OBRA 153

ções com a época e apresenta dificuldades para ser definido. Eis como descreve a coletânea de Guimarães Rosa:

> Nativa, espontânea, legítima, saída da terra com uma naturalidade livre de vegetal em ascensão, "Magma" é poesia centrífuga, universalizadora, capaz de dar ao resto do mundo uma síntese perfeita do que temos e somos ... E, ao lado disso, as mais finas emoções líricas ... E tudo isso – diga-se – extraordinariamente atual, mas de um atualismo certo e proveitoso, tanto nas concepções, como no verso livre tão dominador que nele nem sequer se nota a ausência do metro ou rima; e – o que é notável – na linguagem "nossa", porém, correta sempre, sem um único abuso inútil, sem nenhuma dessas bobas, contraproducentes negações da gramática, com que alguns "novos" pretendem ser... novos. E nem se diga que o autor de "Magma" não mede nem rima por não saber medir ou rimar. A poesia "Toada da chuva" é exemplo do que seria capaz de fazer ele – se quisesse ou precisasse fazê-lo com esse

> "bijou d'un sou
>
> qui sonne creux et faux sous la lime"...

Como trocar tais idéias em miúdos, ou, como saber, com objetividade, onde se revela a qualidade da poesia rosiana? Quando um poema contém poesia "nativa", "espontânea", "legítima" etc.? Tais qualidades não são mostradas no parecer, apenas mencionadas, e não são fáceis de serem medidas, o mesmo ocorrendo com "as mais finas emoções líricas".

Quanto à valorização do "atualismo" da poesia de que tratamos, o texto do relator não esclarece o que seja a novidade das "concepções", e o exemplo – "como no verso livre tão dominador que nele nem sequer se nota a ausência do metro ou da rima" – é um retrocesso no que se refere à poesia modernista. Tal postura confirma-se em seguida, pois, com muita clareza, expõe-se a oposição a um tipo de poesia: àquele – crime dos crimes – de quem "não saber medir ou rimar" e àquele do "abuso inútil", das "bobas, contraproducentes negações da gramática". Ou seja, é contra a poesia modernista, embora as suas características mais importantes não sejam as criticadas pelo parecerista.

É Guilherme de Almeida espelhando-se na obra de Guimarães Rosa e, quem sabe, debatendo-se contra os escritores modernistas hoje mais conhecidos como tais – Mário de Andrade, Oswald de Andrade, Carlos Drummond de Andrade, Manuel Bandeira – ou, na melhor das hipóteses, contra os imitadores deles.

O poeta e acadêmico, responsável pelo parecer, teve parte na Semana de Arte Moderna, difundiu o modernismo, fazendo conferências nos Estados do Rio Grande do Sul, Pernambuco, Ceará, em 1925, quando lia poemas seus e de outros participantes do movimento. Sua produção poética, constituída de textos parnasiano-decadentistas com fundo romântico, apresenta um interlúdio próximo da vertente nacionalista não-crítica do modernismo em *Meu* e *Raça*.

No estudo sobre *Estética*, mostramos (Leonel, 1984, p.60) os sérios obstáculos encontrados por Mário de Andrade (1925) para avaliar a obra de Guilherme de Almeida, pelo desejo de vê-la como modernista e pela impossibilidade disso. Em resenha a *Meu,* trata dessa obra e também de *Sóror Dolorosa* e de *Canções gregas* dizendo que apresentam "uma tinta de intelectualismo intransigente e dominante. Tem-se a impressão de que o poeta primeiro cria abstrações puras, idealidades e que só depois busca nas lembranças um símile de sensação ou sentimento de que a abstração criada se possa tornar imagem" (Andrade, 1925, p.298).

É de modo negativo que Mário vê o exagero de tal atitude: "Por vezes esse predomínio intelectual é tão escravizante que o poeta cria poemas de gosto oscilante tal o convencionalismo e a obrigatoriedade da imagem". No entanto, recuando, o resenhista salienta que o intelectualismo de Guilherme de Almeida é "elemento criador precioso e que as indecisões de gosto são raras". A defesa do poeta leva Mário (1925, p.299) ao exagero: aproxima-o de Góngora e Mallarmé, e mais – afirma ser o brasileiro superior a ambos, porque não se conserva na abstração.

Insiste no resultado desse procedimento, que leva a realidade objetiva a fazer imagem da realidade espiritual, criando mesmo um Brasil "transbordante de colorido, imponente de calor e aroma". Guilherme de Almeida veria a "terra dele" com "olhos cegos de amor que tudo vêem como a gente quer e não tal qual a amante

GUIMARÃES ROSA: MAGMA E GÊNESE DA OBRA   155

se manifesta. D'aí um certo porque-me-ufanismo descritivo, aliás
sem bodum de sermão" (Andrade, 1925, p.298).

É preciso lembrar que o critério da presença do país na produção artística, o chamado nacionalismo, isoladamente ou não,
norteia não apenas a criação modernista da década de 1920, mas
também as resenhas, os comentários, as críticas nos periódicos literários da época. A visão nacionalista é mesmo mais valorizada que
os demais elementos (Lara, 1975, p.1). Por isso, na resenha, Mário
afirma que o ponto "mais curioso" dos livros modernistas é "a aspira-
ção brutaça de nacionalidade revelada pelos autores deles".

Mas, adiante, o autor de *Lira paulistana* (Andrade, 1925,
p.301) volta a fazer ressalva ao trabalho de Guilherme de Almeida,
de modo a comprometer os elogios anteriores: "Eu confesso te-
mer um pouco pelo futuro e considerar Sóror Dolorosa, mais
equilibrada como conceito psicológico de lirismo e onde o predomínio intelectual não é tão escravizante, a obra-prima do poeta".

Tanto vaivém na avaliação revela, no mínimo, que Mário de
Andrade, tão lúcido em outras questões, vira malabarista para jus-
tificar a inclusão do poeta de *Encantamento* entre os modernos.

Por dificuldades análogas passa Prudente de Moraes, neto,
ao resenhar *A frauta que eu perdi* do mesmo Guilherme de Almeida na revista do modernismo que citamos. O diretor de *Estética*
(Moraes, neto, 1924, p.92) tenta sair da enrascada, nela conti-
nuando, assim:

> O que faz dele um livro moderno é talvez precisamente certo rea-
> lismo rústico que lhe dá aparência de ter sido verdadeiramente escri-
> to na Grécia, uma espécie de falsa cor local. Nele não é a arte grega
> que renasce ou que se conserva, como nos museus. É a vida grega, são
> os pastores, os bosques, as virgens, as cortesãs da Grécia que se ani-
> mam e voltam a seus hábitos ... A frauta que eu perdi é a expressão
> grega de uma sensibilidade moderna.

Caberia a outro crítico importante do modernismo, embora,
como Prudente de Moraes, neto, não tão conhecido nesse campo,
mas nele tendo produzido muito, pôr o dedo na ferida. É por meio
da segunda fase da *Revista do Brasil*, em outubro de 1926, que Sérgio Buarque de Holanda (1926, p.9) denuncia o academicismo
do grupo Graça Aranha, Ronald de Carvalho, Renato Almeida e

Guilherme de Almeida. Justamente Ronald de Carvalho e Guilherme de Almeida são acusados de

> graças a essa "inteligência aguda e sutil" que foi o paraíso e foi a perda da geração a que eles pertenceram, aparentarem por certo tempo responder às instâncias da nossa geração. O mais que eles fizeram foi criar uma poesia principalmente brilhante: isso prova que sujeitaram apenas uma matéria pobre e sem densidade. De certo modo continuaram a tradição da poesia, da literatura bibelô, que nós detestamos. São autores que se acham situados positivamente "do lado oposto" e que fazem todo o possível para sentirem um pouco a inquietação da gente de vanguarda.

Eis por que o autor de *Meu* é o primeiro dos novos a entrar na Academia e por que, representando-a, é de parecer que, além de conceder-se o primeiro lugar a *Magma*, não haja prêmio para o segundo lugar. Apesar disso, propõe a concessão de duas menções honrosas, em igualdade de condições, a "Noite confidente" de Mário Donato e ao "Livro de poemas de 1935" da dupla Odilo Costa Filho e Henrique Carstens, com o "de acordo" de Laudelino Freire.

Guilherme de Almeida (1968, p.47) usa também o critério sacramentado pelos modernistas para a consideração da nova literatura – a representação de componentes nacionais –, ao avaliar o volume de poesias de Guimarães Rosa. Como alguns modernistas – artistas e críticos –, deixa de relacionar tal critério ao que, de fato, é fundamental no movimento: relação entre matéria nacional, visão inovadora e expressão de vanguarda.

Para ficarmos em pontas extremadas, há, entre os modernistas, o nacionalismo verde-amarelo, conservador, e o nacionalismo pau-brasil e antropofágico com uma visada crítica e experimentadora de linguagens novas em que se inserem Oswald e Mário de Andrade. Esse último percebe-se incluído nas duas tendências oswaldianas, embora tenha caídas nacionaleiras em conseqüência do projeto cultural que desenvolve. Do lado conservador, há o ufanismo triunfal de Cassiano Ricardo, de Menotti del Picchia, de certo Ribeiro Couto, de Guilherme de Almeida.

GUIMARÃES ROSA: MAGMA E GÊNESE DA OBRA   157

O parecerista de *Magma* (Almeida, 1968, p.47) destaca a presença de

> vivo de beleza, todo o Brasil: a sua terra, a sua gente, a sua alma, o seu
> bem e o seu mal. Aí estão a "Iara", os "Ritmos selvagens", a "Boiada", a "Gruta do Maquiné", a "Maleita", o "Luar na mata", o "Batuque", o "Caboclo d'água", e, principalmente, aquela "Reportagem" (pág.43), que é, sem dúvida, uma das mais espantosamente verdadeiras e doloridas páginas da nossa literatura; e todos os quatro poemas do "No Araguaia", uma quase-epopéia bárbara na sua verde simplicidade de água e vegetal...

Como é comum nesse texto do poeta de *Raça*, não há esclarecimento efetivo sobre o modo como o Brasil se estampa nas composições citadas. Se claro está que *Magma* não se enquadra no veio ufanista e acrítico de parte da poesia da época e também não traz o nacionalismo programático do poeta de *Clã do jabuti*, a simples constatação da presença de elementos nacionais em composições da coletânea, no entanto, não basta para enaltecê-la.

É interessante notar que Guilherme de Almeida ressalta, enquanto poemas que trazem "todo o Brasil", aqueles voltados para o universo cultural do país. Quanto aos que se centram na paisagem brasileira, na sua flora e/ou fauna, cita apenas "Luar na mata". Entretanto, assim como palmeiras, vaga-lumes, onça, tamanduá-bandeira, anta, veada estão nas duas partes de "Luar na mata" (p.45-6), em "Primavera na serra" (p.141), temos a manhã tropical com periquitos – que também enfeitam a paisagem em "Tentativa" (p.125) – e araras, pequizeiro, mochoqueiros, braúnas, jatobás, imbaúbas. Em "Amanhecer" (p.140), há o ipê coroado de insetos cor de ouro, acácias amarelas, garças brancas. A natureza brasileira é explicitada em outros poemas, não ultrapassando, todavia, um total de nove ou dez, já que, no conjunto que tem a natureza como fulcro, um ou outro traz componentes que não a particularizam. Isso tudo sem falar nas composições específicas sobre animais próprios do nosso universo.

Assim, no grupo de textos acerca da natureza, ao tema universal da paisagem – ao amanhecer e também ao entardecer – com luar, com chuva, somam-se alguns componentes individualizadores. É a paisagem com identidade nacional que não se distancia de muitas outras representadas em poemas do período de que tratamos: a paisagem por ela mesma, quadro que ressalta a beleza dos elementos naturais e da sua integração.

Um texto do próprio Guilherme de Almeida do livro *Meu* de 1925, transcrito por Péricles Eugênio da Silva Ramos (1970, p.70) e também por Aloysio Jansen de Faria (1972, p.227), ilustra esse tipo de produção na poesia da época:

Casa de jóias

Vitrina de jóias, linda vitrina
armada sobre um veludo de grama
brilhando através da atmosfera fina
e alta como um cristal.

Lagartas cor de flama
enroladas como pulseiras de âmbar loiro,
aranhas de ágata tecendo filigranas de platina,
gafanhotos de jade verde, borboletas
de madrepérola, besoiros,
quietos de esmalte, vespas
furiosas de mica, taturanas flácidas
de opalas molengas e pálidas.
E esta cobra-coral:
que estranho colar de coral!

E sobre as jóias como uma mulher fascinada
uma rosa ruiva está toda debruçada.

A produção rosiana sobre o mesmo tema não fica a dever a esse exemplo, nem ao cromatismo intenso, nem à relação de solidariedade entre sentidos e fonemas que incide em segmentos como: "vespas/furiosas de mica taturanas flácidas/de opalas molengas e pálidas".

Guilherme de Almeida certamente reconhece a poesia rosiana como aparentada à sua, ainda mais, talvez, pelo modo como ele próprio constrói textos centrados em animais nesse surpreendente anacronismo que é *A frauta que eu perdi* – reunião de peças que têm como subtítulo "Canções gregas" e que, em 1924, traz motivos gregos e helenismos:

GUIMARÃES ROSA: MAGMA E GÊNESE DA OBRA

Cigarra ateniense,
alma metálica dos bosques indecisos,
a tua cantiga ácida enche
a floresta de risos
e de guizos.
E cantas alto – e cantas ao sol um canto loiro.
Ninguém te vê, mas todos te ouvem,
meu pequenino pensamento de oiro!
(Almeida apud Faria, 1972, p.201)

Ao trecho de "Cigarra", podemos somar um de "Colméia" do mesmo livro de 1924, para ilustrar o gosto de configurar determinadas espécies da natureza animal – recriando-lhes movimentos e características com alguns momentos de união entre o som e o sentido:

As abelhas fazem um jogo
de sol em torno da colméia. São ariscas
como faíscas
que dançam em torno de um fogo.
E são sonoras
de suas asas agitadas;
e doces do seu mel; e perfumadas
do aroma das corolas.
(Almeida apud Faria, 1972, p.202)

Do mesmo modo, "Alaranjado" (p.54) ou "Anil" (p.58) de Guimarães Rosa caberiam entre os poemas sobre a natureza tropical de Ronald de Carvalho, como o que segue, do livro *Epigramas irônicos e sentimentais* de 1922:

Janeiro

A sombra debaixo das árvores é quente,
há um desejo de água nas folhagens,
nas folhagens paradas...

A terra é morna como o corpo de um pássaro,
como o corpo de um pássaro sob a plumagem lustrosa
Entre a chuva de ouro de uma acácia
zine longa, longamente uma cigarra.
(Ronald de Carvalho apud Carvalho, 1972, p.267)

Conclui-se que algumas das produções da estréia do autor de *Estas estórias* em versos assemelham-se a composições de poetas reconhecidos pelo público e pela crítica como representativos daquele momento, ainda que não sendo, para os mais conceituados representantes dessa última, seus expoentes. No entanto, a observação da vida nacional feita por Guimarães Rosa, ainda que não tão detida, por vezes deslumbrada, enumerando, integrando elementos da flora e da fauna brasileira ao clima tropical, faz que tais poemas constituam, sem dúvida, lastro para a produção ulterior.

O bloco de composições rosianas voltadas para temas de ordem filosofante lembra poemas de Augusto Frederico Schmidt,[1] o de caudalosos ou curtos textos sobre a morte, a solidão, o amor, a natureza, a "religiosidade sem discrição" de que fala Mário de Andrade (1967a, p.36). No excessivamente extenso "Canto do brasileiro" da coletânea de 1928 – *Canto do brasileiro Augusto Frederico Schmidt* –, o peso, a solidão, as indagações, o desejo de fuga dizem respeito, a um tempo, ao fato de ser brasileiro e ao de ser homem:

> Não quero mais o amor,
> Nem mais quero cantar a minha terra.
> Me perco neste mundo.
> Não quero mais o Brasil
> Não quero mais geografia
> Nem pitoresco.
>
> Quero é perder-me no mundo
> Para fugir do mundo.
>
>
> ...
>
>
> Eu tenho saudade de luares estranhos –
> Eu tenho nos olhos paisagens estranhas –

---

1 Devo a inclusão desse poeta entre aqueles cuja produção tem relações com *Magma* a Wilcon Jóia Pereira.

GUIMARÃES ROSA: MAGMA E GÊNESE DA OBRA

– Minha pátria é bem longe
Minha pátria é mais longe
Fujamos daqui.

...

Desorganizo-me
O espaço se mostra
Caminhar!
O Futuro é levado
Nas marchas malucas dos trens.

...

As brumas longínquas me chamam
Me chamam
As brumas longínquas
Me chamam pra lá.
Eu quero ficar!

...

Me chamam os ventos
Que zumbem de noite
Os ventos que lambem com fúrias malvadas
Os campos tão grandes – de gramas tão verdes.
Me chamam as vozes soturnas dos rios
Dos rios que correm nas selvas escuras.
Me chamam fantasmas de terras distantes –
Me chamam fantasmas também...
(Schmidt, 1956, p.9-15)

É interessante notar, no poema, até determinadas figuras – a noite, o luar, o vento, as águas, o trem – semelhantes às dos textos rosianos sobre a temática em questão. Basta relermos, por exemplo, "Angústia" (p.135), "Lunático" (p.64), "Desterro" (p.60-1), "Revolta" (p.136), "Saudade" (p.132-3), para percebermos ecos fortes da poesia de Schmidt. O vocabulário do poeta de *Pássaro cego*, como o de Guimarães Rosa no bloco em pauta, é, em geral, simples. O tom grave, sério, também é comum na produção de ambos que trata de temas afins, bem como certa imprecisão. No conjunto de poemas de *Magma* de orientação filosófica, há mesmo um pouco do feitio declamatório que Mário de Andrade (1967a, p.36) diagnosticou no poeta de *Navio perdido*. Mas o que os une, em primeiro lugar, talvez seja o ritmo cadenciado que o crítico arguto de *Aspectos da literatura brasileira* (1967a, p.38) detecta em Schmidt, qualificando-o como "sutil na tendência pro verso longamente voluptuoso ... tão sutil a ponto de ser lento até em muitos versos curtos, pela disposição sintática ... pela intercalação de quebras na célula rítmica...".

O pequeno subconjunto de peças rosianas, que cuidam do tema da integração do homem ao cosmos, lembra ainda outro poeta daquele momento, o gaúcho – mais conhecido como crítico de mão cheia – Augusto Meyer. O livro *Coração verde* de 1926, considerado a verdadeira estréia do poeta, enfatiza a integração com a terra – o que se revela no título. São da coletânea citada os versos de "Sombra verde" (apud Moraes, 1972, p.29):

> Sobre o capim orvalhado e cheiroso...
>
> Maciez das boninas,
> espinho das rosetas,
> cricris sutis nesse mundo imenso,
> tão pequenino...
>
> Volúpia de gozar as sensações,
> de sentir junto a mim o coração da terra,
> no seu trabalho milenário e silencioso,
> como se fosse longamente uma raiz profunda...
>
> Mãe-Verde...
>
> Reclinei-me em seu regaço,
> onde há venenos e perfumes.
>
> E todo o cheiro das suas folhagens,
> toda a seiva dos seus frutos,
> frescura de águas claras e de folhas verdes
> vem banhar como um bálsamo as pálpebras fechadas.

O mesmo tema, ampliado, repete-se em *Giraluz* de 1928 (Meyer apud Moraes, 1972, p.33-4). Agora a integração é universal:

GUIMARÃES ROSA: MAGMA E GÊNESE DA OBRA   163

Esbanjamento

Cigarra, eu também não tenho carne nem sangue
e sou tão leve,
que às vezes sinto uma saudade humana do chão.

Uma gota de orvalho me embebeda,
um raio de sol me coroa,
a nuvem que passa me chama,
e eu lá vou, cousa passiva e boa,
ébrio de vento e de volúpia,
sem saber, sem lembrar – à toa...

Amo tudo que é móvel e flutuante
porque os meus olhos não se fecham sobre a imagem
e as minhas mãos têm o orgulho das corolas vazias...

Ah! viver como um reflexo
no movimento facílimo das ondas!

Viver na dispersão total do esbanjamento!

Os comentários sobre "Integração" (p.145), "Consciência cósmica" (p.146) e "Saudade" (p.132-3) favorecem a verificação da proximidade entre os dois poemas transcritos e tais composições de *Magma* no que diz respeito a temas e figuras.

Procuramos mostrar, ainda que de modo breve, a localização de Guimarães Rosa, poeta principiante, na literatura brasileira. É possível que as relações estabelecidas entre a coletânea e a produção poética de fundo do modernismo não tenham sido percebidas pelo escritor mineiro, nem por ele desejadas. Entretanto, a premiação da Academia deve-se ao encontro de Guilherme de Almeida com uma poesia que lhe fala muito de perto, embora, em 1936, ela não represente nenhum avanço na produção poética brasileira, sendo, pelo contrário, um retrocesso.

Um último ponto no que se refere à relação entre o modernismo e *Magma* e o seu autor diz respeito à não-participação de Guimarães Rosa no grupo modernista mineiro. Segundo Fernando Correia Dias (1971, p.11), "Durante toda a década de 1920, congregaram-se os intelectuais de vanguarda nessas cidades (Belo Horizonte e Cataguases) em torno dos objetivos e das vivências da renovação literária".

O grupo constitui-se entre 1924 e 1930 e a maior parte dos componentes diploma-se entre 1924 – como é o caso de Carlos Drummond de Andrade – e 1928. A aproximação entre os modernistas mineiros (Dias, 1971, p.99-100) dá-se por uma série de afinidades: o fato de virem do interior, de viverem fora de casa, geralmente em pensões – tendo, portanto, um modo de vida semelhante –, de pertencerem a uma mesma classe social e, acima de tudo, de compartilharem o "espírito moderno" e terem idade aproximada. Fazem parte do grupo: Carlos Drummond de Andrade, João Alphonsus, Emílio Moura, Abgar Renault, Martins de Almeida, Gregoriano Canedo, Ascânio Lopes, Pedro Nava, entre outros.

Guimarães Rosa, estudante da Faculdade de Medicina de Minas Gerais, em Belo Horizonte, a partir de 1925, publica os primeiros contos em 1929 e 1930. Entretanto, o seu interesse pela literatura é anterior a essa data. Ao que tudo indica, o autor de *Sagarana*, se é afeiçoado a concursos, não se interessa por grupos. Além de outras semelhanças com os modernistas mineiros como a classe social e a idade, o autor de *Manuelzão* e *Miguilim* revela não propriamente o municipalismo que é próprio desses escritores conforme Viana Moog (apud Dias, 1971, p.30), mas uma ligação emotiva com a cidade natal. Além de ser mencionada na obra literária, Cordisburgo – "pequenina terra sertaneja, trás montanhas, no meio de Minas Gerais. Só quase lugar, mas de repente tão bonito: lá se desencerra a Gruta do Maquiné, milmaravilha, a das Fadas" (Rosa, 1968, p.57) – abre afetuosamente o discurso de posse na Academia.

A gruta impõe-se na narrativa rosiana de modo mais visível que em outros momentos em "Recado do morro" (Rosa, 1969a). Mas, já em *Magma*, no grupo de poemas sobre a natureza, destaca-se "Gruta do Maquiné" (p.35-7), que canta a beleza e o mistério quaternário do espaço representado: a escuridão, os subterrâneos, as galerias, as cavernas, os abismos. A peça pode ser considerada, como outras do grupo de que tratamos, um ponto de passagem preciso da produção rosiana para a realidade nacional. Entre os contos

GUIMARÃES ROSA: MAGMA E GÊNESE DA OBRA 165

iniciais de *O Cruzeiro* e de *O Jornal* – ambientados em paisagens estrangeiras, como é o caso dos Alpes – e a obra posterior, estão composições de *Magma* como "Gruta do Maquiné".

No que diz respeito à relação entre essa obra poética de Guimarães Rosa e a poesia ocidental da primeira metade do século, nos moldes propostos por Hugo Friedrich (1978), vemos que o escritor mineiro, em geral, dela se afasta. Não se verifica, na sua produção, o homem dilacerado, impossibilitado de convivência com o mundo, de que se depreendem contrastes radicais. A cidade não é o seu tema, nem a dissonância. Ouçamos como o estudioso da lírica moderna (Friedrich, 1978, p.211) refere-se à poesia da primeira metade do século XX:

> Sua arte atinge tão pouco o repouso na realidade objetiva, atual, histórica, quanto na transcendência verdadeira. Eis por que seu reino poético é o mundo irreal criado por ele próprio, que existe só graças à palavra. Suas orientações, inteiramente próprias, mantêm-se, de forma deliberada, numa tensão não resolvida, frente ao familiar e seguro. Mesmo onde esta poesia se apresenta de forma suave, possui aquela estranheza cuja aflição pode ser encanto e cujo encanto, aflição.

Como demonstramos, a poesia rosiana está longe de poder ser definida dessa maneira. Falta-lhe tensão, bem como flores convivendo com pedras, frutos com drogas perigosas, imagens incoerentes, desarticulações.

Também não encontramos em *Magma* a mesma exigência da poesia moderna em relação ao leitor que José Paulo Paes (1997, p.28) bem explicita:

> a lírica moderna não se contenta em exigir do leitor aquela passiva suspensão da descrença tida por Coleridge como condição suficiente para o desfrute do poético. A par disso, o leitor é convidado – talvez se dissesse melhor intimado – a ir ao encontro do poeta para acumpliciar-se com ele na empresa de desconstruir o real de convenção e reagrupar-lhe metaforicamente os detritos no transreal de invenção.

Portanto, nem de todo poesia, muito menos de vanguarda, mas de estréia e de estreante, essa produção deve ser conhecida pelos estudiosos da obra rosiana e pelos interessados na história da literatura no Brasil. Ainda que Guimarães Rosa tivesse escrito apenas as composições de *Magma*, a coletânea mereceria ser examinada, pela proximidade da produção poética que recortamos das décadas de 1920 e 1930.

Para contextualizar a poesia rosiana, lançamos mão de levantamento, ainda que restrito, de relações intertextuais entre a produção rosiana em tela e a poesia brasileira do período que a envolve. No entanto, o intuito principal da nossa pesquisa é o estabelecimento de relações auto-intertextuais na obra de Guimarães Rosa, objetivo a que voltamos.

MAGMA, SAGARANA E OUTROS TEXTOS: AUTO-INTERTEXTUALIDADE

Pesquisas sobre a presença de princípios religiosos e filosóficos, mitos, lendas, elementos populares de toda ordem, citações de outrem nas narrativas do autor de *Primeiras estórias* não constituem novidade. Tais estudos, mesmo não tratando do problema em relação à intertextualidade ou à interdiscursividade, investigam a questão da retomada. Na verdade, como todo discurso é um interdiscurso, a obra de Guimarães Rosa vem sendo analisada como tal.

Entre os ensaios que analisam os procedimentos intertextuais em Guimarães Rosa, estão os de Walnice Nogueira Galvão – "O impossível retorno" e "Matraga, sua marca" – ambos de *Mitológica rosiana* (1978b). Em "O impossível retorno", sobre "Meu tio, o Iauaretê", a autora rastreia o culto do jaguar nas Américas para apontar as prováveis matrizes do conto de Guimarães Rosa e indica, rapidamente, possíveis ligações entre a narrativa citada e *Grande sertão: veredas*.

No texto sobre "A hora e vez de Augusto Matraga", a ensaísta mostra a vinculação entre histórias e lendas de santos e vários componentes do conto. É de 1981 o "Ciclo da donzela guerreira" – recolhido em *Gatos de outro saco* – da mesma especialista, em que analisa a recorrência dos mitos femininos na composição da figura de Diadorim. Em livro mais recente (Galvão, 1998), em que a donzela guer-

GUIMARÃES ROSA: MAGMA E GÊNESE DA OBRA 167

reira é examinada de modo amplo, a intertextualidade também está presente e um dos textos incluídos é de Guimarães Rosa.

Por sua vez, o alentado livro de Francis Utéza, *Metafísica do Grande sertão* (1994), sobre as relações da produção rosiana com as grandes tradições esotéricas do Oriente e do Ocidente – o Hermetismo e a Alquimia, o Taoísmo e o Zen-Budismo –, é também, em última análise, trabalho de interdiscursividade. Do mesmo modo, o de Heloisa Vilhena de Araújo – *O roteiro de Deus* (1996) – aproxima *Grande sertão: veredas* e *Corpo de baile* de variantes da mística cristã, em geral filiadas ao neoplatonismo, que se fundam em Santo Agostinho ou que provêm de pensadores como Jan van Ruysbroeck, Santo Alberto Magno, São Boaventura, mestre Eckhart.

Ainda que não voltado para a intertextualidade, o trabalho de Suzi Frankl Sperber – publicado em dois livros: *Caos e cosmos*: leituras de Guimarães Rosa (1976) e *Guimarães Rosa*: signo e sentimento (1982) – tem relações com o nosso estudo. O seu *corpus* é composto de obras da biblioteca-espólio de Guimarães Rosa e de manuscritos do seu arquivo antes que se incorporassem ao acervo do Instituto de Estudos Brasileiros e, naturalmente, pela obra do escritor.

Em *Caos e cosmos* (Sperber, 1976), compara leituras espirituais do escritor com a sua produção, agrupando-as de acordo com denominadores como "Esoterismo paulista", "A Bíblia e os evangelhos", "O Chãndogya Upanishad", "Platão", "Sertillanges", "Romano Guardini", "Plotino", "Christian Science", que indicam filiações do pensamento rosiano. No segundo livro, *Guimarães Rosa*: signo e sentimento (Sperber, 1982, p.3) – continuação do primeiro que chama de estudo comparativo –, a autora examina "a formação da visão literária e dos modismos criadores de Guimarães Rosa, a partir de *Sagarana*, em função do ... material inspirador" visto em *Caos e cosmos*.

É também no interesse pela linguagem rosiana que vemos a proximidade desse trabalho com o nosso estudo, embora o primeiro livro compare discursos alheios e o de Guimarães Rosa.

Como essas, outras investigações podem ser mencionadas. Lembramos, especialmente, por ser mais próxima da nossa, a de

Tieko Yamaguchi Miyazaki "No rastro das veredas intertextuais" (1980) que, muito reduzida e atualizada, compõe a parte final do capítulo "Nas veredas: uma estória de amor" de *Um tema em três tempos* (Miyazaki, 1996). A intenção é, de acordo com Tieko Miyazaki (1980, p.2), rastrear "percursos possíveis" de parte de um conjunto de motivos recorrentes, "todos relacionados com a palavra em suas funções e valores simbólicos – que circula intratextualmente de um nível a outro da narrativa e, extratextualmente, dentro do universo da produção de Guimarães Rosa".

Assim sendo, acompanha as relações narrador-narratário e a sua articulação com a palavra em *Grande sertão: veredas*, "Com o vaqueiro Mariano" e "Meu tio, o Iauaretê" de *Estas estórias*, "São Marcos" de *Sagarana*, "Cara-de-Bronze" e "Uma estória de amor" de *Corpo de baile*, entre outros. O estudo em questão tem ligações com o que efetuamos, à medida que levanta e examina procedimentos rosianos que se repetem em diferentes narrativas.

Entretanto, no que se refere à intertextualidade entre textos rosianos nos moldes apresentados neste livro, ainda que tal procedimento seja examinado algumas vezes, não tem sido objeto de pesquisa mais ampla.

Trabalhos próximos deste são também várias dissertações de mestrado e teses de doutorado que, investigando a composição de determinados textos, publicados ou inéditos, a partir do confronto de diferentes tipos de manuscrito, de anotações e esboços a originais, componentes de dossiês, revelam procedimentos de criação que se repetem. O *corpus*, ou parte dele, nessas pesquisas, é constituído por material do Arquivo Guimarães Rosa, como a nossa tese de doutorado (Leonel, 1985) que inicia o conjunto de estudos na direção que mencionamos.

O levantamento de variantes para a edição genético-crítica de *Grande sertão: veredas*, coordenada por Walnice Nogueira Galvão para a Coleção Arquivos – efetivado por uma equipe supervisionada por Cecília de Lara de que fizemos parte –, é também atividade que se vincula ao estudo dos procedimentos de criação de Guimarães Rosa. Voltado mais para a pesquisa de gênese do que para a investigação nos moldes tradicionais da edótica, esse trabalho leva aos processos de composição do escritor, como mostra o

GUIMARÃES ROSA: MAGMA E GÊNESE DA OBRA   169

texto da supervisora "Da raiz à flor: caminho das variantes" (Lara, s. d.), incluído no volume a ser publicado.

Para introduzir o exame das retomadas em Guimarães Rosa, um ponto para reflexão é o sentido do nome da coletânea. No discurso proferido em agradecimento ao prêmio da Academia, Guimarães Rosa (1997, p.9), indiretamente, menciona um significado da palavra *magma*, ao tratar da efemeridade da satisfação trazida pela obra ao artista: a satisfação "relampeja, fugaz, nos momentos de febre inspiradora, quando ele tateia formas novas para a exteriorização do seu magma íntimo, do seu mundo interior."

José Lino Grünevald (1997) entende o termo na mesma direção, o que se evidencia em citação por ele efetuada a propósito do livro de poesias de Guimarães Rosa: "'a consciência é um magma de dados confusos, de heranças, de lembranças, de paixões e de acasos, a estabelecer correntes incertas...' (Daniel-Rops, 'O mundo sem alma')".

O *Novo dicionário da língua portuguesa* de Aurélio Buarque de Holanda Ferreira (s. d.) descreve os significados do vocábulo da seguinte maneira:

> *magma* [Do gr. *mágma*, "pasta de farinha de trigo amassada", pelo lat. *magma*.] S. m. 1. Massa natural fluida, ígnea, de origem profunda, e que, ao esfriar-se, se solidifica, originando a rocha magmática. 2. Matéria espessa que fica depois de se espremer uma substância. 3. Qualquer substância pastosa e viscosa, como a lava, o vidro derretido, etc. 4. Linimento espesso. 5. Tec. Num cristalizador, a solução saturada de onde precipitam os cristalitos.

Este estudo leva-nos a considerar, no título do livro, os seguintes traços sêmicos da palavra: /pasta/, /massa fluida, ígnea, de origem profunda/, /matéria espessa que fica depois de se espremer uma substância/, /solução saturada de onde precipitam os cristalitos/. Esse último vocábulo – cristalitos –, por sua vez, é assim definido: "cristal microscópico, de forma variada, que ocorre disseminado em certos vidros vulcânicos" (Ferreira, s. d.).

Magma é matéria, substância, massa que está na origem de procedimentos inventivos de Guimarães Rosa, mas é também forma. São temas, modos de compor o andamento, o ritmo, de construir palavras, de criar textos, muitos deles retomados. Há procedimentos e reiterações visíveis e há cristalitos, que precisam ser procurados com mais acuidade.

Não presumimos, em absoluto, que o autor de *Sagarana* tenha examinado, a cada texto onde determinado procedimento é recuperado, aquele com que tem relações, embora tal ato possa ter ocorrido algumas vezes. A memória é, como diz Valéry, "o corpo do pensamento", mas há também o esquecimento: cioso da necessidade de ser original, de não se repetir, a reiteração rosiana ocorre, muitas vezes, porque o escritor não se dá conta da manifestação anterior do procedimento. A direção que a memória – combinada com outros componentes da psique humana, em especial a imaginação, a capacidade inventiva e criadora, excepcionais em Guimarães Rosa – imprime na sua produção é a da continuidade e a da modificação.

Isso posto, passamos a outro aspecto que envolve a pesquisa. Como esclarecemos na introdução dos pressupostos teóricos do trabalho, as sugestões de Gérard Genette (1982) servem-nos de guia de forma especial. Ao longo das 450 páginas de *Palimpsestes*, ele aborda a hipertextualidade na versão mais visível, ou seja, quando a derivação do hipotexto é maciça e declarada. As características do material que escolhemos permitem-nos, por vezes, tratar textos de Guimarães Rosa sob a categoria da hipertextualidade, já que, nesses casos, temos um hipotexto A, certos poemas de *Magma*, e um hipertexto B, contos de *Sagarana* (Rosa, 1967), visto que o segundo, de alguma forma, deriva do primeiro. A ressalva – de alguma forma – já indica: a relação que levantamos e examinamos não é de derivação canônica. Na verdade, a proximidade entre os textos não é tão aparente, o que, se dificulta a investigação, também a enriquece pela necessidade de descrever e analisar os materiais, introduzindo recursos nem sempre claramente fixados pela teoria.

Não há indicações paratextuais de filiação de uma coletânea – a de poemas – a outra – a de contos – no que se refere aos títulos, mesmo se considerarmos os nomes das três versões da reunião das narrativas de acordo com o material do Arquivo Guimarães Rosa: *Contos, Sezão* e *Sagarana*. No entanto, existe correspondência en-

GUIMARÃES ROSA: MAGMA E GÊNESE DA OBRA

tre determinados componentes particulares que dizem respeito à paratextualidade. A primeira versão de *Magma* de que temos conhecimento traz um poema como epígrafe que o escritor não manteve na versão B. O uso de epígrafes, como sabem os leitores de Guimarães Rosa, é um dado substantivo da sua produção. A sua importância em *Sagarana* e *Corpo de baile* é salientada, por exemplo, por Franklin de Oliveira (1970). A discussão que Guimarães Rosa enceta com o tradutor para o italiano de *Corpo de baile*, Edoardo Bizzarri (1980), sobre a tradução e a localização das epígrafes é também bastante elucidadora quanto a esse aspecto.

Se a epígrafe de *Magma* é posteriormente apagada, a memória da sua existência conserva-se no manuscrito A. O leitor acompanha nela a idéia do fio que "corre por dentro", invisível ao poeta que, no entanto, não pode desmenti-lo. A presença metaliterária do poeta, por sua vez, repete-se em outros momentos de *Magma*.

Das possibilidades de relações transtextuais próprias da hipertextualidade, a mais presente é a prosificação, já que há certa aproximação entre poemas e contos. No entanto, não se trata, em nenhum momento, do mesmo tipo de operação analisada por Gérard Genette (1982). Quer dizer: não temos a prosificação direta ou indireta de um poema como um todo. O poema pode exercer, em relação ao conto, papel assemelhado ao de componentes de listas com que o Arquivo Guimarães Rosa brinda o pesquisador: resumos de histórias, temas, figuras, em enunciados das mais diferentes extensões que, como a nossa pesquisa (Leonel, 1985) e outras realizadas no Arquivo comprovam, são objetos de linguagem registrados para recuperação num texto literário. Além disso, geralmente, esses escritos trazem, em anotação marginal, a indicação da narrativa em que foram ou em que seriam aproveitados.

O exercício de autotranstextualidade em Guimarães Rosa parece exemplo radical de encontro de procedimentos múltiplos, em que a prosificação convive com atos de extensão e de expansão, ocorrendo, portanto, tanto no nível da história quanto no do discurso. Tomamos esses termos e os seus significados do mesmo Genette (1972), em "Discours du récit" de *Figures III*, pois não são aplicáveis apenas a narrativas – nesse caso, os contos rosianos –, mas também a poemas que se apresentam como discursos narrativos, uma vez que contam acontecimentos, incorporam personagens e diálogos, localizam-se num determinado espaço-tempo. Como vemos, é mais no universo do épico que nos situamos nessas oportunidades e não no da poesia lírica. Os poemas em questão poderiam ser classificados como de temática cultural ou étnica e rural ou regional e são, em geral, bastante extensos.

"MALEITA" E "SARAPALHA": REESCRITURA

> Escrever, porquanto é sempre reescrever, não difere de citar. A citação, graças à confusão metonímica à que preside, é leitura e escritura ... Ler ou escrever é exercer um ato de citação. A citação representa a prática primeira do texto, o fundamento da leitura e da escritura; citar, é repetir o gesto arcaico de recortar-colar, a experiência original do papel antes que ele se transforme na superfície de inscrição da letra, o suporte do texto manuscrito ou impresso, um modo da significação e da comunicação lingüística.
>
> Antoine Compagnon, *La seconde main*.

Entre os poemas de *Magma* e os contos de *Sagarana* que interessam a este trabalho, há o processo de ler e de reescrever. Não sabemos se houve consulta aos poemas, quando da realização das narrativas, nem mesmo conhecemos o grau de consciência de Guimarães Rosa acerca desse procedimento de reescritura, o que não invalida a hipótese do ato de recuperar, modificando, aquilo que, de algum modo, está registrado na memória. Além disso, o resultado é sempre outro e não apenas por pertencer a gênero diverso, por passar da poesia para a prosa: cada retomada cria novo escrito, como veremos e como nos diz Maurice Blanchot em trecho de *L'entretien infini* citado por Antoine Compagnon (1979, p.34): "O que importa, não é dizer, é redizer e, nesse ato, dizer, a cada vez, novamente, uma primeira vez".

Dos textos em que a vida no campo é o fulcro – e em que se misturam outros temas como a natureza, a cultura – destacamos,

GUIMARÃES ROSA: MAGMA E GÊNESE DA OBRA   173

para iniciar este item, "Maleita" (p.38-41), que consideramos um hipotexto de "Sarapalha", conto de *Sagarana* (Rosa, 1967, p.117-37).

Aparentemente não há, entre os dois, no que se refere ao título, nenhuma indicação paratextual reveladora de relação transtextual. Uma versão anterior do conto, todavia, denominada "Sezão", conservada no Arquivo Guimarães Rosa, semanticamente filia a narrativa ao poema "Maleita" num procedimento de hipertextualidade por meio desse componente paratextual – o título. Embora esse nome do conto tenha sido abandonado, sofrendo processo de apagamento, ele faz parte da memória de "Sarapalha".

No entanto, os procedimentos mais importantes que ligam os dois textos são outros. Na modalidade da transposição, própria da hipertextualidade, a prosificação é o mais evidente, já que dos versos passa-se à prosa. Outra prática, verificada no vínculo entre os textos em questão, está também contida no estudo da transposição – é a *narrativização* que, para Genette (1982, p.323), é uma das categorias da *transmodalização*, um tipo de transposição, em princípio, formal:

> Por transmodalização, eu entendo ... uma transformação incidindo sobre o que se denomina, a partir de Platão e Aristóteles, o modo de representação de uma obra de ficção: narrativa ou dramática. As transformações modais podem ser *a priori* de dois tipos: intermodais (passagem de um modo a outro) ou intramodais (mudança afetando o funcionamento interno do modo). Essa dupla distinção fornece-nos, evidentemente, quatro variedades, das quais duas são intermodais: passagem do narrativo ao dramático ou dramatização, passagem inversa à do dramático ao narrativo ou narrativização, e dois intramodais: as variações do modo narrativo e aquelas do modo dramático.

O poema "Maleita" não é uma peça teatral, mas é, sobretudo, dialogado. Só conta com a *narração*, no sentido que Genette (s. d., p.25) dá à palavra em *Discurso da narrativa* (tradução de parte de *Figures III*) – o ato produtor do enunciado narrativo e o conjunto da situação, real ou fictícia, em que esse ato tem lugar –, em cinco versos da primeira estrofe e em dois da terceira. Na parte inicial do primeiro agrupamento, citada a seguir, o sujeito enunciador do verso inicial e do terceiro ao sexto daria voz a um segundo que se manifesta na linha dois:

> Não vem mais chuva.
> – Xô, rio velho!...
> O Pará está desinchando, devagarinho,
> está ajuntando a água.
> As várzeas estão vermelhinhas de lama,
> e o capinzal virou um brejo podre. (p.38)

O mesmo ocorreria no terceiro bloco, em que os versos três e quatro seriam de responsabilidade de um narrador:

> – Xô, riachão!...
> O negrinho, dentro do poção,
> está pegando piabas com a peneira. (p.40)

"Sarapalha", por sua vez, é um conto. Por isso, incluímos a narrativização entre os componentes da hipertextualização.

Mas o poema de *Magma*, constituído principalmente por diálogo e, por conseguinte, dramatizado, desenvolve, de certo modo, uma narrativa: dois compadres – duas personagens –, à beira do Pará que recua após a enchente, conversam. Falam de pesca e do acesso de tremor e de frio que a malária provoca. O discurso descritivo é também importante nesse texto em que os procedimentos de hipertextualidade mencionados, sempre de modo não-canônico – a prosificação, a narrativização, a relação paratextual –, na transferência para o conto, vêm acompanhados ainda de amplificação, recurso bastante visível, no seu duplo movimento: extensão temática e expansão estilística.

A composição de *Magma* em pauta tem o núcleo temático representado pelos efeitos da maleita nas duas personagens. Além delas, há a localização espacial, a representação das margens do rio Pará, e uma indicação de tempo: após a enchente. Já na narrativa de *Sagarana*, a par da problemática da maleita, desenrola-se a crise advinda de um triângulo, ou melhor, de um quadrângulo amoroso. Amor e traição, numa quadrilha drummondiana, convivem com a solidariedade e a amizade entre dois primos até o final trágico. Ao núcleo próprio do poema – o da maleita – junta-se outro:

GUIMARÃES ROSA: MAGMA E GÊNESE DA OBRA 175

o da paixão proibida. Aí está o aumento que Genette (1982, p.298) denomina extensão temática. No caso, o acréscimo não é simplesmente de episódios, mas de um outro plano na história, que se duplica.

Tal ampliação leva a um aumento muito grande do texto. A versão B de "Maleita" conta com duas páginas datilografadas e mais cinco versos na terceira página, ao todo 55 versos, enquanto "Sarapalha" (Rosa, 1967, p.117-37) tem vinte páginas de prosa. Além disso, introduz-se, na narrativa, uma nova personagem, ou melhor, duas: Ceição, a empregada, e Jiló, o cachorro. Ao mesmo tempo, desaparece uma personagem do poema: o negrinho que pega piabas com a peneira.

"Maleita" (p.38-41) constrói-se a partir de diálogos entre dois compadres, sem haver, com nitidez, indicação de mudança de turno. Aspas abertas nem sempre se fecham em A e B e, conseqüentemente, em C, isto é, na versão da Nova Fronteira. Descrições do espaço incluem-se na fala das personagens de maneira nem sempre muito natural:

> – "Vamos pescar, Compadre?...
> Até no fundo do quintal
> Tem mandis de esporão,
> tem timburés, tem cascudos,
> tem bagres barrigudos,
> e curimatãs.
> Acende o pito, Compadre,
> que os moçorongos vieram também...
> Olha o mosquito rajado!...
> *Zzzzúu!*... [A e B: sbl]
> Olha o mosquito borrachudo!...
> *Zuuuum!*... [A e B: sbl] (p.38-40)

Em "Sarapalha", um narrador conta a história de dois primos, Argemiro e Ribeiro, que vivem juntos no sítio do segundo, ambos acometidos de maleita, com crises sérias. Argemiro viera morar com Ribeiro para ficar perto da mulher do primo, por quem é apaixonado, guardando segredo desse fato. Entretanto, Luísa, objeto da paixão dos dois parentes, fugiu com um vaqueiro, abandonando o marido. Ela era "Morena, os olhos muito pretos... Tão bonita!...

Os cabelos muito pretos... .../ Esquisita, sim que ela era... De riso alegrinho mas de olhar duro..." (Rosa, 1967, p.128).

A história principal (desavença entre os protagonistas) passa-se num só dia, possivelmente, numa única manhã. Primo Ribeiro põe-se a falar da própria morte – "Agora é a minha cova que está me chamando..." – e da mulher que foi embora com um boiadeiro, "Só três anos de casados" (p.128). Deixou-se, desde aquele momento, de pronunciar o nome dela. O dono da casa fala ainda da solidariedade do primo:

> também, eu só estou falando é com você, que é p'ra mim que nem um irmão. Se duvidar, nem um filho não era capaz de ser tão companheiro, tão meu amigo, nesses anos todos... E não quis me deixar sozinho, mesmo tendo, como tem, aquelas suas terras tão boas, lá no Rio do Peixe. Não precisava de ter ficado... O sofrimento era só meu. (p.126)

Depois de lembrar o episódio do abandono pela mulher,

> Primo Ribeiro se deixa cair no lajedo, todo encolhido e sacudido de tremor. Primo Argemiro fica bem quieto. Não adianta fazer nada. E ele tem muita coisa sua para imaginar. Depressa, enquanto Primo Ribeiro entrega o corpo ao acesso e parece ter partido para muito longe d'ali, não podendo adivinhar o que a gente está pensando.
>
> E Primo Argemiro sabe aproveitar, sabe correr ligeiro pelos bons caminhos da lembrança. (p.128)

Argemiro dos Anjos nunca revelou à mulher do primo a sua paixão, mas desconfia de que, certo dia, ela a tenha percebido:

> Estava olhando, assim esquecido, para os olhos ... olhos grandes escuros e meio de-quina, como os de uma suaçuapara ... para a boquinha vermelha, como flor de suinã...
>
> – "Você parece que nunca viu a gente, Primo!... Você precisa mas é de campear noiva e caçar jeito de se casar..." – dissera ela, rindo. (p.129)

Num momento, Primo Argemiro lamenta não lhe ter falado sobre o seu amor; em seguida, o dever o assalta: "Mas ele nunca pensara em fazer um malfeito daqueles, ainda mais morando na

GUIMARÃES ROSA: MAGMA E GÊNESE DA OBRA 177

casa do marido, que era seu parente... Isso não! Queria só viver perto dela... Poder vê-la a todo instante..." (p.128-9).

Esse movimento pendular repete-se no monólogo interior da personagem. Primo Ribeiro começa a variar, o que não é permitido a Primo Argemiro, que "não tem licença: se delirar, pode revelar o seu segredo. Tem de ter tento na cabeça e de subjugar a doideira, e sofre o demônio, por via disso" (p.130).

Primo Ribeiro pede a ele que conte a história da "moça que não sabia que o moço-bonito era o capeta, ajuntou suas roupinhas melhores numa trouxa, e foi com ele na canoa, descendo o rio..." (p.131), o que Primo Argemiro faz a contragosto. Mas a insistência de Primo Ribeiro em falar da amizade que nutre pelo parente: "– Ai, Primo Argemiro, nem sei o que seria de mim, se não fosse o seu adjutório! Nem um irmão, nem um filho podia ser tão bom..." (p.133), leva Argemiro dos Anjos a revelar o segredo, por sentir agudamente a culpa da traição. Primo Ribeiro reage, expulsando-o, ainda que se sentindo à beira da morte: "– Fui picado de cobra... Fui picado de cobra... Ô mundo!" (p.134).

Primo Argemiro pede para ficar até que o outro melhore, mas acaba tendo que ir embora. Acometido de arrepios da maleita, relembra a mulher:

A primeira vez que Argemiro dos Anjos viu Luisinha, foi numa manhã de dia-de-festa-de-santo, quando o arraial se adornava com arcos de bambu e bandeirolas, e o povo se espalhava contente, calçado e no trinque, vestido cada um com a sua roupa melhor... (p.137)

Aqui o discurso do conto reencontra o do poema, num processo, ao mesmo tempo, de encurtamento e de alargamento do alcance da metáfora. O poema finaliza-se com:

Zzzzúu!... Zuuum!... [sem sbl em A e B]
As traíras estão tremendo nas locas...
Que frio!... Até a água empoçada
Está arrepiada...
– "Vamos pra casa, Compadre?..."
– "Não, vamos chegar ali na ipueira,
que eu quero ver as árvores
tremendo também com a sezão..."
[A, B e C: sem aspas] (p.41)

No conto, o trecho terminal é longo, mas vale transcrevê-lo:

Estremecem, amarelas, as flores da aroeira. Há um frêmito nos caules rosados da erva-de-sapo. A erva-de-anum crispa as folhas, longas, como folhas de mangueiras. Trepidam, sacudindo as suas estrelinhas alaranjadas, os ramos da vassourinha. Tirita a mamona, de folhas peludas, como o corselete de um caçununga, brilhando em verde-azul. A pitangueira se abala, do jarrete à grimpa. E o açoita-cavalos derruba frutinhas fendilhadas, entrando em convulsões.
      – Mas, meu Deus, como isto é bonito! Que lugar bonito p'r'a gente deitar no chão e se acabar!...
      É o mato, todo enfeitado, tremendo também com a sezão. (p.137)

Na passagem do poema à narrativa, de um lado, perde-se a menção ao tremor das águas, de outro, há ampliação do penúltimo verso de "Maleita" – "que eu quero ver as árvores" –, num procedimento denominado por Genette de amplificação por expansão estilística – uma dilatação que duplica ou triplica cada frase do hipotexto. No caso em questão, temos uma especificidade na duplicação ou triplicação da frase. O fragmento de *Sagarana* pode bem servir como exemplo do procedimento registrado por Genette como transformação definicional em que, acrescentamos, o genérico, "árvores", passa a ser representado por diferentes espécies – "aroeira", "erva-de-sapo", "erva-de-anum", "vassourinha", "mamona", "pitangueira", "açoita-cavalos" – todas dentro de períodos que as qualificam e individualizam.

Quanto ao verso final – "tremendo também com a sezão..." –, repete-se integralmente no que diz respeito à composição vocabular e sintática. Entretanto, já não é o mesmo. Modifica-o o contexto discursivo, a maior dramaticidade do conto, os sentidos novos trazidos pelo conteúdo e pela expressão. O invencível tremor de que a personagem é vítima na narrativa já não é apenas constituído pelos efeitos da doença, é também resultado da paixão revelada, da paixão ela própria, da reação ao ódio do primo que o acolhera, fizera dele confidente e o expulsara. Nessa nova configuração, o tremor cósmico solidário é visto como positivo: "O começo do acesso é bom, é gostoso: é a única coisa boa que a vida ainda tem. Pára, para tremer. E para pensar. Também" (Rosa, 1967, p.137).

GUIMARÃES ROSA: MAGMA E GÊNESE DA OBRA   179

A par da expansão estilística e das outras modificações apontadas, do poema ao conto, há a mudança – mas só no que refere ao tempo, não à localização espacial – que Genette (1982, p.343) denomina *transdiegetização*:

> É, entre outros, o quadro histórico-geográfico que denomino diegese, e, é evidente, espero, que uma ação pode ser transposta de uma diegese a outra, por exemplo, de uma época a outra, ou de um lugar a outro, ou as duas ao mesmo tempo.

O começo do poema de *Magma* situa a ação – a cena entre os dois compadres atacados pela maleita que dialogam – à beira do rio Pará, depois da chuva. "Sarapalha" (Rosa, 1967, p.117) inicia-se com a mesma localização espacial:

> Tapera de arraial. Ali, na beira do rio Pará, deixaram largado um povoado inteiro: casas, sobradinho, capela; três vendinhas, o chalé e o cemitério; e a rua, sozinha e comprida, que agora nem mais é uma estrada, de tanto que o mato a entupiu.
>
> Ao redor, bons pastos, boa gente, terra boa para o arroz. E o lugar já esteve nos mapas, muito antes da malária chegar.

Segue-se o relato da aproximação da doença:

> Ela veio de longe, do São Francisco. Um dia, tomou caminho, entrou na boca aberta do Pará, e pegou a subir. Cada ano avançava um punhado de léguas, mais perto, mais perto, pertinho, fazendo medo no povo, porque era sezão da brava – da "tremedeira que não desamontava" – matando muita gente.
>
> – Talvez que até aqui ela não chegue... Deus há-de...
>
> Mas chegou; nem dilatou para vir. E foi um ano de tristezas. (p.117)

A localização temporal que vem depois indica, no conto, a chegada da maleita:

> Em abril, quando passaram as chuvas, o rio – que não tem pressa e não tem margens, porque cresce num dia mas leva mais de mês para minguar – desengordou devagarinho, deixando poços redondos num brejo de ciscos: troncos, ramos, gravetos, coivara; cardumes de mandis apodrecendo; tabaranas vestidas de ouro, encalhadas, curimatás pastando barro na invernada; jacarés, de mudança, apressa-

dos; canoinhas ao seco, no cerrado; e bois sarapintados, nadando como búfalos, comendo o mururê-de-flor-roxa flutuante, por entre as ilhas do melosal. Então, houve gente tremendo, com os primeiros acessos da sezão. (p.117)

No poema, o dado – após a chuva – refere-se ao momento de instalação da cena que constitui a ação. Há, portanto, uma mudança de ordem temporal, já que, na narrativa, os acontecimentos principais dão-se muito tempo depois da enchente e do estabelecimento da sezão, que

Ficou. Quem foi s'embora foram os moradores: os primeiros para o cemitério, os outros por aí afora, por este mundo de Deus. As terras não valiam mais nada. Era pegar a trouxa e ir deixando, depressa, os ranchos, os sítios, as fazendas por fim. Quem quisesse, que tomasse conta. (p.118)

A informação sobre a passagem do tempo continua, acompanhando a localização espacial, bem mais precisa no conto:

É aqui, perto do vau da Sarapalha: tem uma fazenda, denegrida e desmantelada ... Tudo é mato, crescendo sem regra; mas, em volta da enorme morada, pés de milho levantam espigas, no chiqueiro, no curral e no eirado, como se a roça se tivesse encolhido, para ficar mais ao alcance da mão.

E tem também dois homens sentados, juntinhos, num casco de cocho emborcado, cabisbaixos, quentando-se ao sol. (p.118-9)

Mas a montagem da situação em que se dá a grande cena da conversa entre as personagens está adiante:

Manhãzinha fria. Quando os dois velhos – que não são velhos – falam, sai-lhes da boca uma baforada branca, como se estivessem pitando. Mas eles ainda não tremem: frio mesmo frio vai ser d'aqui a pouco.

Há mais de duas horas que estão ali assentados, em silêncio, como sempre. Porque, faz muito tempo, entra ano e sai ano, é toda manhã assim. (p.119-20)

GUIMARÃES ROSA: MAGMA E GÊNESE DA OBRA

Portanto, reproduz-se, em *Sagarana*, a localização espacial de "Maleita", que se define melhor, mas não a temporal. No poema, temos uma única cena, após a chuva. Na narrativa, há, de início, a narração-descrição do aparecimento da malária também depois da enchente e, na seqüência, a conversa, muito posterior, entre as personagens.

É interessante notar, contudo, que, num certo sentido, encontramos a manutenção da duração temporal na passagem da composição poética para a narrativa. Apesar de todos os ingredientes adicionados ao conto, o tempo de duração (Genette, s. d., p.85) da parte principal da história não passa de algumas horas de diálogo, iniciado de manhã. Tudo o mais é narrado sob a forma de analepses, por meio da conversa das personagens e das lembranças de Primo Argemiro. É o que Genette prevê (1982, p.332): "o hipertexto pode introduzir anacronias (analepses ou prolepses) numa narrativa inicialmente cronológica".

Aliás, é importante verificar que "Sarapalha" mantém a preferência pelo diálogo, não traindo – ou traindo, ao revelar – a sua origem: o poema dialogado. Não à toa esse texto – o da narrativa – é objeto de adaptação para o palco como a de Renata Pallottini (1957). Apesar da evidente narrativização, uma das maneiras de ampliar o texto "original" é, justamente, o incremento nas falas. Da página 122 à 127 e da 131 à 135, o diálogo ou é predominante ou é o único tipo de discurso encontrado.

Uma conseqüência da narrativização é a *focalização* (Genette, 1982, p.328). A necessidade de focalização e certa aptidão pelo monólogo interior é uma das principais vantagens do modo narrativo sobre o dramático. No poema, é difícil falar-se em focalização – no sentido que Genette dá ao termo –, já que não é clara a instância do focalizador tanto quanto a do narrador na maior parte do texto. Apenas sete linhas em 55 teriam a narração; nas demais, o diálogo é apresentado ao leitor diretamente. Em "Sarapalha", há um focalizador, em geral externo, mas onisciente em alguns momentos, quando acompanha a interioridade de uma das personagens – Primo Argemiro. Já a intimidade de Primo Ribeiro não é revelada: as suas atitudes e falas são sempre mostradas do exterior. No que se refere a Primo Argemiro, não se trata de focalização interna, conforme propõe Genette (s. d., p.187), pois não temos todos os fatos, ou a maioria deles, "vistos" pela personagem, como em "Campo geral" (Rosa, 1970b). Somente acompanhamos-lhe o monólogo interior a propósito da paixão vedada.

A par da focalização, há, no conto, como não poderia deixar de ser, a presença de um narrador. Por conseguinte, entre o poema e a narrativa não ocorre uma mudança de voz narrativa propriamente, mas a sua instituição, já que a mesma passa a existir, de modo patente, no texto de *Sagarana*. Todavia, trata-se de uma construção *sui generis* no que se refere a esse ponto: não podemos classificar o narrador, definitivamente, quanto à sua participação na história que conta, como *heterodiegético* ou *homodiegético* (Genette, s. d., p.227 e 244). Vejamos por quê. Na maior parte da narração, ele parece estar ausente das ações relativas à vida das duas personagens principais, como vemos no exemplo:

> E quando Primo Ribeiro bate com as mãos no bolso, é porque vai tomar uma pitada de pó. E quando Primo Argemiro estende a mão, é pedindo o cornimboque. E quando qualquer dos dois apóia a mão no cocho, é porque está sentindo falta-de-ar. (Rosa, 1967, p.120)

Entretanto, embora não aparente participar dos eventos quer como protagonista, quer como testemunha, alguns dados indicam que o narrador convive com os fatos narrados. Temos, para confirmação disso, verbos no presente – a não ser quando se trata de narrar acontecimentos anteriores à cena entre os primos – e, especialmente, dois momentos em que a dêixis constituída por advérbios aproxima a voz narrativa do narrado, de modo a incluir o narrador na diegese e, por conseguinte, na história principal:

> É *aqui*, perto do vau da Sarapalha: *tem* uma fazenda ... (Rosa, 1967, p.118) (Grifos nossos)

> O cachorro *corre*, muitas vezes, até lá na tranqueira, depois se *chega* também *cá para perto*. (p.120) (Grifos nossos)

O fato de o narrador parecer, na maior parte das vezes, fora da diegese pode ser conseqüência da origem do conto, ou seja, o

GUIMARÃES ROSA: MAGMA E GÊNESE DA OBRA   183

poema: nele, o diálogo é o modo discursivo mais importante e o presente é o tempo escolhido e não poderia ser outro, pois o conteúdo das falas não remete para o passado, mas para as ações do presente. Mesmo as descrições inserem-se na conversa:

– "Você também está tremendo?!.../ ...

Zzzzúu!... Zuuum!... [Sem sbl em A e B]
As traíras estão tremendo nas locas...
Que frio!... Até a água empoçada
Está arrepiada... (p.41)

Comparando um trecho do poema e um do conto, verificamos que o processo de narrativização se dá, ainda, pela passagem do discurso direto para o indireto, como ocorre no final da citação:

– Xô, rio velho!...
O Pará está desinchando, devagarinho,
está ajuntando a água.
As várzeas estão vermelhinhas de lama,
e o capinzal virou um brejo podre.
– "Vem, Compadre, ver os novilhos nadando no meloso,
e as matrinchãs pastando barro na invernada!..."
– Xô, rio velho!... (p.38)

o rio – ... – desengordou devagarinho ... cardumes de mandis apodrecendo ... curimatãs pastando barro na invernada ... e bois sarapintados, nadando como búfalos, comendo o mururê-de-flor-roxa flutuante, por entre as ilhas do melosal. (p.117)

Nesse ato, lança-se mão, também, de acréscimos de vária ordem, como se vê no segmento completo da p.117, citado a propósito da localização espacial e temporal de "Sarapalha". Há aumento por expansão estilística, em que, ao alargamento, juntam-se outros procedimentos como a substituição de termos e de enunciados mais extensos, que, entretanto, mantêm relações com o sentido original: "está desinchando" cede lugar a "desengordou" e "devagarinho" mantém-se. Da expressão "brejo podre", guarda-se "brejo" e "podre" reaparece em "apodrecendo".

Retém-se, modificado e aumentado, o segmento "novilhos nadando no meloso" do poema que passa a "bois sarapintados, nadando como búfalos, comendo o mururê-de-flor-roxa flutuante, por entre as ilhas do melosal". Introduz-se aí uma comparação, numa oração reduzida, e o termo "meloso" cresce, transformado em "ilhas do melosal": é a expansão estilística que, de resto, é procedimento comum em todo o trecho.

O verso que se segue a essa parte do poema – "'... e as matrinchãs pastando barro na invernada!...'" – é reproduzido, em *Sagarana*, antes da retomada do trecho mencionado, num processo de deslocamento, em que há substituição de "matrinchãs" por "curimatãs", conservando-se, ainda que de modo incompleto, o sistema vocálico e a sonoridade explosiva das consoantes da palavra no enunciado do conto (Rosa, 1967, p.117): "curimatãs pastando barro na invernada".

Há outros momentos em que a ascendência do poema pode ser rastreada. Na penúltima estrofe de "Maleita", encontramos – o que não é comum no poema – a desejável união entre o plano do conteúdo e o da expressão, especialmente no que se refere à relação entre os fonemas e os sentidos envolvidos – o frio trazido pela crise e o zumbir dos pernilongos constroem-se no conteúdo e no som agudo do /i/ e das sibilantes:

> Que frio!... Tudo treme!...
> Olha os pernilongos
> zunindo nos meus ouvidos!...
> Olha o quinino zunindo
> dentro dos meus ouvidos!...
> Que frio!... (p.41)

Tal procedimento é retomado no hipertexto, embora não com a mesma forma de expressão: "Mas ambos escutaram o mosquito a noite inteira. E o anofelino é o passarinho que canta mais bonito, na terra bonita onde mora a maleita" (Rosa, 1967, p.119).

No segmento em questão, é visível a presença da mesma vogal /i/. Já as sibilantes surgem de maneira mais patente na parte que sucede a esse segmento, quando a narrativa traz a indicação do pe-

GUIMARÃES ROSA: MAGMA E GÊNESE DA OBRA   185

ríodo do dia em que tal situação ocorre, o que não se dá no texto de *Magma*:

> É de-tardinha, quando as mutucas convidam as muriçocas de volta para casa, e quando o carapanã rajado mais o moçorongo cinzento se recolhem, que ele aparece, o pernilongo pampa, de pés de prata e asas de xadrez. Entra pelas janelas, vindo dos cacos, das frinchas, das taiobeiras, das bananeiras, de todas as águas, de qualquer lugar. (p.119)

Além da informação sobre o momento propício ao ataque do pernilongo, outras e longas considerações sobre o modo de agir dos transmissores de protozoários inscrevem-se no conto. Apesar da naturalidade com que o trecho se insere na narrativa, é perceptível o interesse rosiano pelos detalhes que cercam um dos grandes males que afligem o brasileiro de determinadas regiões. É em outro segmento que vemos – ou ouvimos – ecos mais audíveis do texto de *Magma* como a citada presença do som vocálico /i/:

> – Olha o mosquito-borrachudo nos meus ouvidos, Primo!...
>
> – É a zoeira do quinino... Você está tomando demais...
>
> Vem soturno e sombrio. Enquanto as fêmeas sugam, todos os machos montam guarda, psalmodiando tremido, numa nota única, em tom de dó. E, uma a uma, aquelas já fartas de sangue abrem recitativo, esvoaçantes, uma oitava mais baixo, em meiga voz de descante, na orgia crepuscular.
>
> Mas, se ele vem na hora do silêncio, quando o quinino zumbe na cabeça do febrento, é para consolar. Sopra, aqui e acolá, um gemido ondulado e sem pouso... Parece que se ausenta, mas está ali mesmo: a gente chega a sentir-lhe os feixes de coxas e pernas, em linhas quebradas, fazendo cócegas, longas, longas... Arrasta um fio, fino e longínquo, de gonzo, fanho e ferrenho, que vem do longe e vai dar no longe... Estica ainda mais o fiapo amarelo de surdina. Depois o enrola e desenrola, zonzo, ninando, ninando... (p.119)

Em segmentos do trecho, citado em dois momentos a partir de "É de-tardinha",

> e quando o carapanã rajado mais o moçorongo cinzento se recolhem ...

– Olha o mosquito-borrachudo nos meus ouvidos, Primo!...
(p.119)

reaparece a seguinte parte do hipotexto:

>Acende o pito, Compadre,
>que os moçorongos vieram também...
>Olha o mosquito rajado!...
>*Zzzzúu!*...
>Olha o mosquito borrachudo!...
>*Zuuuum!*... (p.38)

A onomatopéia "zuuum" ou "zzzzúu" não se repete na narrativa, nem é necessário que se repita, dado que o zumbir do anofelino cria-se em *Sagarana* com outros recursos usados em "Maleita": a assonância da vogal aguda e a aliteração de sibilantes em momentos do grande segmento, citado aos poucos, da página 119.

Nesse trecho, outro verso de "Maleita" (p.41), é também reprisado:

>Olha o quinino zunindo
>dentro dos meus ouvidos!...
>Que frio!...

>– É a zoeira do quinino... Você está tomando demais... (Rosa, 1967, p.119)

As mesmas linhas do poema estão na raiz de: "quando o quinino zumbe na cabeça do febrento...".

Outra parte do poema, anterior à citada, é ainda reintroduzida na narrativa. Trata-se de parcela bem pouco poética, na verdade bastante prosaica, pela ausência dos recursos que preconizamos, a partir de estudiosos como Jakobson, como próprios da poesia. E o prosaísmo é responsável pela construção de grande parte do poema assentada na forte presença da denotação. No diálogo, temos um brasileirismo – "mosquitada". Os brasileirismos são de uso comum na futura obra do escritor, mas não tanto em *Magma*:

GUIMARÃES ROSA: MAGMA E GÊNESE DA OBRA

> "– Que frio!... que fri-í-io!...
> Que mosquitada brava!...
> Estou com a sezão dos três dias ...
> Ei, Compadre, vamos quentar sol naquela pedra?..."
> – "Volta pra casa, Compadre, deixa de bater queixo,
> vai cortar a febre
> com cachaça com limão..."

A cachaça com limão ressurge com a personagem introduzida no conto – a velha Ceição: "A preta traz café e cachaça com limão" (Rosa, 1967, p.120). O bater queixo reproduz-se na fala de Primo Argemiro, quando relembra a ação do médico: "O pessoal estava todo sentado nas portas das casas, batendo queixo. Ele ajuntou a gente..." (p.125).

Naturalmente, tais elementos não precisariam estar em um texto anterior para aparecerem em "Sarapalha". Já sobre a repetição do verso inicial da estrofe citada, talvez não possamos dizer o mesmo: "– Ai, Primo Argemiro, eu, numa hora dessas... só queria era me deitar em beira de um fogueirão!... Que frio... Que frio!..." (p.128).

A gradação do verso: "–'Que frio!... que fri-í-io!.../ ...'" (p.40) mantém-se com a presença do ponto de exclamação só no último enunciado. É preciso lembrar ainda que o conto repete o uso abundante das reticências que pululam em *Magma*.

O crítico Álvaro Lins (1983, p.242) resenha *Sagarana* em "Uma grande estréia" já em abril de 1946 e afirma o desejo de "anunciar a presença, na literatura brasileira, de um novo grande livro, e saudar, no autor de *Sagarana*, o companheiro que entra na vida literária com o valor de um mestre na arte de ficção". Destaca com perspicácia as qualidades dos contos; entretanto, faz reparos a algumas narrativas:

> Há outras novelas, porém, que não são da mesma significação, nem estão na mesma altura. Embora menos afirmativas como ficção por uma certa fragilidade na ação novelística – "Sarapalha", "Minha gente", "São Marcos" e "Corpo fechado" – ficam valorizadas, no entanto, através de algumas páginas descritivas, ou caracterizadoras como fixação de costumes e episódios isolados, ou, em cada uma delas, através de um aspecto marcante da vida regional. Em "Sarapalha",

por exemplo, é a doença da maleita, com a espantosa miséria física e psicológica em que ela transforma os seres humanos ... (Lins, 1983, p.241)

O articulista – a resenha é bem um artigo – tem razão: o que valoriza "Sarapalha" é o tema da malária como calamidade regional. Concordamos ainda com a ressalva sobre certa fragilidade na ação novelística – especialmente pela comparação desse texto com outros de *Sagarana* como "A hora e vez de Augusto Matraga", "Duelo", "O burrinho pedrês" –, e perguntamo-nos se a adaptação não tão eficaz do poema à narrativa seria responsável por tal deficiência. Por outro lado, o conto tem certa densidade e tensão que faltam no texto de *Magma*.

Certamente, a intertextualidade entre os dois textos rosianos não se esgota no que foi até aqui mostrado, mas os elementos de aproximação mais importantes foram investigados. Além disso, o processo de recuperação de temas como o de "Maleita" não pára em "Sarapalha". As mazelas do país nunca se apartam do universo do autor. A crítica é que diverge no modo de avaliar tal fato. Para determinados especialistas, os grandes problemas nacionais ou regionais são parte fundamental da obra rosiana – como mostra, mais recentemente, Willi Bolle (1994-1995) a propósito de *Grande sertão: veredas*. Para outros, apenas constituem pano de fundo para as grandes interrogações metafísicas. Aliás, não é preciso sair de *Sagarana* para percebermos esse interesse do escritor: em "Duelo" (Rosa, 1967, p.139), em que pesem o "descuido científico" do médico Guimarães Rosa a respeito da causa do papo de Turíbio Todo (Leonel, 1985, p.13) e o esclarecimento de que tal "modesto papúsculo ... não enfeava o seu proprietário", tal problema lá está consignado. "Bicho mau" de *Estas estórias* (Rosa, 1969a, p.161-6), que era parte de *Sagarana*, contém outro grande obstáculo com que tem que se haver o sertanejo: a picada de cobra e as dificuldades para tratá-la. Da maleita ao abandono do homem do sertão a favorecer a existência de jagunços, a inauguração dessa vertente está em *Magma*.

"REZA BRAVA" E "SÃO MARCOS": FEITIÇOS E FEITICEIROS

Entre o poema da coletânea "Reza brava" (p.111-2) e o conto de *Sagarana* "São Marcos" (Rosa, 1967, p.221-51), há uma relação que se aproxima da hipertextualidade. A narrativa, de alguma maneira, enxerta-se na composição de *Magma* – texto anterior – sem fazê-lo por meio do comentário. A derivação própria da hipertextualidade, diz Gérard Genette (1982, p.11-2), é tanto de ordem descritiva e intelectual em que um texto "fala" de outro quanto de outra ordem, como quando o hipertexto não fala do hipotexto, mas não poderia existir sem ele.

Não podemos afirmar que "São Marcos" não existiria sem "Reza brava". Mas é impossível deixarmos de assinalar o parentesco entre os dois textos. Para tanto, tratamos, inicialmente, dos títulos, elementos de ordem paratextual, que constituem o primeiro índice de vínculo no caso em pauta. Para Genette (1982, p.10), a paratextualidade é a relação menos explícita e mais distante que, no conjunto formado por uma obra literária, o texto propriamente dito entretém com o seu paratexto. Mas, como sempre, no que diz respeito aos escritos de que cuidamos, não se trata do mesmo tipo de correspondência. Interessa-nos, mais uma vez, o nexo entre os títulos de dois textos diferentes e não aquele que o título mantém com a obra. Assim, "São Marcos" é adjunto adnominal de "Reza brava" no poema de *Magma* (p.112). Há vinculação metonímica entre os dois sintagmas: "reza brava" é hiperônimo em relação a São Marcos. Num verso, temos a referência à "reza brava de São Marcos e São Manso", com o oxímoro entre "brava" e "manso". Os títulos, portanto, remetem um ao outro: São Marcos é uma reza brava.

Da consideração de ordem semântica – e sintática – quanto à titulação, passamos à verificação de semelhanças – e distanciamentos – entre as duas composições.

Como no caso de "Maleita" (p.38-41), no que tange a "Reza brava" (p.111-2), não é impossível pensarmos num texto dramático ou num poema dramatizado. Uma leitura mais detida revela que a presença do diálogo é total, não havendo nenhuma linha de discurso indireto. Cinco travessões introduzem cinco falas, com clara mudança de turno. Não há, portanto, nenhuma dúvida quanto à ausência de narrador, o que não ocorre com "Maleita" (p.38-41). Poderíamos falar, mais uma vez, de prosificação e narrativização. Todavia, as relações entre os dois textos são de outra ordem.

O poema de *Magma* em tela contém uma narrativa mais desenvolvida do que no caso de "Maleita": há uma ação realizada por duas personagens. Dessa forma, como história, denominação de Gérard Genette (s. d., p.25) para os fatos relatados numa narrativa, temos um acontecimento mágico, provocado por um feiticeiro: traz de volta o marido que abandonara a mulher. A primeira fala é dela:

> – "Saiu de casa, sem nenhum motivo,
> e me disse que não vai voltar.
> Dou-lhe o dinheiro e o cavalo arreado..." (p.111)

O sortilégio dá resultado, mas de modo irônico, como vemos na última estrofe:

> Mas que barulho é esse, nessa hora morta?...
> Vem muita gente, batem na porta...
> – Ai, Siá Dona, nós não sabemos
> como isso aconteceu...
> Estavam todos alegres, bebendo cachaça,
> sem briga nenhuma, sem discussão...
> – Entrem todos, podem entrar...
> Jesus!... que é isso,
> vem carregado...
> É o marido, ensangüentado,
> com um oco de faca no peito esquerdo,
> bem no lugar do coração... (p.112)

Para obter o efeito desejado, o feiticeiro recita fórmulas de encantamento e refere-se à reza brava de São Marcos e São Manso:

> A meia-noite já vem chegando,
> e é a hora boa para rezar.
> Vou queimar pólvora, vou traçar o sino,
> vou rezar as sete ave-marias retornadas,

e depois a reza brava de São Marcos e São Manso,
com um prato fundo cheio de cachaça
e uma faca espetada na mesa de jantar.
Agora, Dona, fique[A: que ms spp a ca] esperando,
que o seu marido tem de voltar... (p.111-2)

O modo como se constrói o texto resulta na necessária relação entre o sentido e a expressão. A magia não é apenas relatada, é presentificada: a extensão do poema e dos versos, a metrificação, as rimas, as retomadas sintáticas, tudo se une aos significados para atualizar o sortilégio na sua solenidade e gravidade. Em primeiro lugar, trata-se de um poema relativamente longo – quarenta versos, em geral, também extensos. Em segundo lugar, apesar de polimétricos, apresentam unidade relativa: 26 linhas têm de oito a onze sílabas; seis delas contam treze sílabas e uma, dezesseis. Embora haja deslocamento nos acentos, o ritmo é bem mais marcado do que na maioria dos textos da coletânea, objetivando, com os demais recursos, a repetição cadenciada própria da matéria recriada.

Parte do poema é constituída pela fala ritual do feiticeiro e, justamente, os versos mais longos concentram-se nas estrofes em que as palavras mágicas indicam manifestação gestual. No primeiro bloco, a extensão maior dos versos acompanha tanto a marcação mais destacada das sílabas finais, que incidem sobre verbos, quanto a retomada de estruturas sintáticas próprias de fórmulas mágicas, constituindo-se, no discurso, a invocação representada:

– Chico!, volte[A: ms spp ao a] para[A: ara ms spp a ra]
    sua Dona,
que nenhum descanso você terá...
Três pratos ponho na mesa,
para[A: ara ms spp a ra] mim, para[A: ara ms spp a ra] minha Santa Helena,
e para[A: ara ms spp a ra] você, quando chegar...
Três vezes [A: te ras.] chamarei, três pancadas lhe [A: ms spp a te] darei!...
A primeira, na testa, para[A: ara ms spp a ra] que você
    lembre,
a segunda, no peito, para[A: ara ms spp a ra] que você sofra,
a terceira, nos pés, para[A: ara ms spp a ra] você caminhar...

Se estiver comendo, pare[A: ms spp ao a],
se estiver conversando, cale[A: ms spp ao a],
se estiver dormindo, tem de acordar... (p.111)

Na última estrofe do poema – que pode ser considerado bem-sucedido – o tom é necessariamente diferente pelo desenlace inesperado e nela concentram-se alguns versos mais curtos – de quatro a oito sílabas:

– Ai, Siá Dona, nós não sabemos
como isso aconteceu.../ ...
Jesus! ... que é isso,
vem carregado...
É o marido ensangüentado,/ ... (p.112)

Pelo exposto, vemos "Reza brava" como peça de qualidade dentro do universo das composições de *Magma*.

"São Marcos" (Rosa, 1967, p.221-51), por sua vez, narra a história do protagonista José ou João que fica cego, repentinamente, em conseqüência de feitiço provocado pelo negro Mangolô,[2] livrando-se da cegueira pela recitação da mesma reza mágica. Se não podemos classificar a relação entre "Reza brava" e "São Marcos" como de prosificação (Genette, 1982, p.246), devemos destacar a proximidade de tema e motivo. Além disso, considerando-se diegese no sentido que Gérard Genette atribui à palavra em *Figures III* – ações, personagens, tempo e espaço da história –, há semelhança diegética entre os dois textos, uma vez que o acontecimento central de cada um é constituído pelo efeito da reza mencionada.

Nessa instância – a da diegese – podemos afirmar a existência de repetição não propriamente de personagens, mas de papéis exercidos – ambos os textos têm um feiticeiro –, embora com funções invertidas. Em "Reza brava", o feiticeiro produz o sortilégio desejado pela mulher que o contrata: traz o marido de volta. Em "São Marcos", o protagonista não só não é o feiticeiro, como é a vítima dele. Isso porque caçoa comumente de Mangolô, apesar de

---

2 "Mongolô – s. m. Termo banto usado na Baía, referente a uma certa substância misteriosa" (Cf. Silva, 1948).

GUIMARÃES ROSA: MAGMA E GÊNESE DA OBRA

todas as advertências feitas por conhecidos, chamando-o de "cabiúna de queimada ... Com um balaio de rama de mocó, por cima!..." ao que acrescenta "os mandamentos do negro...... 'Primeiro: todo negro é cachaceiro...' ... 'Segundo: todo negro é vagabundo.' ... 'Terceiro: todo negro é feiticeiro...'" (Rosa, 1967, p.228). Não satisfeito, profere: "– Ó Mangolô: 'Negro na festa, pau na testa!...'" (p.229).

A cegueira ocorre porque o negro amarrara uma "tirinha de pano preto nas vistas do retrato [boneco ou bruxa de pano] p'ra Sinhô passar uns tempos sem poder enxergar... Olho que deve de ficar fechado, p'ra não precisar de ver negro feio..." (p.251).

A reza vale ao protagonista como meio de livrar-se do cegamento que o feitiço provocara. Como em "Reza brava" (p.111-2), a oração de São Marcos não é enunciada: "E, pronto, sem pensar, entrei a bramir a reza-brava de São Marcos. Minha voz mudou de som, lembro-me, ao proferir as palavras, as blasfêmias, que eu sabia de cor" (Rosa, 1967, p.249-50).

Os feiticeiros não usam os mesmos expedientes nos dois textos e José-João de "São Marcos" só recorre à reza quando, tornado cego de supetão e, estando sozinho no mato, ouve " – 'Tesconjuro! Tesconjuro!'..." (p.249) de um "longínquo Aurísio Manquitola" que lhe havia contado casos em que a reza brava tivera eficácia.

Se o uso das palavras mágicas é perpetrado por atores diferentes, a reza brava de São Marcos é empregada, em ambos os textos, numa mesma direção: desfazer o malfeito. Além disso, traz resultados imediatos nas duas histórias, apesar da ironia já assinalada em "Reza brava".

Quanto ao tempo diegético, na peça de *Magma,* a indefinição nesse universo casa-se com a ausência de referências explícitas ao espaço. Mas esse último pode ser apreendido por componentes como o conteúdo do discurso da mulher, que oferece ao feiticeiro "o dinheiro e o cavalo arreado". Portanto, quanto ao espaço, é possível pensarmos que, nas duas composições, trata-se da zona rural.

Não podemos, quanto ao vínculo entre os dois textos, falar em modificação semântica ou, mais especificamente, em transdiegetização, ou seja, em transposição temporal ou espacial, como propõe Gérard Genette (1982), quando há mudança nesses componentes diegéticos. No entanto, há correspondências efetivas entre as composições em questão – reveladas nas repetições que apontamos – que nos autorizam a considerar "Reza brava" (p.111-2) uma espécie de matriz de "São Marcos". Em primeiro lugar, temos a reiteração do tema da magia por meio de palavras, mais especificamente da reza de São Marcos; em segundo, a relação entre os títulos; em terceiro, a presença da narrativa nos dois textos, embora "Reza brava" seja um poema; em quarto, a retomada de elementos diegéticos, especialmente quanto à ação principal e no que se refere aos atores, mesmo que com funções invertidas, mais a localização espacial e a indefinição temporal. Vale salientar ainda que, em nenhum dos textos, há a transcrição da reza, mas apenas a sua menção.

Se tivéssemos, no que diz respeito às duas composições, um caso de hipertextualidade como o de "Maleita" e "Sarapalha", a categoria de grande importância no processo de modificação entre o poema e o conto seria a ampliação, responsável pela riqueza de "São Marcos", que a crítica nem sempre avaliou positivamente. Álvaro Lins (1983, p.241), como vimos, elogia *Sagarana*, mas faz ressalvas a essa "novela", como chama as peças do livro, e a poucas outras, "por uma certa fragilidade na ação novelística". Supomos que a reserva do crítico advenha de determinadas particularidades de "São Marcos" que, se fragilizam o conto como narrativa, trazem grande contribuição para o entendimento da poética rosiana.

No texto de *Sagarana*, a história principal, ou a *narrativa primeira*, como quer Genette (s. d., p.227), é acompanhada de, pelo menos, mais uma linha narrativa: o desafio poético que a personagem mantém com um desconhecido. Além disso, o texto é atravessado por uma série de *encaixes*, no sentido que Todorov (1986, p.77) dá a essa palavra, ou seja, narrativas menores intercaladas na principal. Ademais, há, em "São Marcos", momentos em que o narrador, de modo visível, dirige-se ao leitor para falar dos componentes da verdadeira obra de arte literária.

No ato mais geral de manifestar o poder da palavra na magia e na poesia, também se encontra a filiação entre os dois textos, constituindo um tipo de conexão não levantado por Genette (1982), porque foge ao que é explícito na relação de transtextuali-

GUIMARÃES ROSA: MAGMA E GÊNESE DA OBRA 195

dade. Como mostramos em "A palavra em Guimarães Rosa" (Leonel, 1995), em "São Marcos", enuncia-se, de modo claro, a importância que o escritor atribui à palavra nos sentidos mágico e poético. O poder da palavra mágica explicita-se no nível da diegese – na história principal e nos encaixes que relatam fatos sobrenaturais advindos da recitação da reza. O poder da palavra, como poesia, está na sub-história – a do duelo poético –, no conteúdo do discurso dissertativo do narrador e, especialmente, no nível da expressão: no uso que, no próprio texto, Guimarães Rosa faz da linguagem, em especial na descrição da natureza, transformando palavra em arte.

Os poderes mágicos da palavra, para insistirmos nesse ponto, estão assentados, na história principal, no bramir das palavras e blasfêmias da reza brava de São Marcos que tem o poder de desfazer um feitiço de conseqüências tão graves. E ainda, nas histórias encaixadas, que são antecipações do desenlace da história principal (Miyazaki, 1979), pois tratam de casos em que o feitiço dá resultado. Numa delas, Gestal da Gaita que conhecia a reza brava e a rezava quando queria, pernoitando com outro homem, "se mexia dormindo e falava enrolado" até vir sobre o companheiro "de faca rompante, rosnando conversa em língua estranja" e subir "parede arriba, de pé em-pé..." (p.230-1). Em outro encaixe narrado, como esse, por Aurísio Manquitola, Tião Tranjão, "meio leso, groteiro do Cala-a-Boca" (p.231), "deve de ter rezado a reza à meianoite, da feição que o diabo pede" e fugiu da cadeia, fazendo "o pau desdar" na mulher e no amante que o tinham enredado com a lei e, "no fim da festa, acabou desmanchando a casa toda, no que era de recheio..." (p.233).

No discurso do narrador – que, antes dos fatos relatados não acreditava em feiticeiros e, depois deles, no mínimo, prefere precaver-se – são muitas as antecipações referentes ao poder da palavra enunciada, como os tabus lingüísticos – "raio", "lepra" – ou o trazer na carteira

uma fórmula gráfica: treze consoantes alternadas com treze pontos, traslado feito em meia-noite de sexta-feira da Paixão, que garantia invulnerabilidade a picadas de ofídios: mesmo de uma cascavel em jejum, pisada na ladeira da antecauda, ou de uma jararaca papuda, a correr mato em caça urgente. (p.231)

Esse poder declara-se, principalmente, no anúncio direto referente à reza que dá nome ao texto:

E comecei a recitar a oração sesga, milagrosa e proibida: – "Em nome de São Marcos e de São Mansos, e do Anjo-Mau, seu e meu companheiro..."
– Ui! – Aurísio Manquitola pulou para a beira da estrada, bem para longe de mim, se persignando, e gritou:
– Pára, creio-em-deus-padre! Isso é reza brava, e o senhor não sabe com o que é que está bulindo!... É melhor esquecer as palavras... Não benze pólvora com tição de fogo! Não brinca de fazer cócega debaixo de saia de mulher séria!... (p.230)

O tema do poder mágico da palavra, tão desenvolvido na narrativa de *Sagarana*, não apenas está explicitado já em "Reza brava", como se manifesta no poema exatamente pela mesma ocorrência diegética: os efeitos da reza de São Marcos e de São Manso.

Com o conto, tem início também, na própria produção literária, a exposição de princípios poéticos do escritor de modo explícito. Da mesma maneira que, em muitos momentos, clara e até didaticamente, Guimarães Rosa expõe em escritos não-literários o que entende por literatura, relacionando as qualidades desejáveis nesse tipo de arte, também nas narrativas, essa poética é apresentada de modo implícito ou mesmo explícito no plano do conteúdo. Em "São Marcos", está presente não só esse fazer metaliterário, como também o próprio texto revela a realização dos princípios defendidos.

Perceptivelmente, salienta-se tal fundamentação estética, por meio do narrador-protagonista, também poeta, que grava nos "grandes colmos jaldes, envernizados, lisíssimos dos bambus", o poema

Sargon
Assarhaddon
Assurbanipal
Teglattphalasar, Salmanassar
Nabonid, Nabopalassar, Nabucodonosor
Sanekherib. (p.233)

GUIMARÃES ROSA: MAGMA E GÊNESE DA OBRA

com os nomes de

reis leoninos, agora despojados da vontade sanhuda e só representados na poesia. Não pelos cilindros de ouro e pedras, postos sobre as
reais comas riçadas, nem pelas alargadas barbas, entremeadas de
fios de ouro. Só, só por causa dos nomes.
   Sim, que, à parte o sentido prisco, valia o ileso gume do vocábulo pouco visto e menos ainda ouvido, raramente usado, melhor fora
se jamais usado. ... E não é sem assim que as palavras têm canto e plumagem. (p.235-6)

Segue-se um rol de predileções lingüísticas sertanejas, associadas ao horizonte poético pela escolha do significante incomum,
como a do capiauzinho analfabeto que prefere "talxóts a caixote"
por crer que esse último, "pelo jeitão plebeu deve ser termo detur-
pado", ou a da população de Calango-Frito que "clama saudades
das lengas arengas do defunto Padre Jerônimo", pois os sermões
do novo padre todos entendem e contêm pouco latim.

Em "São Marcos", a posição de Guimarães Rosa em relação ao
fundamento da expressão poética está, ainda, no desenvolvimento
da própria criação discursiva, sobretudo quando a natureza é descrita por um protagonista que a ama acima de tudo, indo para o
mato todos os domingos de espingarda a tiracolo, porque "o povo" não poderia saber o que fazia:

lá passava o dia inteiro, só para ver uma mudinha de cambuí a me-
drar da terra de-dentro de um buraco no tronco de um caboatã ... e
para rir-me, à glória das aranhas-d'água, que vão corre-correndo,
pernilongando sobre a casca de água do poço... (p.226)

No relato do dia dos sucessos principais do conto, outros momentos, entre muitos, em que a poeticidade expõe-se à flor do texto:

E, nas ramas, rindo, cheirosos epidendros, com longos labelos
marchetados de cores, com pétalas desconformes, franzidas, todas
inimigas, encrespadas, torturadas, que lembram bichos do mar róseo-
maculados, e roxos, e ambarinos – ou máscaras careteantes, estican-
do línguas de ametista. (p.238)

Continuava, porém, a debulha de trilos dos pássaros: o patativo
cantando clássico na borda da mata; mais longe, as pombas cinzen-

tas, guaiando soluços; e, aqui ao lado, um araçari, que não musica: ensaia e reensaia discursos irônicos, que vai taquigrafando com esmero, de ponta de bico na casca da árvore, o pica-pau-chanchã. (p. 244)

Temos aí um narrador-protagonista com extremada sensibilidade plástica e auditiva no que se refere ao universo da natureza e que é, ao mesmo tempo, poeta e teorizador da linguagem poética. Isso tudo além da manifestação dessa mesma teoria na construção expressiva da narrativa.

As descrições, que formam um todo orgânico com as linhas narrativas, a história do duelo entre o protagonista e Quem-Será, os encaixes, mais os comentários metapoéticos tornam o texto bastante extenso, corroborando talvez a impressão de "fragilidade na ação novelística" de que reclama Álvaro Lins (1983, p.241). O autor de "A grande estréia", todavia, nos textos por ele considerados mais fracos, destaca motivos de valorização:

em "São Marcos" é o fenômeno primitivo da feitiçaria, com uma descrição da natureza, tão monumental nas proporções e tão orquestral no jogo dos vocábulos, que logo faz lembrar, involuntariamente, a maneira euclidiana.

É à palavra poeticamente transmudada de que falamos que Álvaro Lins (1983, p.241) se refere, quando menciona o jogo com os vocábulos.

A relação entre "Reza brava" (p.111-2) e "São Marcos" (Rosa, 1967, p.221-51) está, além dos pontos anteriormente assinalados, na revelação do poder da palavra explicitada já na composição de *Magma*, onde palavras e gestos têm, na diegese, eficácia mágica – de forma estranha, é verdade – e encanto poético. De modo claríssimo, os mesmos poderes retornam no conto de *Sagarana*.

O sobrenatural é ponto temático fundante na obra de Guimarães Rosa, constituindo uma das bases da sua poética e os trabalhos sobre esse aspecto chegam hoje a um número bem avantajado. Como, no que se refere especificamente à magia, a quantidade de vezes em que ela surge na obra não é tão grande, o interesse dos estudiosos é menor. Entretanto, em *Sagarana*, temos a intervenção do que ultrapassa o natural, em relação à magia, também em "Cor-

GUIMARÃES ROSA: MAGMA E GÊNESE DA OBRA 199

po fechado". Nessa narrativa, o sortilégio é conseguido com "o prato fundo, as brasas, a agulha-e-linha e a cachaça e ainda outros aviamentos" (Rosa, 1967, p.279) e, certamente, com a fórmula mágica que fecha o corpo de Manuel Fulô e dá a Antonico das Pedras ou Toniquinho das Águas, curandeiro-feiticeiro "que tinha alma de pajé", o maior objeto de desejo de ambos: a besta Beija-Fulô.

Dentro do universo da feitiçaria, vale lembrar a "pífia e desfrutável" Dô-Nhã de "Buriti" (Rosa, 1969c, p.165) que "comia muito e alto apregoava seu cerimonial, a certas horas representado, com manipulações e urgidas rezas invocando a vinda de Iô Irvino". Ela se vai, dizendo "de estado, de suas rezas esconsas": "– 'Mexi, mexemos, a senhora vai ver: ele vem e vem...'".

Dessa vez, no entanto, a magia não se cumpre. A novela mira outros alvos: o mundo mítico do sertão, a sua erotização, onde não cabe a volta do marido de Lalinha, mas o nascimento e a realização, entre outros, do desejo entre o sogro e a nora. Ela espera-o para a concretização do amor, lembrando o que ouve das mulheres-da-cozinha: "– 'Pois, todo patrão, que conheci, sempre foi feito o boi-touro: quer novilhas brancas e malhadas...'" ou "– 'Macho fogoso e meloso acostuma mal a gente...'" (Rosa, 1969c, p.244).

Em "Campo geral" (Rosa, 1970b, p.32), há, entre outros elementos do domínio fértil de crenças e superstições que assombram a sensibilidade de Miguilim, os calungas de Mãitina. Em *Grande sertão: veredas* (1965), como na obra de Guimarães Rosa em seu todo, a presença do sobrenatural paira acima dos questionamentos sobre os limites entre o Bem e o Mal e, portanto, sobre as tentativas de explicação para os desacertos do mundo que misturam águas das mais diferentes crenças. No romance, temos, por exemplo, Ana Duzuza, "adivinhadora da boa ou má sorte da gente", "bruxa feiticeira", cujo assassinato podia trazer "atraso" (Rosa, 1965, p.31).

Mas o interesse do escritor por esse tipo de magia registra-se já em *Magma* e acompanha a obra rosiana, modificando-se. Em "Reza brava" (p.111-2), temos o registro da feitiçaria, cujo resultado é paradoxal. Nos contos de *Sagarana*, "São Marcos" e "Corpo fechado", também a magia é o centro dos textos e os feitiços têm resultado, o que não ocorre em "Buriti". O rastreamento desse ponto – a magia na obra de Guimarães Rosa – é estudo a ser aprofundado.

"BOIADA", "CHUVA" E "O BURRINHO PEDRÊS": CONQUISTA DO RITMO

coisa mais bonita do que uma boiada não existe.

Guimarães Rosa, "Minha gente".

Três textos de Guimarães Rosa – "Boiada" (p.28-32) e "Chuva" (p.142-4) de *Magma* (1997) e "O burrinho pedrês" (Rosa, 1967, p.3-68) – são aqui aproximados. "O burrinho pedrês", o conhecido conto de abertura de *Sagarana*, que reúne muitos dos temas e recursos expressivos das demais narrativas do volume, antecipando-os, tem, no que tange ao livro de 1946, o mesmo papel de "Campo geral" em relação a *Corpo de baile*. É também o texto mais extenso do livro, uma quase novela – 65 páginas.

Na versão B, "Boiada" conta 85 versos em quatro páginas datilografadas e "Chuva", 45 versos em duas páginas. Embora sem provas definitivas sobre este aspecto, consideramos, como foi esclarecido, que os poemas apresentados à Academia são anteriores aos textos de ficção enfeixados em *Sagarana*. A análise que se segue pode subsidiar a idéia da precedência temporal dos poemas e, possivelmente, explicar por que Guimarães Rosa, antes de enjeitar *Magma,* publica em periódicos, ao que se tem notícia pelos recortes do Arquivo, unicamente os dois poemas: "Boiada" e "Chuva".

Começando pelos títulos, se a correspondência entre as denominações dessas duas peças não é clara, pois pertencem a campos semânticos diferentes – o da natureza ("Chuva") e o da cultura ("Boiada") –, no primeiro, temos os efeitos da incidência desta na vida do homem, mais especificamente do vaqueiro, o que remete à "Boiada" – cujo significado, no Brasil, é, sobretudo, o da manada de bois conduzida pelo homem. Não à toa, na publicação de "Chuva", cujo recorte do Arquivo Guimarães Rosa, infelizmente, não traz notas tipográficas, a ilustração contém, no primeiro plano, o vaqueiro montado no cavalo em disparada e, no segundo, os bois.

No entanto, entre o nome do outro poema – "Boiada" – e o do conto – "O burrinho pedrês" –, a relação de proximidade se-

GUIMARÃES ROSA: MAGMA E GÊNESE DA OBRA   201

mântica não depende, como em textos analisados em item anterior, da existência de denominação diferente em um *prototexto*, no sentido que a crítica genética atribui ao termo, isto é, versão que precede o texto dado como definitivo. Pertencem ambos os títulos, "Boiada" e "O burrinho pedrês", a um mesmo campo lexical. A conexão por meio do paratexto – o título –, portanto, já permite falar em vínculo semântico.

Quanto à hipótese de filiação hipertextual, antes de mais nada, é preciso indicar de que modo supomos a relação entre os três textos: "Boiada" e "Chuva" são hipotextos de "O burrinho pedrês", fato não incomum na prática da hipertextualidade. Tal operação está contemplada no estudo de Genette (1982, p.303):

> essa mistura, em doses variadas, de dois (ou vários) hipotextos é uma prática tradicional que a poética conhece justamente sob o termo contaminação. Nós já a encontramos em formas um pouco mais abertamente lúdicas ... A palavra e a coisa vêm aparentemente dos cômicos latinos, e mais precisamente de Terêncio, que acreditou dever, por vezes, para enriquecer a matéria, casar em uma só as intrigas de duas comédias gregas...

Muitos outros exemplos de *contaminação* são encontrados na produção dramatúrgica. As histórias misturam-se, ou alternam-se e cruzam-se. Mesmo fora do teatro, obras nascem de encontros felizes de dois ou mais hipotextos. Na ocorrência em pauta, há bem a mistura dos dois poemas.

Porém, se estivéssemos trabalhando com exemplos canônicos de transtextualidade, o procedimento hipertextual mais visível entre os três textos que examinamos seria o da prosificação, como no caso de "Maleita" e de "Sarapalha". Uma vez mais, não é disso que se trata, pois, se há prosificação, não é processo envolvendo a maior parte do texto. Ela é apenas mais uma entre algumas categorias transformacionais. Em primeiro lugar, há a modificação por aumento – um dos procedimentos da transposição – que nos parece ser o início adequado para a análise das convergências entre os três textos. O segundo ponto a ser examinado é um dos tipos de imitação – a suíte ou seqüência – associada a uma forma de transposição – a transestilização –, de acordo com Genette (1982).

No que diz respeito à história, na narrativa do volume de estréia de Guimarães Rosa, consideramos a existência de uma ampliação de "Boiada" (p.28-32) e de "Chuva" (p.142-4) por adição maciça, ou seja, pela extensão temática. Em "Boiada", há uma narrativa mais desenvolvida do que no caso de "Maleita". Trata-se de uma viagem – a da boiada – que constitui o plano único da história: "o gado magro" e "bravo, que vem do sertão", martela e atropela, esparrama-se. Um e outro boi investem e, finalmente, o conjunto rola cansado. "Chuva", por sua vez, narra-descreve as implicações desse fenômeno no universo da natureza – plantas e animais – e no do homem do campo.

Em "O burrinho pedrês" (Rosa, 1967, p.3-68), há dois planos gerais na história: um deles constrói o trajeto revelador da sapiência do burrinho até a salvação de dois vaqueiros na grande enchente do córrego da Fome. O segundo plano é formado pelo percurso da boiada, da arrumação na fazenda ao desenlace trágico. Esse plano desdobra-se em outro: a tentativa de assassinato de um vaqueiro, Badu, por outro, Silvino. O primeiro, em estado de embriaguez completa, é duplamente salvo: da morte por assassinato, safa-se pela enchente e escapa da própria cheia pela sabedoria do burrinho em que vinha montado. Nesse momento, os planos encontram-se. Para o primeiro plano – o que revela a grandeza do burrinho – o episódio da enchente é fundamental. Evidentemente, ela decorre da chuva que se pronuncia desde a terceira página do conto e que tem como matriz a peça de *Magma* que a traz como denominação. Quanto à viagem para levar os bois, a chuva e a sua conseqüência, a cheia, criam o clímax e o desenlace fatal para oito vaqueiros. "Boiada" está na raiz desse plano da narrativa.

A ampliação da história do poema pela extensão dá-se, em primeiro lugar, pela adição do novo plano, que é, aliás, a linha central do conto – a vida exemplar do burrinho que se completa com o seu comportamento na enchente. E, em segundo lugar, pelo desenvolvimento diegético no plano da boiada propriamente dita por meio do relato das dificuldades de movimentação na chuva e da narração de episódios passados: os encaixes de Todorov (1986, p.77). Tais narrativas, de responsabilidade de personagens, constituem as conhecidas histórias contadas pelos vaqueiros, durante a viagem, e mesmo antes dela, prenunciando o final trágico do texto. Envolvendo bois e homens que com eles trabalham, os encaixes, que encompridam o discurso narrativo, contam casos que terminam sinistramente.

Assim, "Boiada" e "Chuva" são hipotextos de que "O burrinho pedrês" constitui o hipertexto, caracterizado por grande aumento.

Mas, no que diz respeito aos nexos entre a *história* e o *discurso*, tomando-se conceitos genettianos de *Figures III* (Genette, 1972), há outras relações de parentesco. "Boiada" apresenta uma narrativa com tonalidade épica – apesar da distância do sujeito observador, a visão do vaqueiro e da sua lida é provida de heroicidade:

> – "Galopa, Joaquim,
> que o gado estoura
> por esse Goiás afora!...
> Enterra a espora!..."/ ...
>
> – "Olha a vaca malhada
> investindo os outros!...
> Ferra a vara, Raimundo!..." (p.30)
>
> ...
>
> – "Corre, Zé Grande, cercar o boi preto
> que esparramou!..."
> – "Olha o bicho atacando!..."[3]
> Olha o bicho crescendo na vara!...
> Firma na vara, mulato bom!..."
> – "Põe pra lá, marrueiro!..."
> – "Verga e não quebra,
> que é de pau-d'arco da beira d'água,
> Seu Coronel!..."
> – "Boiada boa!..." (p.31)

O vaqueiro que assim labuta, arriscando a vida, enfrenta um mundo de dificuldades:

---

3 Ver comentário sobre a transcrição desse poema em "Versões da poesia premiada", no Capítulo 1.

> – "Ó [A e B: Oh] João Nanico, por que canta assim?...
> Tem aumentado seu gado miúdo?..."
> – "Gabarro e peste mataram tudo..."
> – "Está pensando será na crioula?..."
> – "Fugiu, que tempo, foi pra Bahia,
> por esse mundão de Deus..."
> – "Está lembrando então do seu filho?..."
> – "Morreu no eito, já faz um ano, [4 pals ms] [no ano pas-
> sado: ras. em B, mas não em A][4]
> picado de urutu..."

No entanto, a sua disponibilidade para a vida e o trabalho é total:

> – "Então, João Nanico,
> por que canta assim?!..."
> – "Ai, Patrão, que [A: ausente; B: ms] a vida é uma boiada,
> e a gente canta pra ir tocando os bois..."
> – " Ó [A e B: Oh] João Nanico, mineiro velho,
> quer vir comigo pro Paracatu?!..."
> – "O gado é bravo?... A pinga é boa?!... [A: sem ponto de
> exclamação; B: ponto de exclamação ms]
> Ai, Patrãozinho, vamos embora,
> Vamos embora pro Paracatu!..." (p.32)

"Chuva" (p.142-4), o outro poema também origem de "O burrinho pedrês", aponta a mesma disposição de espírito do vaqueiro, expressa em momento igual, ou seja, no fim:

> Vai invernar...
> Eu hoje amanheci alegre,
> querendo cantar.../ ...
> – [A: sem travessão; B: travessão ms] Eh aguão!...
> – [A: sem travessão; B: travessão ms] Olá, José, arreia meu
> Cabiúna,
> liso do casco à testa,
> preto do rabo à crina,
> que eu vou sair pelo cerrado afora,

---

4 Na edição do poema em periódico de Belo Horizonte, cujo recorte do Arquivo Guimarães Rosa não traz nome nem ano da publicação, mantém-se a forma de A que é a de B antes da emenda.

a galopar, com a chuva me correndo atrás[B: z ras; na margem: s/ ms].../ ...
– [A: sem travessão; B: travessão ms] G[A: g; B: ms spp a g]alopa, Cabiúna, que a água vem vindo,
e as sementinhas do meloso seco estão dançando...
(p.143-4)

Em "Boiada", além de feitos que tendem ao épico, o vaqueiro assume o discurso através da modalidade do discurso direto e o linguajar sertanejo apresenta-se de modo estilizado. No conto de abertura de *Sagarana*, o ato de conduzir a boiada também é valorizado como viagem heróica, o que a tragédia final só consolida – a morte está sempre à espreita, mas o vaqueiro enfrenta-a sempre. Isso ocorre na história principal com a travessia do gado, sem perda de nenhuma rês, no rio cheio – onde muita gente já havia morrido – não dando pé em nenhum ponto, o barranco sumido. As histórias sobre bois com fatos incomuns, próximos do fantástico, inscritas no discurso sob a forma de encaixes, confirmam a valorização das andanças de vaqueiros e gado. A chegada ao vilarejo arremata o sentido da heroicidade:

> Mulheres puxando meninos para dentro das casas. Portas batendo. Gente apinhada nas janelas. Cavalgaduras, amarradas em frente das vendas, empinando, quase rompendo os cabrestos. Galinhas, porcos e cabritos, afanados, se dispersando sem tardança. E os vaqueiros, garbosos, aprumados, aboiando com maior rompante. (Rosa, 1967, p.48)

Na primeira sub-história, cuja enunciação está no nível diegético, contada por um vaqueiro, Tote, dois deles – um dos quais a própria personagem momentaneamente transformada em narrador – tentam segurar a vaca que, protegendo a cria, investe "até no vento". Como não combinaram "quem era que *esperava* e quem era que *tirava*", "ninguém não escorou" e a vaca "Escolheu quem, e guampou o Josias na barriga" (Rosa, 1967, p.19). No trecho, uma fala –

> Eu corri. Não tinha mesmo de correr?!...
> – Com vara boa, de pau-d'arco, na mão de bom vaqueiro?
> (p.19) –

lembra um verso de "Boiada" (p.31) que pode ter ligação com ela:

"– Verga e não quebra,
que é de pau-d'arco de beira d'água,/..."

Em nova retomada da idéia de superioridade da vara de pau-d'arco em "O burrinho pedrês" (Rosa, 1967, p.36), o conteúdo dessas duas linhas é repetido e mais bem explicitado. Isso acontece, justamente, quando, no texto em prosa, há reprodução de versos que antecedem os citados – todos sobre a lida dos vaqueiros:

Olha o bicho crescendo na vara!...
Firma na vara, mulato bom!..."
– "Põe pra lá, marrueiro!..."
– "Verga e não quebra,
que é de pau-d'arco da beira d'água,/..." (p.31)

– Põe p'ra lá, marrueiro!/ ...
– ... Arqueado, o marruá cresceu, subiu na vara, patas no ar, no raro e horrendo empinado vacum, rosnando e roncando. O pau vergou, elástico – um segundo – mas Badu recargou, teso, e foi e veio com a vara, em mão de vaqueiro com dez anos de lida nos currais do sertão. (p.36)

O enunciado inicial da citação já aparecera em momento anterior no conto (1967, p.24):

A boiada vai, como um navio.
– Põe p'ra lá, marrueiro!
– Investiu?

Tal segmento, por sua vez, lembra outro trecho de "Boiada" (p.30):

– "Olha a vaca malhada
investindo os outros!...
Ferra a vara, Raimundo!..."

Assim, vemos que há reprodução, no plano do conteúdo e também no da expressão, acompanhada de ampliação em ambos os casos. Mas o gado que os vaqueiros levam da fazenda da Tampa à vila para o embarque, no texto de *Sagarana,* é gordo, ao contrário daquele apresentado em "Boiada". Todavia, numa das micronarrativas do conto, tem vez o gado magro como aquele mencionado em *Magma* (1997, p.28):

> É gado magro,
> é gado bravo, que vem do sertão./ ...
> gado selvagem, gado sem ferro...
>
> Paz para mim! Feito bois sem dono...
> ...Pois era uma gentinha magra mesmo héctica, tudo meio doente, que eram só se lambendo e caçando jeito de se coçar em cada pé de árvore que encontravam... Mas, para ser bravos, isso eles não estavam doentes, não, que eram só fazendo arrelia e tocaiando para querer matar a gente!... (Rosa, 1967, p.54)

Na verdade, no poema, há discrepância entre as informações sobre a qualidade dos animais. A par das linhas que citamos sobre o gado magro e selvagem, lemos:

> Novilhos rajados,
> garrotes mateiros,
> zebus enormes,
> vacas turinas,
> cheiro de curral... (p.31)

além da fala, repetida em "O burrinho pedrês", que, em "Boiada", aparece três vezes:

> – "Boiada boa!..." (p.28, 30 e 31)
>
> – Boiada boa!... – proclama o Major, zarpando. ...
> – Mais depressa, é para esmoer?! – ralha o Major. – Boiada boa!...
> (Rosa, 1967, p.22)

No conto, o enunciado faz sentido. Talvez o escritor não se tivesse preocupado, quando da elaboração do poema, com a distinção entre os dois grandes momentos nos trabalhos com o gado que o narrador de "O burrinho pedrês" (Rosa, 1967, p.13) tão bem explicita aos leitores:

Nos pastos de engorda, ainda havia milhares deles [de bois], e até junho duraria o êxodo dos rebanhos de corte ... Depois, nos meados da seca, os pastos se esvaziavam, e os boiadeiros tinham de espalhar-se em direção aos longínquos centros de cria, para comprar e arrebanhar gado magro.

Tratando, ainda, do procedimento de transposição no nível diegético, não podemos falar, propriamente, em retomada de personagens de "Boiada" para a narrativa do livro de estréia, mas há grande coincidência nos nomes dos vaqueiros nos dois textos, a começar de João Nanico que surge nas duas últimas estrofes do poema. No conto, transforma-se em João Manico e a ele o Major, dono da fazenda, destina o burrinho para tocar o gado na viagem. Tal personagem tem grande espaço na narrativa, mas, ao contrário da disponibilidade apresentada na composição de *Magma* para ir em busca de gado bravo, no conto, ela evita tal empreitada, pois esteve envolvida em um estouro de boiada – contado em um dos encaixes de que é personagem-narradora – quando dois companheiros são esmagados pelos animais. Para reunir "a boiadinha chocha" que sobra, os vaqueiros trabalham mais de uma semana.

Outro nome que vem de "Boiada" para "O burrinho pedrês" é o de Raimundo – que passa pela forma com y na versão anteriormente publicada do poema – e, mantendo esse grafema, muda para Raymundão no texto em prosa. Como personagem de *Sagarana*, narra histórias da onça e do boi Calundu.

O nome do bom Zé Grande, guieiro e "o melhor vaqueiro da Tampa" para "a sabença do gado" no conto, também já está em "Boiada". Cabe ainda pensar que a denominação "*Seu* Coronel" do poema tenha algum elo com a do Major Saulo, dono da Tampa e de uma linguagem sentenciosa.

Quanto a outros elementos da diegese, além das "personagens", ou melhor, dos seus nomes, a narrativa de *Sagarana* traz a reprodução das condições climáticas de "Chuva" (p.142-4), mencionando a cheia do ribeirão. Assim se inicia a terceira estrofe do poema:

Já deve estar chovendo nas cabeceiras da serra,
porque o ribeirão engrossa, cor de terra.
Vai chover chuva de vento. (p.143)

GUIMARÃES ROSA: MAGMA E GÊNESE DA OBRA

Já na última parte, temos:

> Ela já vem, branquinha, cheirando a água nova,
> e a serra está clarinha, neblinando... (p.144)

Tais versos têm ligações com o conto que, logo na página cinco, diz:

> Para ser um dia de chuva, só faltava mesmo que caísse água. Manhã noiteira, sem sol, com uma umidade de melar por dentro as roupas da gente. A serra neblinava, açucarada, e lá pelas cabeceiras o tempo ainda devia de estar pior.

A idéia de que a chuva desce do morro repete-se na narrativa, em segmento que se aproxima também das primeiras linhas do poema:

> Vai chover chuva de vento.
> Já estou sentindo um cheiro d'água,
> que vem do céu cinzento./ ...
> A chuva vai vir da banda da serra, ... (p.142)

> – Espera, olha a chuva descendo o morro. Eh, água do céu para cheirar gostoso, cheiro de novidade!... É da fina... ...
>
> Chegava a chuva, branquejante, farfalhando rumorosa, vinda de trás e não de cima, de carreira. Alcançou a boiada, enrolando-a toda em bruma e continuando corrida além. (Rosa, 1967, p.26-7)

É impossível deixar de ver o transporte da figura – a chuva que vem da serra como neblina esbranquiçada, com cheiro específico – como um movimento de expansão estilística. Além disso, a metáfora do som da boiada como trovão freqüenta o outro poema, "Boiada" – construindo a identidade entre o significado e o significante através dos fonemas explosivos acompanhados da vibrante – e surge no conto duas vezes:

> E a manada corre,/ ...
> num tropel de trovão... (p.30)

Antes do relato do início da marcha da boiada, a metáfora é explicada:

– "Olha só, vai trovejar..." E Leofredo mostrava o gado: todos inquietos, olhos ansiosos, orelhas erectas, batendo os parênteses das galhas altas. – "Não é trovoada não. São eles que estão adivinhando que a gente está na horinha de sair..." (Rosa, 1967, p.18)

No poema, em outro momento, a repetição de explosivas mais vibrante e das vogais /a/ e /o/, no jogo abertas-fechadas, junta-se aos traços sêmicos das palavras para recriar o som que se alcochoa nas nasais e fricativas do último verso citado:

> O gado agora rola cansado,
> e a trovoada trota
> do fundo do chão... (p.32)

No texto de *Sagarana* (Rosa, 1967, p.25), com a chuva já bem próxima, metáfora semelhante é aplicada e, em seguida, explicitada: "E o chapadão atroa, à percussão debulhada dos mil oitocentos e quarenta cascos de unha dupla".

De "Boiada" ainda, além do mimetismo lingüístico do tropel dos animais, o conto retoma aquele do linguajar sertanejo no que diz respeito ao discurso sentencioso. No poema, temos a manifestação de João Nanico:

> – "Ai, Patrão, que a vida é uma boiada,
> e a gente canta pra ir tocando os bois..." (p.32)

Na narrativa, especialmente o Major Saulo, analfabeto, mas de grande sapiência, é responsável por essa maneira de ver o mundo e expressá-lo:

> – ... O dinheiro passa como água no córrego, mas deixa poços cheios, nas beiras. Gosto de caminhar no escuro, João Manico, meu irmão!
> – Em Deus estando ajudando, é bom, meu compadre siô Major.
> – Também não tomo a reza dos outros, não desfaço na valia deles...
> (Rosa, 1967, p.34)

Dos versos finais da primeira estrofe de "Chuva" (p.142), há ainda uma retomada com modificação, do universo da diegese, agora sobre o comportamento animal:

GUIMARÃES ROSA: MAGMA E GÊNESE DA OBRA

Eu não ouvi o primeiro trovão,
mas o zebu está escutando,
com a cabeça encostada no chão.

Em *Sagarana* (Rosa, 1967, p.24), aplica-se tal propriedade ao boi Calundu, como revela o vaqueiro Raimundão: "Tinha mania: não batia em gente a-pé, mas gostava de correr atrás de cavaleiro. De longe, ele já sabia que vinha algum, porque encostava um ouvido no chão, para escutar".

Do poema "Chuva", transporta-se também uma fala, possivelmente uma exclamação sertaneja:

– Eh aguão!... (p.142 e 143)

Tal fala, em "O burrinho pedrês" (Rosa, 1967, p.65), surge, justamente, no momento em que a grande enchente arrasta animais e homens. A par dessa retomada de "Chuva", há outra, assemelhada, de "Boiada", no conto de *Sagarana*. Trata-se do aboio que abre o poema (p.28) e nele repete-se duas vezes (p.30 e 31):

– "Eh boi!... Eh boi!..." [A: aspas; B e C: sem aspas]

É muito interessante verificar, em "O burrinho pedrês", a gama de variação que esse enunciado adquire, constituindo uma prática de expansão estilística. A reprodução desse verso, com pequena modificação, como a sua transmutação desde que se inicia a narração da saída da boiada, "o primeiro jacto de uma represa", pode ser acompanhada:

– Hê boi! Hê boi! Hê boi-hê boi-hê boi!...

...

– Eh, boi!... Eh, boi!... (Rosa, 1967, p.21)

– Eêêê, bô-ôi!...

...

– Eh, boi!... Eh, boi... (p.22)

Nas páginas seguintes, que narram a continuidade da viagem, a variação do aboio enriquece-se:

– Eh, boi lá!... Eh-ê-ê-eh, boi!... Tou! Tou! Tou... (p.23)

– Tchou!... Tchou!... Eh, booôi!... (p.24)

– E-ê-ê-ê-ê, boi...

...

– Eh, boi-vaca! Tchou!... Tchou!... Tchou!... Ei! Ei!... (p.25)

No poema "Boiada", a tentativa de configurar a marcha dos animais, os seus atropelos e o seu espraiar-se com recursos próprios da linguagem verbal, unindo-se significante e significado de forma que a imagem sonora e mesmo visual do signo lingüístico e o sentido constituam uma unidade não-arbitrária, motivada, vai além do que já foi apontado.

A primeira estrofe é composta pelos seguintes versos:

– "Eh boi!... Eh boi!..." [A: aspas; B e C: sem aspas]
É gado magro,
é gado bravo,
que vem do sertão.
E os cascos pesados,
atropelados,
vão martelando o chão
na soltura sem fim do Chapadão do Urucuia... (p.28)

O exame do modo como ocorre essa tentativa de configurar a marcha do gado na parte introdutória do poema ilustra o que dissemos. O texto tem versos iniciais muito curtos que, com outros componentes do nível sonoro, subsidiam a configuração do galopar do gado. Abre-se com o aboio, em que se combinam vogais fechadas e oclusivas, mas a presença do /a/, aberto, e da vibrante marca outros versos. Na quinta linha – com antecipação na quarta em "sertão" – e nas que se seguem, com a introdução de sons sibilantes, da consoante líquida e de vogais nasais, a explosão das oclusivas continua. Desse acordo provém parte da representação sonora do marchar da boiada.

GUIMARÃES ROSA: MAGMA E GÊNESE DA OBRA 213

Nos dois últimos versos, os sons vocálicos fecham-se, acompanhando as fricativas num prolongamento que se completa na oitava linha. A esse movimento de reprodução e depois de enriquecimento fonemático corresponde movimento paralelo no ritmo.

Ao aboio de abertura – "'Eh boi!... Eh boi...'" – sucedem linhas em que a figura rítmica é formada por uma sílaba fraca, outra forte, e depois por duas sílabas fracas e uma forte. Combinam-se versos jâmbicos e anapestos até o quinto. Na linha seguinte, a sexta, com um peônio, o número de sílabas mais fracas no início do verso é maior, desfazendo-se, assim, o ritmo de martelo, muito marcado, do início. No verso final da estrofe, a dois anapestos seguem-se dois peônios. Com esse deslocamento gradativo do acento tônico, desmancha-se e espraia-se a composição rítmica do começo, acompanhando os fonemas prolongadores.

Na segunda estrofe, retoma-se o martelar da primeira. Inicia-se, após o primeiro verso, " – 'Boiada boa!...'", uma descrição do caminhar da boiada introduzida por uma tônica:

> Ancas cavadas,
> costelas à mostra,
> chifres pontudos de curraleiros,
> tinir de argolas de bois carreiros
> sol de fornalha... poeira vermelha... (p. 28)

Nesse bloco, o movimento é semelhante ao do primeiro: ritmo acelerado no início e, no final, o espraiamento, a distensão.

No processo de prosificação, interessa-nos, sobretudo, a transposição, para o conto, daquilo que é fundamental no poema: a criação de sintagmas e frases em que, na relação significado-significante, a arbitrariedade é a menor possível. Tratando-se da boiada a galopar no sertão, procura-se presentificar o atropelo do gado que vários componentes do significante na face sonora e na visual querem criar através da extensão dos versos, da acentuação, da entonação, dos muitos elementos que constituem o ritmo, dos fonemas escolhidos e combinados.

Um trecho muito conhecido do discurso de "O burrinho pedrês" (Rosa, 1967, p.23) poderia ser a continuação do poema e é prova de que o texto em prosa procura a mesma motivação da peça de *Magma*:

As ancas balançam, e as vagas de dorsos, das vacas e touros, batendo com as caudas, mugindo no meio, na massa embolada, com atritos de couros, estralos de guampas, estrondos e baques, e o berro queixoso do gado junqueira, de chifres imensos, com muita tristeza, saudade dos campos, querência dos pastos de lá do sertão...

A seqüência de redondilhas e dos compassos rítmicos – fraca, forte, fraca, fraca, forte, fraca – é mais eficaz do que a dos versos da primeira e da segunda estrofes de "Boiada", entre outros motivos, porque a repetição se prolonga sem quebras. A assonância da vogal /a/, depois combinada com a vogal /o/, surgindo o /e/ no quarto segmento e o /i/ no seguinte, sons acoplados às explosivas num crescendo, concretiza a melodia desse fragmento de "O burrinho pedrês". É difícil deixar de citar outro momento do conto em que a extensão dos compassos, o ritmo, a repetição de explosivas, a assonância, a pontuação, as exigências da entonação aceleram o discurso, no apressar-se da andadura do gado:

> Boi bem bravo, bate baixo, bota baba, boi berrando... Dança[5] doido, dá de duro, dá de dentro, dá direito... Vai, vem, volta, vem na vara, vai não volta, vai varando... (Rosa, 1967, p.23)

A linguagem poética, com tal qualidade e intensidade, não se manifesta em todo o discurso da narrativa, mas é um indicador da sua tonalidade, pois é dele parte harmoniosa e orgânica, com ele constituindo um todo articulado. No conto de *Sagarana*, a eficácia da motivação do signo lingüístico é procurada, como em "Boiada". Aqui detectamos o processo de imitação conceituado por Genette: no espaço das relações hipertextuais, o ensaísta estabelece diferença entre transformação e imitação ou entre transposição e *forgerie*, já que se trata de "paródia séria". A última é também uma transformação, mas o seu procedimento é mais complexo: há a

---

5 Apesar de Guimarães Rosa empregar nessa palavra, muitas vezes, o grafema "s", preferimos a forma atualizada, como aparece, por exemplo, em "Uma estória de amor" – "Foi ordem de se acender festa, com tocada de viola e dança ..." (Rosa, 1970b, p.192) – por não termos certeza de que o uso do "s" tivesse um motivo além do hábito.

GUIMARÃES ROSA: MAGMA E GÊNESE DA OBRA 215

opção por uma característica que se quer imitar e para isso é necessária uma maestria considerável.

O texto em prosa imita os processos de identidade significado-significante do poema na representação da boiada. É um caso de suíte ou seqüência, pois, de acordo com a proposta genettiana (1982, p.181), a imitação divide-se em continuação e suíte. Se o texto imitado é do próprio autor, temos a suíte, que é autógrafa, em oposição à continuação que é "alógrafa". Trata-se de continuação não para dar um final, mas para relançar o texto além do que era o seu término.

No texto em prosa, todavia, e paradoxalmente, a sobredeterminação da função poética da linguagem, nos termos em que Jakobson (1969) apresenta essa questão, é conseguida de modo mais eficaz e definitivo. Tal salto qualitativo é também um dado para a suposição da anterioridade temporal na produção do poema em relação ao texto de ficção.

A boiada, por sua vez, freqüenta a obra rosiana com assiduidade. Com a representação do alto Urucuia do poema de *Magma*, repete-se em "A hora e vez de Augusto Matraga" (1967, p.339):

> Mas, como tudo é mesmo muito pequeno, e o sertão ainda é menor, houve que passou por lá um conhecido velho de Nhô Augusto – o Tião da Teresa – à procura de trezentas reses de uma boiada brava, que se desmanchara nos gerais do alto Urucuia, estourando pelos cem caminhos sem fim do chapadão.

Comparemos com a composição apresentada à Academia em 1936 (p.28), em que a imensidão do chapadão repete-se com o atributivo "sem fim":

> E os cascos pesados,
> atropelados,
> vão martelando o chão
> na soltura sem fim do Chapadão do Urucuia...

No poema e no conto do burrinho, a boiada revela-se ao leitor de dentro; em "A hora e vez de Augusto Matraga" (1967, p.354), de fora, dada em espetáculo:

E, uma vez, [Nhô Augusto] teve de se escapar, depressa, para a meia-encosta, e ficou a contemplar, do alto, o caminho, belo como um rio, reboante ao tropel de uma boiada de duas mil cabeças, que rolava para o Itacambira, com a vaqueirama encourada – piquete de cinco na testa, em cada talão sete ou oito, e, atrás, todo um esquadrão de ulanos morenos, cantando cantigas do alto sertão.

Do mesmo modo, no texto de *Magma* e em "O burrinho pedrês", está em pauta o trabalho dos vaqueiros, e, portanto, a condição histórica do objeto representado. Na última narrativa de *Sagarana*, a boiada é o acontecimento que, de um lado, estourando, traz Tião de Teresa para o novo e escondido espaço de Nhô Augusto, provocando-lhe uma tristeza imensa, mais "uma vontade doente de fazer coisas mal-feitas". Dessa forma, o reino do céu fica um pouco mais distante e a necessidade de rezar e de trabalhar, de "escorar firme" aumenta. De outro lado, a boiada, que o protagonista observa do alto, é parte das belezas que Nhô Augusto vem apreciando, quando, cumprido o período de provações, pode sentir-se de bem com o mundo.

Entre as boiadas rosianas, vale destacar mais uma, pelo significado de que se reveste. É evento virtual em "Uma estória de amor" de *Corpo de baile*, publicada em *Manuelzão e Miguilim* (1970b): a boiada não entra propriamente no discurso da narrativa, mas é prometida. A festa na Samarra é longa oportunidade para o protagonista, num momento em que se sente adoentado e com o ânimo abalado, rever e avaliar a sua vida que lhe parece vã. As histórias ouvidas, em que a bravura de vaqueiros é exaltada, valorizam o seu trabalho e dão-lhe coragem para enfrentar mais uma boiada, os seus cansaços e atribulações. O texto termina com o diálogo de Manuelzão e de seu Camilo que acabara de contar o belíssimo *Romanço do boi bonito* ou a *Décima do boi e do cavalo*, e o protagonista diz, sobre o clarear do dia e o das suas dificuldades:

– Está clareando agora, está resumindo...
– Uai, é dúvida?
– Nem não. Cantar e brincar, hoje é festa – dançação. Chega o dia declarar! A festa não é pra se consumir – mas para depois se lembrar... Com boiada jejuada, forte de hoje se contando três dias... A boiada vai sair. Somos que vamos.
– A boiada vai sair! (Rosa, 1970b, p.193)

GUIMARÃES ROSA: MAGMA E GÊNESE DA OBRA   217

As ligações entre os quatro poemas retomados nos contos de *Sagarana* – "Maleita" (p.38-41), "Reza brava" (p.111-2), "Boiada" (p.28-32) e "Chuva" (p.142-4) – são claras. Trata-se de textos relacionados à temática cultural mesmo no caso de "Chuva"; são, em geral, extensos; o diálogo neles é fundamental. A metáfora não é comum e, especialmente, eles contêm uma narrativa, de modo mais ou menos desenvolvido. Aliás, as outras características têm a ver com a última: a presença da narrativa. O transporte de partes desses poemas, muito ampliadas, para *Sagarana*, indica, sem dúvida, a vocação do autor para esse universo: o da lenda, como diz ele (apud Lorenz, 1973), o da narrativa onde descobre, efetivamente, a poesia.

"MAQUINÉ" E "GRUTA DO MAQUINÉ": INFINITUDE ESPÁCIO-TEMPORAL

> a Lapa do Maquiné, onde a beleza reside
>
> Guimarães Rosa, "Minha gente".

Tomamos também como objetos de comparação não um poema de *Magma* e um conto de *Sagarana*, mas um texto narrativo de publicação anterior ao conjunto de poemas – "Maquiné" (Rosa, 1930) – e uma peça da coletânea premiada pela Academia – "Gruta do Maquiné" (p.35-7). Uma parte da novela "O recado do morro" de *Corpo de baile* (Rosa, 1969b) reforça as hipóteses levantadas. Em relação aos demais estudos que efetivamos, *Magma* tem aqui o posto de iniciador da cadeia deslocado.

"Maquiné" é o título de uma composição publicada por Guimarães Rosa nas duas primeiras páginas do Suplemento dos Domingos do periódico carioca *O Jornal*, de 9 de fevereiro de 1930. Os elementos diegéticos dessa narrativa já foram por nós examinados (Leonel, 1985, p.31-2). Juntamente com os demais contos imaturos de Guimarães Rosa – "Tempo e destino", "O mistério de Highmore Hall" e "Os caçadores de camurça", todos publicados na revista *O Cruzeiro* em 1929 e 1930 –, "Maquiné" serviu-nos

218   MARIA CÉLIA LEONEL

para ilustrar observações de Osman Lins sobre escritores brasileiros. Segundo esse escritor e ensaísta, os nossos autores começam
por tratar não daquilo que lhes é próximo, como a própria vida ou
a dos familiares, a sua cidade e as estruturas políticas do país, os
acontecimentos contemporâneos, mas, pela imaginação, chegam a
lugares e tempos distantes. Para defender tal pensamento, fala do
autor de *Grande sertão: veredas*, lembrando que, na juventude,
Guimarães Rosa escrevia narrativas motivadas em camponeses
ucranianos, russos, caucasianos, chineses. Embora não tenhamos
notícia de textos desse período sobre os povos arrolados – a não ser
sobre o enxadrista ucraniano de "Tempo e destino" –, os contos
que mencionamos comprovam a posição de Osman Lins.

Das quatro composições citadas, apenas "Maquiné" (Rosa,
1930) tem como espaço a representação de uma região mineira,
constituída pela tão conhecida gruta e arredores. Entretanto, se a
localização espacial no conto parece contradizer a opinião de
Osman Lins, o tempo representado na diegese é bastante remoto e
a livre vazão do imaginário cria acontecimentos insuspeitados: no
território da gruta ocorre a improvável reunião de egípcios, negros da Etiópia, cananeus, sidônios, tírios, hebreus, pelasgos, filis-
teus e outros, além de tupinambás. É uma viagem de chefes e de
"servos e navegadores dos magnos reis Hirã ... glória dos sidonitas
e dos tirianos, e Salomão, o Sábio, de Israel". No momento a que a
história se atém, os estrangeiros preparam-se para partir, depois
de explorarem a "Grande Terra Firme onde há ouro, prata, diamantes e madeiras raras e onde habitam as raças imberbes de tez
vermelha" (Rosa, 1930, p.1).

Mas Kartpheq, o mago fenício, prefere permanecer na região
com alguns homens, com o intuito de apoderar-se dos diamantes
que Sumé ocultara na gruta. Os demais chefes lembram-lhe que Sumé também quis ficar na primeira viagem e dele não se teve mais
notícia.

Com a partida dos outros estrangeiros, Kartpheq exige o sacrifício de dez crianças dos tupinambás e ainda o da companheira do
chefe. Os nativos reagem à prepotência e perseguem o mago e os seus
seguidores gruta adentro, "através dos amplos salões". O fenício caminha até um orifício cavado como um poço, que constitui uma

GUIMARÃES ROSA: MAGMA E GÊNESE DA OBRA

espécie de galeria, no fim da qual estariam os diamantes. Nesse poço, os tupinambás emparedam o mago Kartpheq e os seus homens.

A região da gruta e a própria gruta são recriadas no conto como espaço para ocorrências em que, livremente, misturam-se alguns elementos da história, outros da lenda e muitos da viva imaginação do jovem autor. Mas a representação da gruta de Maquiné, fixada na memória afetiva do escritor-autor, volta a ser evocada no poema de *Magma*. Dizemos volta, porque consideramos a composição de *O Jornal* como uma espécie de hipotexto em relação ao texto poético. "Maquiné" foi publicado em 1930 e os poemas de *Magma* estavam na Academia em 1936. Além disso, a narrativa de *O Jornal* acompanha o espírito dos demais contos da época da sua publicação – entre 1929 e 1930 – não apenas no que se refere aos componentes diegéticos em que sobressaem personagens, lugares ou tempos distantes, mas também no discurso.

Para a aproximação que pretendemos efetuar, são necessários esclarecimentos sobre "Gruta do Maquiné" (p.35-7) e mesmo um exame da sua constituição. Trata-se de texto longo – 52 versos –, com irregularidade na extensão destes, distribuídos em três estrofes de extensão também desigual.[6]

A gruta é evocada como local de grande beleza e tal enfoque faz-se com o auxílio de elemento próprio da poesia lírica – a presença do eu – que se evidencia nos primeiros versos e na parte final. Embora não se trate, efetivamente, de poema lírico em que se manifeste a "disposição anímica" de que nos fala Staiger (1969), propiciadora da integração eu na gruta-gruta no eu, o sujeito sucumbe ante a força dos notáveis atributos da caverna. Além disso, há certa constituição narrativa, proveniente da ação do eu. Inicia-se a revelação da gruta justamente pelo artifício da entrada do sujeito no interior desta e finaliza-se com a sua saída ou a intenção de sair. A penetração do eu na caverna – metaforizada como a gruta de Ali-Babá – é um meio para falar dela como espaço mágico.

Os dois momentos – entrada e saída – estão configurados, respectivamente, na primeira e na última estrofes, ambas com sete ver-

---

6 Ver comentário sobre a estrofação do poema em "Versões da poesia premiada", no Capítulo 1.

sos, muito mais curtas que a intermediária de 38 linhas. Nesse segundo e longo conjunto de versos, promove-se a suspensão temporal, e o avanço na gruta é apenas implícito. Impõe-se a expressão da sua aparência interna e, naturalmente, a descrição domina o discurso. A gruta revela-se pelo descomedido, pelo excessivo: mofo de milênios, escuridão intensa, multiplicidade e variedade de divisões, abismos profundíssimos, muitas formas petrificadas, gotejar eterno. Sobre a desmesura e a quase ausência de limites desses aspectos que fascinam e atraem, projeta-se a antigüidade como valor incontestável.

A lei geral da linguagem poética, conforme formulação de Jakobson (1969, p.153) – projeção do princípio de equivalência do eixo de seleção sobre o eixo da combinação –, é responsável, em última instância, pela poesia que o texto concentra em alguns momentos, pois neles detecta-se o que escreve o ensaísta: "A pertinência do nexo som-significado é um simples corolário da superposição da similaridade sobre a contigüidade".

Vejamos a primeira estrofe:

> A gruta de Ali-Babá ainda existe,
> graças a Deus, ainda existia,
> quando eu disse:
> – "Abre-te, Sésamo!...",
> na fralda da serra,
> e fui entrando, deixando cá fora
> também o sol, a meio céu, querendo entrar... (p.35)

O encanto dos tesouros prometidos na metáfora inicial – "gruta de Ali-Babá" – concretiza-se em vários segmentos do poema. A predicação da metáfora referida à sua existência imemorial faz-se por meio do paralelismo semântico, morfossintático e fonemático entre "ainda existe" e "ainda existia", veiculando a permanência da caverna no tempo. A diferença nas terminações que marca a diversidade temporal em "existe" e "existia" desloca a sílaba acentuada; todavia, mantém a recorrência da vogal tônica /i/, reforçando a união com o significado ao compor a rima imperfeita.

GUIMARÃES ROSA: MAGMA E GÊNESE DA OBRA

Do quarto ao sétimo versos, é, especialmente, o contraste entre a série de vogais /e/, /o/ e /a/ abertas e a série de fonemas fechados, constituída pelas vogais citadas mais o /i/ e o /u/, aliado ao cruzamento desses grupos fonemáticos, que se associa ao sentido para criar a oposição entre a luminosidade e a promessa de escuridão. Essa hipótese baseia-se em Jakobson (1969, p.153), que define o simbolismo sonoro como "uma relação inegavelmente objetiva, fundada numa conexão fenomenal entre diferentes modos sensoriais, em particular entre a experiência visual e auditiva", e cita (p.154) B. L. Whorf, para quem

> as pessoas ... têm a tendência de associar, por um lado, tudo quanto seja luminoso, pontiagudo, duro, alto, ligeiro, rápido, agudo, estreito, e assim por diante, numa longa série, e, inversamente, tudo quanto seja obscuro, quente, mole, doce, embotado, baixo, pesado, lento, grave, largo, etc., em outra longa série.

Assim, os sons abertos, tônicos, na fórmula propícia à entrada pelo abrimento mágico "– Abre-te, Sésamo!...", repetem-se no verso seguinte – "na fralda da serra" – e são retomados justamente no final do verso seis – "cá fora" – e em palavras do sétimo que antecedem as pausas – "sol", "céu", em que o significado de luz está presente. Vogais abertas, símbolos de abertura e luminosidade, opõem-se às fechadas e à escuridão que se reproduzem no início da segunda estrofe:

> Bafio quaternário. O preto
> da imensa noite, anterior ao mundo,
> com pesadelos agachados
> e pavores dormindo pelos cantos,
> enrolados nas caudas de gelatina fria,
> vem [me: ras em B, mas não em A] comprimir o peito e os
>   olhos.
> E ao acendermos as velas e as [ausente em A; ms ch. em B]
>   lanternas,
> a treva se retrai, como um enorme corvo,/ ... (p.35)

Nesse trecho, até o segundo ponto final, o fechamento vocálico integra o último significado referido – a escuridade. Não é preciso discriminarmos essa série, já que as vogais fechadas se evidenciam à primeira leitura, incluindo-se as nasais que, em português, são sempre fechadas. Temos, assim, a intensidade do negrume pela concordância semântica e fonemática que se opõe ao trecho anterior. Na linha

E ao acendermos as velas e as lanternas,

com a ruptura sintática – é um novo período – vem também a oposição vocálica e semântica para introduzir a luz. Embora no sintagma verbal predominem as vogais fechadas, incidindo mesmo sobre uma delas o acento tônico, as abertas constituem a maioria dos sons vocálicos nas palavras finais, incluindo-se os tônicos.

Já o alexandrino correspondente à décima quinta linha,

a treva se retrai, como um enorme corvo,

participa dos dois universos semânticos – claridade e negridão –, a presença de um ocorrendo pela retração do outro. No primeiro hemistíquio, entretanto, o elo entre o significado e os fonemas vocálicos envolvidos é mais complexo. O termo "treva" nesse contexto participa da escuridão pelo significado particular, porém alia-se ao universo da claridade pelo sentido geral da linha e pelas vogais abertas que encerra.

A constatação de que a palavra "treva" semanticamente pertence ao campo da escuridão, mas contém vogais abertas, parece contrariar a verificação de que tal tipo de som é associado ao que é aberto e claro. Alfredo Bosi (1977, p.46), no item intitulado, justamente, "O isomorfismo tem limites" de *O ser e o tempo da poesia,* lembra o seguinte:

> Os defensores do simbolismo orgânico acreditam que uma vogal grave, fechada, velar e posterior, como /u/, deva integrar signos que evoquem objetos igualmente fechados e escuros; daí, por analogia, sentimentos de angústia e experiências negativas, como a doença, a sujidade, a tristeza e a morte.

Baseado em tal idéia, faz um levantamento de palavras em português que incluem essa vogal em posição de relevo, dividindo-as de acordo com o pertencimento a campos semânticos como o da obs-

GUIMARÃES ROSA: MAGMA E GÊNESE DA OBRA 223

curidade, o do fechamento, o da tristeza e do aborrecimento, o da estreiteza e da sujidade, o da morte. O arrolamento realizado, bastante considerável (Bosi, 1977, p.46-8), parece confirmar a expectativa.

A palavra "treva", entretanto, foge a tal similaridade som-sentido, remetendo-nos novamente a *Lingüística e poética* de Jakobson (1969, p.153), que acredita na insuficiência dos métodos de investigação lingüística ou psicológica para comprovar o simbolismo sonoro e afirma:

> Mas quando se testam, por exemplo, oposições fonemáticas como as de grave/agudo, perguntando-se qual fonema, /i/ ou /u/, é o mais sombrio, algumas pessoas podem responder que tal pergunta não tem sentido para elas, mas dificilmente alguém afirmaria que o /i/ é o mais sombrio.

Mostra ainda que em duas palavras polares – /d,en,/ e ˅/ noe/, dia e noite – em russo, "a vogal aguda e as consoantes du- r as da palavra diurna se opõem à correspondente vogal grave da palavra noturna", o que não ocorre no mesmo par em francês (Jakobson, 1969, p.154). Lembramos que em português e em outras línguas neolatinas, como o espanhol e o italiano, a relação sonora entre as palavras /dia/ e /noite/ aproxima-se da maneira russa. Todavia, do exemplo de Jakobson, interessa-nos, principalmente, a solução para o problema:

> A linguagem poética, contudo, e particularmente a poesia francesa, busca, na colisão entre som e significado percebida por Mallarmé, uma alternativa fonológica para tal discrepância; abafa a distribuição "conversa" de traços vocálicos rodeando nuit de fonemas graves e jour de fonemas agudos ...

O termo "treva", no poema que estudamos, é também assimilado ao mundo do fechamento e do negror através do liame com o sintagma que encerra a comparação "como um enorme corvo". Nesse segmento, do mesmo modo, o som aberto de "enorme" é abafado por todos os demais fonemas fechados, integrando-o na corrente vocálica da escuridão e expressando a intensidade do negrume que se afasta. Por outro lado, a palavra "treva", pela oclusiva associada à vibrante, liga-se ao sintagma verbal "retrai", constituindo, na proximidade som-sentido, o afastamento da escuridão.

Outra parte do poema a associar construções fonemáticas, morfossintáticas e sentido é composta pelo seguinte trecho:

> Flores de pedra,
> cachoeiras de pedra,
> cabeleiras de pedra,
> moitas e sarças de pedra, e sonhos d'água, congelados em
> calcário. (p.36)

No paralelismo morfossintático-semântico, revelador da ação imemorial do tempo no processo de petrificação, a série de versos segue o princípio da gradação no número de sílabas. De um lado, o adjunto adnominal do imutável – "de pedra". De outro, os nomes das formas que, lentamente, foram sendo criadas; no conjunto, a igualdade da ação do tempo e a diferença no resultado.

A diversidade é, no entanto, relativa. O significado das palavras envolvidas remete para o mundo da natureza, vegetal e mineral. O sistema fonemático de "flores" está em "cachoeiras" pelos sons /o/, /r/, /e/, /s/ e também em "cabeleiras" pela retomada do mesmo número de fonemas: /l/ , /r/, /e/, /s/. Há variação em apenas um som entre os quatro que se repetem nas três palavras. Assim sendo, "flores", de certa maneira, está contida em "cachoeiras" e essa palavra associa-se a "cabeleiras" pela rima e pela sílaba inicial que é reiterada. Estabelece-se um sistema de reproduções de viés anagramático.

Já em "moitas e sarças", de um lado, temos a retomada da vogal tônica de "flores" na primeira palavra; de outro, "sarças" repete a presença dupla da vogal aberta /a/ em "cachoeiras" e "cabeleiras". Ademais, contamos com a reiteração das sibilantes que se fazem presentes desde o verso inicial do trecho. Pela tônica /o/ de "flores" e "moitas", chegamos a "sonhos d'água", que traz ainda a repetição da vogal aberta de "sarças" e dos dois outros termos mencionados – "cachoeiras" e "cabeleiras". "Sarças" forma rima imperfeita com "água" e com "calcário". Constitui-se, assim, uma série de equivalências sonoras que corresponde à uniformidade do processo de petrificação pelo tempo semanticamente veiculado.

GUIMARÃES ROSA: MAGMA E GÊNESE DA OBRA   225

Até aqui destacamos as ligações entre fonemas e sentido que mais chamam a atenção. Mas é importante também no poema o sistema metafórico, mais rico do que na média dos textos de *Magma*. Cadeias de metáforas e mesmo certa exuberância imagética, certamente advindas do encantamento do poeta, são fundamentais em vários segmentos, além dos já citados. Por exemplo:

> Subterrâneos de Poe, salões de Xerazade,
> calabouços, algares, subcavernas,
> masmorras de Luís XI, respiradouros
> do centro da terra,
> buracos negros, onde as pedras jogadas
> não encontram fundo, como [os sonhos ras. em B, mas
>   não em A] pesadelos [A: inexistente; B: ms]
> de um metafísico... (p.36)

As figuras reiteram o que se anuncia desde o início do poema – a presença do tempo, da sua ação. No indiscriminado vaivém temporal-atemporal – de Poe a Xerazade e a Luís XI e Lund –, repete-se a permanência infinita. Essa é a tônica do texto: o passar do tempo e a permanência dos seus efeitos em um fenômeno – a gruta – em que é, simultaneamente, visível e insondável.

Na última estrofe, nova exuberância na imagem:

> Mas [A: inexistente; B: ms] [E ras. em B, mas não em A] é
>   preciso sair. Já é a hora
> da noite deslizar para fora da furna,
> e subir, [Vírg. ms em B e inexistente em A] desenrolando
>   as voltas
> de píton ciclópico,
> para encaixar todos os [Ms ch. em B; inexistente em A]
>   anéis, na altura,
> com [os ras. em B, mas não em A] milhões de escamas
>   fosforescendo
> e o enorme olho frio vigiando... (p.37)

Especialmente na segunda linha, notamos, de modo mais imediato, a reiteração do jogo claro-escuro evidenciado pelo sentido e pelas vogais abertas e fechadas das palavras. O fechamento, no começo da linha no signo "noite", reproduz-se, no final, em "furna", exatamente onde se concentra o sentido de escuridão. Em contrapartida, nas demais palavras, cujo universo semântico "retira" o negrume da gruta – "deslizar para fora" –, os fonemas vocálicos são, na sua maioria, abertos, o que é a regra para as sílabas tônicas.

Há, no entanto, um ponto fundamental a ser salientado e que se relaciona com tudo o que foi destacado e, por isso, só agora comentado: o ritmo. O poema caracteriza-se pela alternância de versos longos e curtos. A extensão maior dos versos alia-se à presença de grande número de sibilantes. Essas, ao encompridarem e mesmo emendarem as palavras, fazem que cada linha, mesmo aquelas com número menor de sílabas, se torne mais longa. O exemplo que se segue é ilustrativo desse artifício:

> Não falemos, que as nossas vozes, baças,
> recuam espavoridas
> das galerias ressumantes, das reentrâncias
> de um monstruoso caracol...
> Rastros de ursos espeleus [A e B: speleus; C: apeleus] e
>   trogloditas[7]
> candelabros rochosos,
> lustres pendentes de ogivas,/ ... (p.36)

A penúltima linha do texto também mostra o que dissemos:

> com [os ras. em B, mas não em A] milhões de escamas fosforescendo/ ...

Tal alongamento da extensão dos versos junta-se ao deslocar-se gradual dos acentos que evita a marcação acentuada. Pausas indicadas por vírgulas no final de versos e no seu interior associam-se àquelas advindas das onipresentes reticências. Em dois momentos, há ponto final no interior do verso, o que o corta, mas prolonga a leitura pela pausa. A quantidade de palavras com quatro sílabas ou mais e a de gerúndios não é desprezível. O resultado é a lentidão e a gravidade – já detectadas em outros poemas de *Magma* – que, neste caso, ao construírem a identificação entre o conteúdo e

---

7 Ver comentário sobre a versão de 1997 desse texto em "Versões da poesia premiada", no Capítulo 1.

GUIMARÃES ROSA: MAGMA E GÊNESE DA OBRA 227

a expressão, concretizam o gotejar do tempo, vagarosa e gravemente repetido.

Mesmo o grupo de versos curtos, que se destaca, tem relações com o ritmo mencionado, pois a reprodução do deslocamento dos acentos, combinada com as retomadas morfossintáticas e semânticas que mencionamos, conforma a reiteração do movimento temporal, criando esculturas, em geral leves – flores, cabeleiras, moitas e sarças –, mas "de pedra".

Não à toa, polissílabos associam-se ao campo semântico da história do mundo – biológica e imaginária – e do tempo que se escoa. Termos nominais e verbais referentes ao tempo e aos seus efeitos nas formações da gruta têm essa característica. No arrolamento que apresentamos, as palavras aparecem na ordem em que estão no texto: "quaternário", "anterior", "gelatina", "paleozóicas", "salitradas", "subterrâneos", "calabouços", "subcavernas", "respiradouros", "superpostos", "hieroglifos", "estalagmites", "estalactites", "gotejando", "rendilhadas", "Infinito", "milímetros", "galerias", "ressumantes", "reentrâncias", "trogloditas", "candelabros", "primitivos", "megatérios e megalodontes" – que substituem os substantivos de A e B: "ictiossauros" e "iguanodontes" –, "ciclópico". As figuras imaginárias que trazem a marca do tempo mantêm ainda, nos termos que as representam, tal condição: Ali-Babá, Xerazade. Essa última, na grafia original (A e B), contém mais sílabas: Scheherazada.

Como pensar a relação entre tal poema – "Gruta do Maquiné" – e o conto "Maquiné"? Salta à vista o fato de a proximidade entre eles ser bem menor do que nos pares anteriormente analisados, mesmo que não tomemos como parâmetro propostas de comparação como as de Genette (1982), que supõe filiações explícitas. Todavia, apesar da distância, há, entre as composições, um elo patente que está nos títulos, ou melhor, na presença da palavra "Maquiné" nos nomes de ambas, sugerindo a representação de um mesmo espaço. Iniciamos o exame de vínculos entre os dois textos com o modo como se dá tal representação, e, embora não pensemos em um deles como descendente do outro, valemo-nos de sugestões de Genette para o que pretendemos demonstrar. Como último tipo de transposição na sua tipologia, Genette (1982, p.323)

228 MARIA CÉLIA LEONEL

propõe a transmodalização, rubrica sob a qual supõe mudanças de modo ou no modo, mas não de gênero. As transposições, nesse caso, podem ser intermodais e intramodais. As intermodais são constituídas pela transposição do modo narrativo no dramático – dramatização – ou do dramático no narrativo – narrativização, como já mostramos. As intramodais são variações no modo narrativo e no dramático.

As transformações no modo narrativo configuram-se como um caminho para o estabelecimento de relações entre as duas peças. Ainda que o poema não seja uma narrativa no sentido mais comum da palavra na teoria da literatura, em "Gruta do Maquiné" (p.35-7) há narrativa.

Primeiramente, entre os dois textos, há modificação no ponto de vista narrativo e as informações sobre o espaço, como as demais, dependem da focalização. No conto, temos um narrador-focalizador onisciente:

> Numa cripta escura do algar, o mago procurou o orifício bem seu conhecido, que descia alguns côvados como um poço, para mudar logo depois de direção, escavando-se em comprido corredor horizontal. No fim dessa galeria jaziam os diamantes de Sumer, o "Sumé" dos vermelhos. (Rosa, 1930, p.1)

No poema, a focalização é interna, tudo é visto pelo sujeito. Assim sendo, a informação narrativa tem outra dimensão, vinculando o poema ao discurso lírico, favorecendo a subjetividade que traz a visão da beleza do local.

Num caso, o do conto, a gruta é espaço focalizado como propício ao acontecimento inesperado, quase fantástico – a vinda de povos de lugares tão longínquos, a rebelião de nativos e o emparedamento dos estrangeiros. O efeito produzido no texto de *Magma* é o de refletir o espaço representado como único pela grandeza.

A consideração de um tipo de transposição chamada de *semântica* por Genette (1982, p.341) também nos ajuda. Para o autor, esse tipo de operação incorpora a *transposição diegética* e a *pragmática*. Com diegese, em *Palimpsestes* (1982), diferentemente de *Figures III* (1972), o teórico refere-se unicamente ao universo espácio-temporal. É, portanto, modificação diegética aquela que

GUIMARÃES ROSA: MAGMA E GÊNESE DA OBRA 229

atinge essa dimensão. Já a mudança na ação, nos acontecimentos, é denominada pragmática. Entre "Maquiné" e "Gruta do Maquiné" teríamos, aparentemente, um procedimento de transdiegetização, isto é, de transposição temporal. O conto cria um fictício e remoto tempo em que hebreus, fenícios e outros povos, em viagem para buscar riquezas, encontram-se na gruta onde se esconderiam os diamantes de Sumé. Nessa narrativa não há precisão no que se refere ao tempo historicamente concebido, mas há referência ao décimo sexto ano do reinado de Hirã I e a Salomão, o sábio de Israel. Os reis citados são contemporâneos e o primeiro, rei de Tiro, vive entre 969 e 935 a. C. e mantém relações amistosas com os hebreus.

No poema, a imprecisão temporal é grande. Não se podendo classificá-lo como lírico, têm-se nele elementos desse gênero e a indefinição do tempo é um deles. Contudo, menções, ainda que como componentes metafóricos, a Luís XI, a Poe, a Lund permitem pensar num impreciso tempo histórico ulterior ao tempo do conto no que se refere à entrada na gruta. Caminhar-se-ia da fictícia localização temporal para a indefinição própria do poema em questão. No entanto, como espaços-tempos espetaculares, propensos ao fantástico, podemos supor que se equivalem. Desse modo, a base da correspondência maior entre os dois textos está no tratamento do tempo como tema.

No conto de *O Jornal* (Rosa, 1930), os acontecimentos dão-se pela inusitada presença de diversos povos antigos na gruta de Maquiné num tempo bíblico. Não se trata de período pré-colombiano próximo aos descobrimentos, mas de um tempo que teria lugar no Velho Testamento. A ação imaginada e, especialmente, a reunião impossível das personagens no local mencionado transformam a diegese, no sentido em que Genette emprega esse termo em *Palimpsestes* (1982), ou seja, a dimensão espácio-temporal, num universo "a-espacial" e atemporal.

Quaimph, "o encarregado de anotar as peripécias da viagem", na narrativa em questão (Rosa, 1930, p.1), lê no papiro:

"Tocamos nas ilhas dos Antis, e os ventos e as correntes nos ajudaram a alcançar a Grande Terra Firme, onde há ouro, prata, diamantes e madeiras raras, e onde habitam as raças imberbes de tez vermelha. Passamos a foz do rio de Salomão, em cujas margens existem as mulheres guerreiras e seguimos as praias ... Passamos pela caverna de Mag Kinner, a que os vermelhos chamam Maquiné, e onde habitou o sábio Sumer. Em todo esse percurso colhemos a prata, as pedras verdes, a madeira de almugue, monos, sarigüês e as aves que aprendem a falar. Das nitreiras das grutas retiramos o salitre, e apanhamos grande quantidade de ouro nos montes de Sabará, consagrados à poderosa rainha. E só retrocedemos viagem, depois de termos atingido novamente o mar nos salitrais de Nitro-y."

O imaginário rosiano apresenta-nos esse não-lugar como terra de grande riqueza e abundância ímpar. Além disso, em "Maquiné", no Brasil pré-colombiano, os tupinambás reagem heroicamente aos desmandos do invasor. Há também a recuperação da lenda de Sumé. E é no final da história – com o emparedamento dos estrangeiros – que o conto de 1930 aproxima-se de "Gruta do Maquiné" de 1936:

> Durante séculos a pedra grande porejou água, e a água levantou estalagmites, escondendo o poço entupido.
>
> Assim, é bem pouco provável que se descubram algum dia os diamantes de "Sumé" e os restos dos quatro fenícios entranhados vivos nos ocos subterrâneos de Maquiné.

O fato de a representação da gruta reaparecer com toda a majestade em "O recado do morro" de *Corpo de baile* (1969b) aumenta a permissão para dizermos que Guimarães Rosa, escritor e autor, é marcado pela forte impressão por ela causada. Morando em Cordisburgo, município em que ela se localiza, deve tê-la visitado várias vezes. Na novela de *No Urubuquaquá, no Pinhém* (1969b, p.11), representam-se esses locais em que há ecos dos textos anteriores. Na narrativa em que natureza e cultura se mesclam e o morro da Garça dá o recado de que depende a vida de um homem, não faltam as grutas e os seus mistérios. As descrições remetem, a uma vez, tanto para o conto de *O Jornal* quanto para o poema de *Magma*:

> Pelas abas das serras, quantidades de cavernas – do teto de umas poreja, solta do tempo, a agüinha estilando salobra, minando sem-fim

GUIMARÃES ROSA: MAGMA E GÊNESE DA OBRA

num gotejo, que vira pedra no ar, se endurece e dependura, por toda a vida, que nem renda de torrõezinhos de amêndoa ou fios de estadal, de cera-benta, cera santa, e grossas lágrimas de espermacete; enquanto do chão sobem outras, como crescidos dentes, como que aquelas sejam goelas da terra, com boca para morder. Criptas onde o ar tem corpo de idade e a água forma pele muito fria, e a escuridão se pega como uma coisa. (Rosa, 1969b, p.7)

A construção da infinitude espácio-temporal, retomada do conto e do poema, reproduz-se em outro momento da mesma página:

E nas grutas se achavam ossadas, passadas de velhice, de bichos sem estatura de regra, assombração deles – o megatério, o tigre-de-dente-de-sabre, a protopantera, a monstra hiena espeléia, o páleocão, o lobo espeleu, o urso-das-cavernas –, e homenzarros, duns que não há mais.

É evidente, nos segmentos citados, a referência a elementos mencionados nos textos anteriores, em particular no poema. A constituição vocabular e imagética lembra muito "Gruta do Maquiné", como em "solta do tempo, a agüinha estilando salobra, minando sem-fim num gotejo, que vira pedra no ar, se endurece e dependura, por toda a vida".

Todavia, deve ser salientado também o sentido da gruta para a composição do protagonista em "O recado do morro". Como lembram Miyazaki & Mariñez (1975, p.105), Pedro Orósio revela dificuldade para completar as reflexões: sua mente "não sustenta demora", tem "meio-pensamento". "E, mesmo para entender ao vivo as coisas de perto, ele só tinha poder quando na mão da precisão, ou esquentado – por ódio ou por amor. Mais não conseguia" (Rosa, 1969b, p.12). É com tal característica que ele se emociona vendo Cordisburgo, "o lugar mais formoso",

E, mais do que tudo, a Gruta do Maquiné – tão inesperada de grande, com seus sete salões encobertos, diversos, seus enfeites de tantas cores e tantos formatos de sonho, rebrilhando risos na luz – ali dentro a gente se esquecia numa admiração esquisita, mais forte que o juízo de cada um, com mais glória resplandecente do que uma festa, do que uma igreja.

... Mas, daquilo, daquela, ninguém não podia se cansar.

Em especial, no momento em que pode, finalmente, perceber o significado do recado, lembra-se da gruta:

> Aí entrar outra vez dentro da Gruta, a Lapa Nova do Maquiné – onde a pedra vem, incha, e rebrilha naquelas paredes de lençóis molhados, dobrados, entre as roxas sombras, escorrendo as lajes alvas, com grandes formas e bicos de pássaros que a pedra fez, pilhas de sacos de pedra, e o chão de cristal, semelha um rio de ondas que no endurecer esbarraram, e vindas de cima as pontas brancas, amarelas, branco-azuladas, de gelo azul, meio-transparentes, de todas as cores, rindo de luz e dançando, de vidro, de sal: e afundar naquele bafo sem tempo, sussurro sem som, onde a gente se lembra do que nunca soube, e acorda de novo num sonho, sem perigo, sem mal; se sente. (Rosa, 1969b, p.68-9)

A "descida à gruta equivale a uma concentração vertical do ser em si mesmo pela anulação do tempo", ao que se segue, por parte do protagonista, o reconhecimento do que o recado diz e de que ele era o seu destinatário (Miyazaki & Mariñez, 1975, p.106)

O importante é, portanto, além da verificação da perceptível relação entre os textos a partir dos títulos do conto de O Jornal e do poema – conseqüência da retomada da representação espacial da gruta de Maquiné – e da presença desta nas três composições, procurar compreender de que modo tal lugar é considerado. Trata-se do símbolo da ambigüidade do ser do tempo: esvai-se, mas permanece nas marcas – efetivas ou imaginárias – que deixa. No conto, a grande pedra colocada pelos tupinambás e as estalagmites formadas pela água escondem o poço, os diamantes de Sumé, os restos dos fenícios. Na peça de Magma, a gruta guarda o bolor, as flores, as cachoeiras, as cabeleiras de pedra, os rastros de animais préhistóricos que a ação do tempo sedimentou. Na imensa caverna, o tempo passou e não passou; nela, Lund ainda sorri e sonha

> com fêmures de homens primitivos,
> com megatérios e megalodontes... [3 pals ms etl] [ictiossauros e com iguanodontes ras. em B, mas não em A]
> (p.37)

GUIMARÃES ROSA: MAGMA E GÊNESE DA OBRA   233

Na novela de *Corpo de baile*, o "afundar naquele bafo sem tempo", pela memória, faz que Pedro Orósio se lembre do que nunca soube e se salve. A sacralização do espaço-tempo da gruta nesse texto já está nos outros dois, que, como "O recado do morro", constroem a beleza, a magnitude e a magia do espaço representado.

CARANGUEJO, BOIS E COLIBRIS: ANIMAIS NA OBRA ROSIANA

> Pórtico: Amar os animais é aprendizado de humanidade.
>
> Guimarães Rosa, *Ave, palavra*.

O fato de os animais, tema muito comum em toda a produção rosiana, estarem presentes em um grupo de poemas de *Magma* determinou o interesse pela verificação do modo como aparecem nessa coletânea e são retomados nos livros posteriores. Não se trata de pôr em contato, especificamente, um ou dois textos de *Magma* e um conto de *Sagarana*, mas, num primeiro momento, de examinar correspondências entre textos apresentados à Academia em 1936 e aqueles cuja produção vai de 1947 a 1967, mas só postumamente publicados em *Ave, palavra*. Os títulos de partes dessa coletânea de 1970 remetem a zoológicos, parques, aquários públicos: "Zôo (*Whipsnade Park*, Londres)", "Zôo (*Hagenbeck-Tierpark*, Hamburgo-Stellingen)", "Zôo (*Jardin des Plantes*), "Aquário (Berlim)", "Aquário (Nápoles)". Num segundo momento, rastreamos a aparição dos animais em outras obras, com o intuito de esboçar o seu percurso na produção do escritor.

Em *Magma*, contamos com o poema "Caranguejo" (p.42-4) cujo tema – o crustáceo que dá nome a essa composição – volta em "Aquário (Berlim)" de *Ave, palavra* (Rosa, 1970a, p.31-2). Do poema de 37 versos, passamos a seis enunciados desigualmente distribuídos em duas páginas de *Ave, palavra*. Da estrofe de dez versos de *Magma* (p.42):

Teu par de puãs cirúrgicas oscila
à frente do escudo lamacento
de velho hoplita.
E mais oito patas, peludas,
serrilhadas,
de crustáceo nobre,
retombam no mole desengonço
de pés e braços muito usados,
desarticulados,
de um bebê de celulóide.

para a concentração de três enunciados:

Os caranguejos atenazam-se.
O caranguejo: seu corpo mascarado.
Em casa de caranguejo, pele fina é maldição. (Rosa, 1970a,
p.31) (Grifo do autor)

Ou ainda, de outros versos do poema:

Caranguejo sujo,
desconforme,
como um atarracado Buda roxo
ou um ídolo asteca...

És forte, e ao menor risco te escondes
na carapaça bronca,
como fazem os seres evoluídos,
misantropos, retraídos:
o filósofo, o asceta,
o c[k ms spp]ágado, o ouriço, o caracol... (p. 44)[8]

para sínteses como:

O caranguejo a encalacrar-se, tão intelectualmente construído.
O caranguejo carrascasco: comexe-se nele uma idéia, curva, doida e
não cega. (Rosa, 1970a, p.33)

---

8 Ver comentário sobre a estrofação do poema em "Versões da poesia premiada",
no Capítulo 1.

Da memória da mesma composição de *Magma*, resulta uma das figurativizações do tempo em "A espantada estória" de *Ave, palavra* (Rosa, 1970a, p.87), peça inicialmente publicada em *O Globo* em 1961:

> O relógio o
> crustáceo
> de dentro de pólo-norte
> e escudos de vidro
> em dar remédio
> desfechos indivisos
> cirúrgicas mandíbulas
> desoras antenas;
> ele entranha e em torno e erra
> o milagre monótono
> intacto em colméias;
> nem e sempre outro adeus
> me não-usa, gasta o
> fim não fim:
> repete antecipadamente
> meu único momento?
>
> ...nele
> eternizo
> agonizo
> metalicamente
> maquinalmente
> sobressaltada-
> mente
> ciente.

O relógio-crustáceo é superior à maioria das figuras de *Magma*. Aqui há o implícito, a metáfora que falta aos poemas de iniciante. O texto incrusta-se em soluções comuns na época da sua produção, o que é mais visível na estrofe final, mas as raízes da construção da figura estão, sem dúvida, no texto da coletânea de que tratamos:

> Teu par de puãs cirúrgicas oscila
> à frente do escudo lamacento
> de velho hoplita. (p.42)

De "puãs cirúrgicas" para "cirúrgicas mandíbulas": do mais específico, "puã" que o *Novo dicionário da língua portuguesa* (Ferreira, s. d.) descreve como "pata de siri", para o mais genérico, "mandíbula", que o mesmo dicionário descreve, na parte final do verbete, como "cada uma das duas peças móveis e duras que ladeiam a boca de certos insetos", e "*Mec.* Por analogia, qualquer peça ou ferramenta, cuja ação é semelhante à de um maxilar". Não se trata mais de construir o caranguejo com dados que o individualizam, mas de tomá-lo como metáfora.

O poema de *Magma* insiste na carapaça do crustáceo – "miniatura/de um tanque de guerra" – na força do animal que se esconde, "ao menor risco", na "carapaça bronca/como fazem os seres evoluídos", e finaliza-se com o arremate comum nos poemas da coletânea:

> Caranguejo hediondo,
> de armadura espessa,
> prudente desertor...
> Para as lutas do amor, quero aprender contigo,
> quero fazer como fazes, animalejo frio,
> que, tão calcariamente encouraçado,
> só sabes recuar... (p.44)

Em "A espantada estória" de *Ave, palavra* (Rosa, 1970a, p.87), a carapaça-couraça envolve o tempo-relógio-crustáceo; protegido, o tempo avança com mandíbulas-antenas fora de horas, trazendo o não-tempo, o tempo nem sempre desejado – "nem e sempre o outro adeus" – gastando o "fim não fim".

Mas em outros textos de *Ave, palavra* (Rosa, 1970a), mantém-se uma característica dos poemas do grupo em questão de *Magma* que é a correspondência entre comportamentos e formas animais e humanos. Entre os textos curtos e curtíssimos sobre animais da coletânea mais madura, um exemplo da maneira de *Magma*, com melhor resultado:

> CORUJA
>
> conciso embuço,
> o inuso, o uso
> mais ominal.
> Hílare cassandra
> sapiencial. (Rosa, 1970a, p.60)

GUIMARÃES ROSA: MAGMA E GÊNESE DA OBRA 237

Todavia, é também importante outra modificação entre composições de 1936 e determinados textos de *Ave, palavra*, já mencionada no início do item a propósito do caranguejo: o processo de passagem de poema a prosa-poema, com resultados, algumas vezes, atraentes. A síntese, a concentração em referências bastante breves, em enunciados que se pretendem definitivos – cuja compleição de aforismo de que a desconstrução-construção de frases feitas é exemplo – encerram, talvez, a explicação para o interesse despertado:

> O peixe vive pela boca. (Rosa, 1970a, p.167)
> São peixes até debaixo d'água... (ibidem, p.32)

As peças de *Magma* mais próximas da concisão dessas criações de *Ave, palavra* (1970a) são, justamente, aquelas inscritas nos "Haicais" e "Poemas". Mas, em outros momentos de *Ave, palavra*, a ligação com a série dos animais de *Magma* é também considerável. À parte a sintaxe própria dos experimentos do livro póstumo, as cores, os movimentos, as formas de beija-flores, garças, besouro, louva-a-deus, gafanhoto, grilo, cigarra, de diferentes peças da coletânea de 1970, estão, por exemplo, em "Paisagem", de *Magma* (p.62):

> No ar de alumínio,
> as libélulas verdes vão espetando
> jóias faiscantes, broches de jade,
> duplas cruzetas, lindos brinquedos,
> nos alfinetes de sol.
>
> Pairam suspensas, em vôo de caça,
> horizontal
> e jogam, a golpes da tela metálica
> das asas nervadas, reflexos de raios,
> que hipnotizam as muriçocas tontas...

e no vôo "oscilatório e helicoidal" da vanessa dos trópicos, que

> Dobra o quimono de franjas sinuosas,
> marchetado e hachureado
> com minérios de cobre:
> aréolas, anéis, jóias concêntricas,
> olhos de íris elétrica e de pupila enorme,
> ocelos de um leque de pavão. (p.57)

Em "Histórias de fadas" (Rosa, 1970a, p.13-4), a descrição exercitada nos poemas de juventude reproduz-se em prosa. O texto é uma crônica, publicada primeiramente no *Correio da Manhã* em abril de 1947, sobre a viagem de, no início, quinze colibris brasileiros – do maior ao menor – para Copenhague, onde fulgurariam no Jardim Zoológico. O que se conta são as enternecedoras peripécias vividas pela tripulação para levar, vivas, as aves ao nórdico destino. Na primeira página, a tentativa de descrevê-las na profusão de cores e vôos:

> "Variavam, verde e azul predominando. Também, umas mais alegres... Mas, principalmente, cores de metal..." ... eles têm de tudo: limão, romã, berinjela; bordô, absinto e groselha; malaquita, atacamita, azurita; e mais todo o colorido universo, em tal. Depois, mudam com a luz, bruxos pretos, uns sacis de perespertos, voltiginosos, elétricos, com valores instantâneos. Chegam de repente, não se sabe de onde se enflecham para uma flor, que corolas, e pulsam no ar, esfuziantes, que não há olhos que os firam. Riscam retas quebradas, bruscas, e são capazes mesmo de voar para trás. Na minha terra, vinham do mato, e eram realeza: mosca azul, arco-íris, papel de bombom, confete, bolha de sabão ao sol ou bola de Árvore-de-Natal.

Os pássaros habitam ainda "Uns inhos engenheiros" do mesmo livro (Rosa, 1970a, p.46-9). A feitura dos ninhos, como diz o título, é a tônica. Mas não faltam descrições dos "*gaturamossabiassanhaços*", formando plenário. E de outras aves na sintaxe e no vocabulário novidadeiro de *Ave, palavra*:

> O tico-tico, no saltitanteio, a safar-se de surpresa em surpresa, tico-te-tico no levitar preciso. Ou uma garricha, a corruir, a chilra silvestriz das hortas, de traseirinho arrebitado, que se espevita sobre a cerca, e camba – apontada, iminentíssima. De âmago: as rolas. No entre mil, este par valeria diferente, vê-se de outra espécie – de rara oscilabilidade e silfidez.

No "Circo do miudinho", também de *Ave, palavra* (Rosa, 1970a, p.241-4), como na crônica anterior, reúnem-se descompromissadas e cômicas apreciações de besouro, louva-a-deus, gafanhoto, grilo e cigarra. Os itens são duplamente construídos: em itálico, a descrição do inseto; em tipo normal, a narração do contato do narrador com um exemplar da espécie ou uma brincadeira

GUIMARÃES ROSA: MAGMA E GÊNESE DA OBRA

com o destino ou o ser deste. A leveza e a graça da abertura mantêm-se no texto : *"Sai-se para o vôo besouro, como um botão de uma casa. E ab abrupto: abre-se de asas sob estojos, não cabe nas bainhas"* (Rosa, 1970a, p.241). Contudo, como só voa por "incompetência e ignorância", o besouro caiu e

> Compôs-se, a custo, penitente, recusando-se às prematuras tenras asas baixo à bem fechada cobertura. E andou, bom pedaço, se deixando das flores, conforme conduz seu bauzinho preto, sob tanta escaravelhice, que impressiona. (p.242)

Fechando *Ave, palavra* (p.270-4) estão "As garças" de "Jardins e riachinhos". Também em forma de crônica, narra-se o aparecer súbito do par de aves que, de tempos em tempos, mobiliza crianças, cachorra, empregados, até o retorno de apenas uma delas que,

> Decerto fatigada, pousou; e, ao pousar-se tombava panda, à forte-e-meiga, por guarida. Altanada, imota, como de seu uso, a alvinevar, uma galanteza, no centro da várzea. Tanto parecia um grande botão de lírio, e a haste – fincado, invertido posto. Ouviu-se, à vez, que inultimente chamasse o companheiro: como gloela, rouca, o gragraiado gazinar.

Embora não haja vínculos definidos entre as produções de *Magma* e as que citamos, é possível garantir a vizinhança entre poemas de 1936 e esse tipo de texto, posteriormente construído. O interesse de Guimarães Rosa pelo retrato – sempre empático – dos animais, esmerando-se na escolha de nomes, adjetivos e verbos, para com eles constituir a frase a um tempo fiel e bela, tem a sua gênese em *Magma*, sem dúvida.

Quando pensamos, porém, na presença de animais na obra rosiana, lembramos, em primeiro lugar, o burrinho pedrês e outros animais de *Sagarana* (Rosa, 1967) e não as representações dos zôos e dos aquários de *Ave, palavra*. De fato, o burrinho, cuja marca "no quarto esquerdo dianteiro", ainda que meio apagada, é um coração, fixa-se indelevelmente na memória do leitor pela enorme simpatia que desperta.

A exemplaridade do conto é destacada por Suzi Frankl Sperber em *Caos e cosmos* (1976, p.40-3) e também em *Guimarães Rosa: signo e sentimento* (1982, p.16-23). No primeiro livro, a autora vê a exemplarização de Sete-de-Ouros como correspondente à função das parábolas no Evangelho que têm o cunho de verdade revelada, para o que tenderia a narrativa em questão.

No conto, temos um animal não apenas humanizado, mas cuja paciência deriva da sabedoria que o faz herói. Para Suzi Frankl Sperber (1976, p.83), o burrinho pedrês representa ainda um caso de economia no sentido de A. D. Sertillanges, padre de quem há mais de uma obra na biblioteca de Guimarães Rosa, atualmente no Instituto de Estudos Brasileiros:

> É uma economia que está tão bem inserida nos conceitos de necessidade, de "precisão" dos "casos" populares, do conceito popular de "precisão", que não se sente necessariamente ligada a uma doutrina: é a regra prática da vida. Sete-de-Ouros, o burrinho pedrês, não faz gestos demais. Economiza-se e é por isto que se salva. É a ilustração da economia, porém com sentido prático, pragmático, que de forma nenhuma se prende a uma imediata noção de transcendência.

Da mesma coletânea de "O burrinho pedrês" é "Conversa de bois" (Rosa, 1967). Nesse texto, a atividade humana dos animais é criada numa atmosfera fantástica em que o gado se irmana ao menino maltratado, conversa entre si e age: mata Agenor Soronho, colhendo-lhe o pescoço com a roda do carro. Além da fala e da ação do gado vacum, em "Conversa de bois", há a irara cujo estatuto é igual ao dos bois e diferente do deles: também fala, mas não apenas como personagem. É um dos elos na cadeia de narradores que o conto comporta. Fazendo "o cálculo do tempo de que dispunha" (Rosa, 1967, p.286), o cachorrinho-do-mato acompanha a comitiva:

> Maneira seja, pôde instruir-se de tudo, bem e bem. E, tempo mais tarde, quando Manuel Timborna a apanhou, – Manuel Timborna dormia à sombra do jatobá, e o bichinho veio bisbilhotar, de demasiado perto, acerca do bentinho azul que ele usa no pescoço, – ela só pôde recobrar a liberdade a troco da minuciosa narração.

Em "A hora e vez de Augusto Matraga" – moldura de fechamento de *Sagarana*, como "O burrinho pedrês" é a de abertura –, a presença do animal é restrita. Destaca-se o jegue que leva Matraga

GUIMARÃES ROSA: MAGMA E GÊNESE DA OBRA 241

ao seu destino, ao encontro de Joãozinho Bem-Bem e do seu bando. O protagonista, a princípio, não aceita a oferta de Rodolfo Merêncio, mas muda de idéia quando "mãe Quitéria lhe recordou ser o jumento um animalzinho assim meio sagrado, muito misturado às passagens da vida de Jesus" (Rosa, 1967, p.354).

Álvaro Lins (1983, p.239), na crítica à coletânea de estréia de Guimarães Rosa, escreve: "São bichos os personagens mais comoventes, mais simpáticos e mais bem tratados de Sagarana". Além da presença de animais nos dois contos que mencionamos, lembra que,

> misturados com as pessoas e às vezes influindo no destino delas, aparecem bois, cavalos, burros, cachorros e aves. E nesse dom de tratar os bichos como personagens, de dar-lhes vitalidade e verossimilhança na representação literária, está uma das faculdades mais originais e poderosas da arte do Sr. Guimarães Rosa.

Na obra posterior, os animais deixam de ter o papel de exemplaridade e revelação de parábola, como em "O burrinho pedrês", e também de receber tratamento fantástico, como em "Conversa de bois", ou de símbolo do sagrado, como em "A hora e vez de Augusto Matraga".

Em *Corpo de baile*, constituem objeto de identificação para Miguilim, que se condói com a cabrita e os seus cabritinhos "pobrezinhos" na viagem para o Mutum. Para o "sentir" da personagem, "mais primeiro havia a Pingo-de-Ouro, uma cachorra bondosa e pertencida de ninguém, mas que gostava mais era dele mesmo" (Rosa, 1970b, p.10). Quando a cachorra e o seu filhote são dados aos tropeiros, o protagonista "chorou de bruços, cumpriu tristeza, soluçou muitas vezes". Morria de pena dos tatus caçados e se comprazia em observar aves e insetos. Identificando-se com o desamparo dos animais, Miguilim – menino sensível com dificuldades para entender o mundo dos adultos e com ele conviver – elabora o próprio sentimento de fragilidade. O modo de a personagem relacionar-se com os animais é, portanto, um dos pontos que melhor revelam a sua subjetividade.

Em *Grande sertão: veredas* (Rosa, 1965, p.259), entre os muitos momentos em que os animais têm espaço no romance, destaca-se o episódio da matança dos cavalos. Trata-se de um dos segmentos – a guerra contra os hermógenes – em que a dimensão épica da obra avulta:

> O senhor não sabe: rincho de cavalo padecente assim, de repente engrossa e acusa buracões profundos, e às vezes dão ronco quase de porco, ou que desafina, esfregante, traz a dana deles no senhor, as dores, e se pensa que eles viraram outra qualidade de bichos, excomungadamente. O senhor abre a boca, o pêlo da gente se arrupeia de total gastura, o sobregelo. E quando a gente ouve uma porção de animais, se ser, em grande martírio, a menção na idéia é a de que o mundo pode se acabar. Ah, que é que o bicho fez, que é que o bicho paga? Ficamos naquelas solidões.

Da inscrição dos contos de *Sagarana* no concurso da José Olympio, em 1937, à publicação de *Grande sertão: veredas*, em 1956, decorrem quase vinte anos. Para representar a possibilidade de dignificação de todas as criaturas, mesmo das mais humildes, proposta nos Evangelhos, o autor criou o burrinho Sete-de-Ouros. Na narrativa, como bem lembra Suzi Frankl Sperber (1976, p.84), para que haja exemplaridade, a duração é limitada e cumpre-se a condição de revelação: a ação ocorre num universo estável, tendente à linearidade.

Para os questionamentos filosófico-religiosos de *Grande sertão: veredas*, Guimarães Rosa contou com episódios em que imperam a instabilidade do mundo, o inesperado, o não-exemplar. Os hermógenes acabam por fazer aquilo que o outro bando de jagunços, naquele momento chefiado por Zé Bebelo, não pode realizar sob pena de morrer varado de balas: sacrificar os animais, "atirando por misericórdia nos cavalos sobreferidos, para a eles dar paz". E os zebebelos esperam, sem atirar:

> Mesmo quando o arraso do último rincho no ar se desfez de vez, a gente ainda se estarrecia quietos, um tempo grande, mais prazo – até que o som e o silêncio, e a lembrança daquele sofrer, pudessem se enralecer embora, para algum longe. Daí, depois, tudo recomeçou de novo, em mais bravo. E nisto, que conto ao senhor, se vê o sertão do mundo. Que Deus existe, sim, devagarinho, depressa. Ele existe – mas quase só por intermédio da ação das pessoas: de bons e maus. Coisas imensas no mundo. O grande-sertão é a forte arma. Deus é um gatilho? (Rosa, 1965, p.260)

GUIMARÃES ROSA: MAGMA E GÊNESE DA OBRA   243

Em *Primeiras estórias* (Rosa, 1969d), os animais estão novamente presentes, nas narrativas que abrem e fecham o livro e em
outras que o recheiam. Mas é em "Seqüência" que a vaquinha fugida conduz o filho do fazendeiro à noiva inesperada, levando-o
para a sua querência, onde ele tinha de se explicar e descobre-se o
"bem-chegado": uma das quatro moças da casa "se desescondia
dele". No discurso próprio desse livro (p.69), lemos o fecho: "E
tudo à sazão do ser. No mundo nem há parvoíces: o mel do mara-
vilhoso, vindo a tais horas de estórias, o anel dos maravilhados.
Amavam-se./ E a vaca-vitória, em seus ondes, por seus passos".

É novamente o papel de condutor que a vaca pitanga desem-
penha, só que não mais no universo da destinação do sagrado como em "A hora e vez de Augusto Matraga", mas do destino amoroso.

A presença dos animais como seres muito especiais pode ser
rastreada também em *Tutaméia* (Rosa, 1969e, p.111), onde temos
o boi inventado por Jerevo, Nhoé e Jelásio, "vaqueiros dos mais
lustrosos", que, em "Os três homens e o boi dos três homens que
inventaram um boi", imaginam o animal "na mais rasa conversa":
"De toque em toque, as partes se emendavam: era peludo, de des-
feridos olhos, chifres crescidos; o berro vasto, quando arruava –
mongoava; e que nem cabendo nestes pastos...".

Em "prosa de gabanças e proezas", falavam do "vero boi, recente, singular, descrito e desafiado só pelos três./ Se alguém ouviu
o visto, ninguém viu o ouvido – tinham de desacreditar o que peta,
patranha, para se rir e rir mais – o reconto não fez rumor".

Dois dos vaqueiros tendo morrido, Nhoé – "Que é que faz da
velhice um vaqueiro?" – "Achou de bom ir embora". Na "estra-
nhada fazenda" aonde chegam, ao "enoitecer", os vaqueiros

> Refalavam de um boi, instantâneo. Listrado riscado, babante,
> façanhiceiro! – que em várzeas e glória se alçara, mal tantas malasar-
> timanhas – havia tempos fora. Nhoé disse nada. O que nascido de
> chifres dourados ou transparentes, redondo o berro, a cor de cavalo.
> Ninguém podia com ele – o Boi Mongoavo. Só três propostos vaquei-
> ros o tinham em fim sumetido... (Rosa, 1969e, p.114)

Ali ele resolve ficar, "naquele certo lugar em ermo notável". Para um tema caro a Guimarães Rosa – a supremacia do inventado sobre o acontecido ou, como diz em "Sanga Puytã" de *Tutaméia* (1969e, p.22), "Se verdadeira, bela é a história, se imaginada, ainda mais" – a figura que lhe apraz é a do animal maior: o boi.

No percurso do animal na obra rosiana, é possível pensar no círculo: de identificado com o homem e os seus jeitos e trejeitos – a "raivosa" rã bailarina, a "triste" aranha "fiandeira", o escorpião que, "acuado entre brasas", "volve o dardo" "e faz o haraquiri" de *Magma*, o burrinho sábio e os bois justiceiros de *Sagarana* – passa a ser objeto com que o homem se identifica em "Meu tio, o Iauaretê" publicado em *Estas estórias* (Rosa, 1969a, p.126-59). O protagonista, filho de bugra, parente de onça, nela se transforma. Os indícios da metamorfose repetem-se a cada momento em que a personagem narra o ingresso no mundo animal: o "Frio que não tem outro, frio nenhum tanto assim" (p.149), a "câimbra toda" e a mão no chão.

Nesse conto, dos maiores de Guimarães Rosa, há retomada da onça mítica das Américas, do "jaguar solar", como mostra Walnice Nogueira Galvão (1978b, p.13-35) em "O impossível retorno", em que destaca:

> Das mais belas seqüências do conto é aquela que entra na intimidade do convívio com as onças. Cada onça é um indivíduo, com traços físicos imediatamente identificáveis, manias, preferências, caráter; o sobrinho, qual Adão nomeador, entre elas vive. São Mopoca, canguçu fêmea, mandona Maramonhangara, Tatacica pegadora de peixe, Uinhua, Porreteira malha-larga e enorme, a Rapa-Rapa velha e esperta Mpu, Nhã-ã, Tibitaba, Coema-Piranga, Putuca, muitos machos como o Papa-Gente, Puxuera, Suú-Suú, que gosta da onça Mopoca, Apiponga bom caçador, Petecaçara que enlouqueceu, os dois irmãos Uitauera e Uatauera...

Sem falar na onça especial, a canguçu Maria-Maria, cuja descrição transcende a carinho e sensualidade:

> Cara mascarada, pequetita, bonita, toda sarapintada, assim, assim. Uma pintinha em cada canto da boca, outras atrás das orelhinhas... Dentro das orelhas, é branquinho, algodão espuxado. Barriga tam-

GUIMARÃES ROSA: MAGMA E GÊNESE DA OBRA   245

bém. Barriga e por debaixo do pescoço, e no por de dentro das per-
nas. Eu posso fazer festa, tempão, ela apreceia... (Rosa, 1969a,
p.139)

Sendo assim, na verdade, o movimento é duplo, a onça é iden-
tificada com o homem que nela se transforma. Mas é fundamental
lembrar, como a crítica sobre a narrativa já mostrou, que a metamorfose faz-se com a linguagem e na linguagem: a passagem do
mundo humano para o lado de lá, o do animal, dá-se pelo intervalo
da vida indígena, pelo uso de elementos e procedimentos da língua
tupi. Aqui a verdadeira poesia de Guimarães Rosa, na identidade
entre o plano do conteúdo e o da expressão.

"BOIADA" E "A HORA E VEZ DE AUGUSTO MATRAGA": DO SERTÃO AO SERTÃO

> Ao contrário do que em geral se crê, sentido e significado
> nunca foram a mesma coisa, o significado fica-se logo por
> aí, é directo, literal, explícito, fechado em si mesmo, uní-
> voco, por assim dizer, ao passo que o sentido não é capaz
> de permanecer quieto, fervilha de sentidos segundos, ter-
> ceiros e quartos, de direcções irradiantes que se vão divi-
> dindo e subdividindo em ramos e ramilhos, até se perde-
> rem de vista, o sentido de cada palavra parece-se com
> uma estrela quando se põe a projectar marés vivas pelo es-
> paço fora, ventos cósmicos, perturbações magnéticas,
> aflições.
>
> José Saramago, *Todos os nomes.*

Na busca da gênese de procedimentos rosianos a partir de
Magma, voltamo-nos também para outro ponto central na obra de
Guimarães Rosa, privilegiado pela crítica: a presença do sertão. O
nosso interesse direciona-se para os sentidos que, no processo de
reiteração, especialmente da coletânea de poemas para *Sagarana*
(1967), o vocábulo assume.

246   MARIA CÉLIA LEONEL

Acompanhando a palavra sertão, verificamos que, em *Magma*, tal signo só se mostra uma vez, surgindo de modo rarefeito em *Sagarana* (1967) e intensificando a aparição nas narrativas posteriores – *Corpo de baile* (1960) e *Grande sertão: veredas* (1965). Além disso, os sentidos investidos na manifestação da palavra na coletânea premiada não são os mesmos de todas as suas ocorrências em *Sagarana*. Daí a necessidade de verificar como o sertão se dá a ver em *Magma* para comparar com as maneiras como é recuperado nas narrativas do livro de estréia.

A retomada que aqui examinamos está longe da hipertextualidade genettiana na sua feição mais transparente ou mais escondida, mas tem ligação com esse processo. Trata-se de acompanhar uma palavra que, praticamente, a cada manifestação, tem o sentido não só modificado, como ampliado na direção de um enriquecimento incomparável.

A palavra sertão, em *Magma*, aparece no poema "Boiada" (p.28):

> – "Eh boi!... Eh boi!..." [A: aspas; B e C: sem aspas]
> É gado magro,
> é gado bravo,
> que vem do *sertão*.
> E os cascos pesados,
> atropelados,
> vão martelando o chão
> na soltura sem fim do Chapadão do Urucuia... (Grifo nosso)

Os sentidos que sertão aí assume correspondem aos consignados no *Novo dicionário da língua portuguesa* (Ferreira, s. d.):

1. Região agreste, distante das povoações ou das terras cultivadas. 2. Terreno coberto de mato, longe do litoral. 3. Interior pouco povoado. 4. *Bras.* Zona pouco povoada do interior do País, em especial do interior semi-árido da parte norte-ocidental, mais seca do que a caatinga, onde a criação de gado prevalece sobre a agricultura, e onde perduram tradições e costumes antigos.

Os significados, fundamentalmente, dizem respeito à espacialidade: lugar não-cultivado, distante. As três definições iniciais do

GUIMARÃES ROSA: MAGMA E GÊNESE DA OBRA   247

dicionário, em linhas gerais, contemplam os componentes já referidos.

Em "Boiada" (p.28-32), sertão não é o espaço onde se está, é apenas ponto mencionado: lugar distante, longínquo de onde vem o gado que tem como característica o fato de ser selvagem, magro e bravo.

Mas, se nos reportamos às primeiras narrativas publicadas de Guimarães Rosa, ou seja, aos contos de juventude de 1929 e 1930 que denominamos imaturos (Leonel, 1985, p.31-3), vemos que, neles, estamos muito longe da ocorrência de sertão não só como localidade em que se vive, como também referida. As histórias têm como espaço diegético regiões distantes das terras do nosso país: os Alpes, a Escócia, o sul da Alemanha. No único texto cuja localização seria a representação de realidade nacional, a gruta de Maquiné, a ação dá-se em passado remotíssimo – muito anterior à chegada dos portugueses – e é impulsionada pela forte presença da imaginação.

Em *Magma*, o sertão, sítio mencionado, lugar longínquo, ocupa o papel das ambientações pitorescas dos contos anteriores, isto é, o de espaço geográfico não apenas distante, mas distinto, diverso, propício a fomentar o imaginário, a produzir especulações acerca do diferente e mesmo do exótico.

Tais sentidos não são muito diferentes dos encontrados logo na página inicial do primeiro conto de *Sagarana*: "Era um burrinho pedrês, miúdo e resignado, vindo de Passa-Tempo, Conceição do Serro, ou *não sei onde no sertão*" (Rosa, 1967, p.3) (Grifo nosso).

Não se revela, com precisão, o lugar de origem do burrinho: o importante é que se trata de espaço longínquo, *não sei onde*. O sertão é, portanto, novamente, localidade distante daquela em que os acontecimentos se efetivam. Uma narrativa encaixada reforça esse sentido. João Manico, personagem da narrativa principal, começa a história do negrinho e da boiada que estoura durante a noite da seguinte maneira: "– Foi que a gente tinha ido *por longe, muito longe mesmo, no fundo do sertão, lá para trás dos Goiás...*" (p.54) (Grifo nosso).

O gado que lá se encontra "é boi do mato, sem paciência, coisa ruim", buscada "tão longe". O "fundo do sertão" opõe-se ao espaço diegético nomeado "região" no trecho seguinte: "*Chico-Chato*, porque o sétimo dono, que tinha essa alcunha, se esquecera, ao negociá-lo, de ensinar ao novo comprador o nome do animal, e, *na região*, em tais casos, assim sucedia ..." (p.3-4) (Grifo nosso em "na região").

A região, ao contrário do sertão, é bem definida: "no vale do Rio das Velhas, no centro de Minas Gerais" (p.4). Trata-se de espaço ficticiamente localizado em recorte do vale: a fazenda do Major Saulo, o arraial para onde a boiada é levada e, naturalmente, o riacho da Fome.

Mas, como parece haver em cada obra de Guimarães Rosa um momento de passagem para a produção posterior, cabe rastrear tal ponto no que diz respeito ao componente fundamental que acompanhamos: o sertão. Nos contos de juventude, temos "Maquiné" (1930) nesse caso: embora os acontecimentos sucedam em época muito remota e o local seja visitado por povos cuja chegada conjunta à região da gruta só pode ser imaginariamente concebida, o espaço tem vínculo com o universo mineiro.

Em *Magma*, vemos o poema "Boiada", entre outros, como próximo das composições de *Sagarana*. Tomando-se essa coletânea de estréia na prosa, a passagem de que falamos, em todos os sentidos, está em "A hora e vez de Augusto Matraga": é a narrativa mais bem realizada do livro e traz germes de *Grande sertão: veredas*. A ambigüidade, que está na base do romance de Guimarães Rosa, tem sementes naquele conto. O bordão do protagonista em busca de redenção reúne, a um tempo, o bem e o mal, para definir um dos temas de *Grande sertão: veredas* de modo tão simplificado quanto o próprio refrão de Augusto Matraga: "– Eu vou p'ra o céu, e vou mesmo, por bem ou por mal!... E a minha vez há de chegar... P'ra o céu eu vou, nem que seja a porrete!..." (Rosa, 1967, p.337). A sua morte, que concretiza a fórmula tantas vezes repetida, é também momento em que bem e mal se misturam de modo inextricável, realizando as duas orientações, aparentemente inconciliáveis, da vida da personagem: santidade e violência.

O elo entre esse texto e *Grande sertão: veredas* estabelece-se também pela presença dos jagunços e da brutalidade que os acompanha na narrativa curta, para só mencionar os elementos mais patentes.

GUIMARÃES ROSA: MAGMA E GÊNESE DA OBRA   249

No conto em questão, quando Matraga, depois de meio morto pelas pancadas, pode andar, os seus planos consistem justamente "em ir para longe, para o sitiozinho perdido *no sertão mais longínquo* – uma data de dez alqueires, que ele não conhecia nem pensara jamais que teria de ver" (Rosa, 1967, p.337) (Grifo nosso). O protagonista escolhe tal lugar para renascer, para elevar-se espiritualmente, começando do princípio. A descrição-narração do "caminho do sertão" é interessante, por criar, pouco a pouco, o espaço despovoado:

> Foram norte a fora, na derrota dos criminosos fugidos ... de quilombo a quilombo. Para além do Bacupari, do Boqueirão, da Broa, da Vaca e da Vacaria, do Peixe-Bravo, dos Tachos, do Tamanduá, da Serra-Fria, e de todos os muitos arraiais jazentes na reta das léguas, ao pé dos verdes morros e dos morros de cristais brilhantes, entre as varjarias e os cordões-de-mato. E deixavam de lado moendas e fazendas, e as estradas com cancelas, e roçarias e sítios de monjolos, e os currais do Fonseca, e a pedra quadrada dos irmãos Trancoso; e mesmo as grandes casas velhas, sem gente mais morando, vazias como os currais. E dormiam nas brenhas, ou sob as árvores de sombra das caatingas, ou em ranchos de que todos são donos, à beira das lagoas com patos e das lagoas cobertas de mato. (p.337)

Ao caminho de ida para o interior corresponde a posterior saída do sertão, rumo ao arraial do Murici de onde Nhô Augusto viera, mostrando o inverso, principalmente a entrada no espaço cada vez mais povoado:

> Mas, somadas as léguas e deduzidos os desvios, vinham eles sempre para o sul, na direção das maitacas viajoras. Agora, amiudava-se o aparecimento de pessoas – mais ranchos, mais casas, povoados, fazendas; depois, arraiais, brotando do chão. E então, de repente, estiveram a muito pouca distância do arraial do Murici. (p.357)

O mais importante, todavia, é mostrarmos que já aparece, em "A hora e vez de Augusto Matraga", a relativização da imensidão e da descomunal distância do sertão, retomada no romance rosiano: "Mas, como tudo é mesmo muito pequeno, e o *sertão* ainda é menor, houve que passou por lá um conhecido velho de Nhô Augusto" (p.339) (Grifo nosso). Esse conhecido chega, como vimos, "em conseqüência de um estouro de boiada na vastidão do planalto, por motivo de uma picada de vespa na orelha de um marruás bravio" (p.341), ou seja, por um acaso que elimina distâncias. Assim o sertão é, ao mesmo tempo, longe e próximo. Além disso, ele se transforma, acompanhando as variações da personagem rumo à purificação. No começo, ela vive entre habitantes de fim de mundo: "E, enquanto isso tudo, Nhô Augusto estava no escuro e sozinho, cercado de capiaus descalços, vestidos de riscado e seriguilha tinta, sem padre nenhum com quem falar" (p.341).

Depois, tornando à vida, vagarosamente, Matraga canta e espia as belezas do sertão:

> As estradas cantavam. E ele achava muitas coisas bonitas, e tudo era mesmo bonito, como são todas as coisas, nos caminhos do sertão.
> Parou, para espiar um buraco de tatu, escavado no barranco; para descascar um ananás selvagem, de ouro mouro, com cheiro de presépio; para tirar mel da caixa comprida da abelha borá; para rezar perto de um pau d'arco florido e de um solene pau d'óleo, que ambos conservavam, muito de-fresco, os sinais da mão de Deus ... ficou a contemplar, do alto, o caminho, belo como um rio, reboante ao tropel de uma boiada de duas mil cabeças, que rolava para o Itacambira, com a vaqueirama encourada – piquete de cinco na testa, em cada talão sete ou oito, e, atrás, todo um esquadrão de ulanos morenos, cantando cantigas *do alto sertão*. (p.355) (Grifo nosso)

Portanto, à noção de que o sertão é, ao mesmo tempo, tão grande e tão pequeno, tão distante e tão perto, junta-se a de que ele depende também da interioridade da personagem, o que aproxima o conto de *Grande sertão: veredas*.

Desse modo, longe de tudo quanto era próprio do seu mundo, Matraga entoa a "cantiga, muito velha, do capiau exilado", ao ver aves itinerantes e uma rapariga do outro lado da cerca. O desaparecimento dos pássaros provoca o seguinte comentário:

> – Não passam mais... Ô papagaiada vagabunda! Já devem de estar longe daqui...
> Longe, onde?

> *"Como corisca, como ronca a trovoada,*
> *no meu sertão, na minha terra abençoada..."*

GUIMARÃES ROSA: MAGMA E GÊNESE DA OBRA 251

Longe, onde?

"Quero ir namorar com as pequenas,
com as morenas do Norte de Minas..."

Mas, ali mesmo, no sertão do Norte, Nhô Augusto estava. Longe onde, então? (p.353) (Grifos nossos em "sertão")

Unem-se aqui, com clareza, os sentidos que vimos apreendendo em sertão na narrativa: espaço simultaneamente próximo e longínquo, subordinado ao estado de ânimo do protagonista que começa a poder querer viver outra(s) vida(s).

Embora o objetivo desta parte do trabalho seja apenas o de examinar ocorrências da palavra em *Magma* e em *Sagarana*, é importante relacionar tais manifestações com os sentidos que a palavra detém em *Grande sertão: veredas*. Para tanto, colhemos informações em *Definição discursiva*: memória e gênese de Edna M. F. S. Nascimento (1997, p.234-45), estudo que, entre muitos outros sobre a questão, tem maior proximidade com o nosso.[9]

No romance de Guimarães Rosa permanece o significado de sertão como lugar longínquo, que implica a idéia de espaço virgem, desconhecido, misterioso. Esse sentido traz para o narrador a necessidade de melhor buscar a definição de sertão, o que percebemos logo na primeira página. Nas seguintes, sertão pode ser disfórico e/ou eufórico. Ampliando a definição de sertão (Nascimento, 1997, p.242), o narrador interroga e responde:

> Para os de Corinto e do Curvelo, então, o aqui não é dito *sertão*? Ah, que tem maior! Lugar *sertão* se divulga: é onde os pastos carecem de fechos; onde um pode torar dez, quinze léguas, sem topar com casa de morador; e onde criminoso vive seu cristo-jesus, arredado do arrocho de autoridade. (Rosa, 1965, p.9) (Grifo nosso)

A pergunta inicial, expressando a dúvida, faz pensar o espaço como não-sertão. Se sertão é o não-aqui, conclui o narrador-

---

9 Uma versão modificada deste item, mais a contribuição de Edna M. F. S. Nascimento sobre o tema, com o título de "O sertão de João Guimarães Rosa", está publicada em *Sociedade e literatura no Brasil* (Segatto & Baldan, 1999).

protagonista ainda no início da narração, "O *sertão* está em toda a parte" (p.9) (Grifo nosso). A partir dessa constatação (Nascimento, 1997, p.242), Riobaldo define, para o atento ouvinte culto, com pequenas narrativas que funcionam como exemplos, o que seja sertão. São relatos de fatos inusitados, como o de Jisé Simpilício, que tem "um capeta em casa, miúdo satanazim", o de Maria Mutema que mata um padre com palavras. Tais cenas passadas entremeiam a cena presente, onde e quando o narrador exclama, com freqüência, diante do desconhecido do sertão: "Viver é muito perigoso...".

Modalizado pelo querer-saber (Nascimento, 1997, p.243), Riobaldo-fazendeiro, como sujeito cognitivo do presente, tenta representar o sertão com ilustrações para que o interlocutor possa interpretá-los: "é onde manda quem é forte, com as astúcias" (Rosa, 1965, p.17-8), "onde é bobice a qualquer resposta, é aí que a pergunta se pergunta" (p.86). Chega a negar a denominação de sertão, dizendo ser ele o "sem lugar" (p.268) ou, ao contrário, atribui-lhe várias denominações: "aqui é o Gerais, lá é o Chapadão, lá acolá é a caatinga" (p.370).

Tais predicações lábeis de sertão – o sem-lugar ou que pode ter vários nomes – recuperam o sentido primeiro da palavra: longínquo, misterioso. Mas esse lugar longínquo, que em *Magma* e em "O burrinho pedrês" (Rosa, 1967) refere-se a um espaço cosmológico, o espaço físico do sertão ou do mundo, em *Grande sertão: veredas* é construído por Riobaldo como espaço noológico, de ordem interoceptiva, mudança que, como vimos, inicia-se em "A hora e vez de Augusto Matraga". O narrador-protagonista, concluindo que o sertão é "dentro da gente" e é o lugar onde o demônio vige, percebe:

> No coração da gente, é o que estou figurando. Meu *sertão*, meu regozijo! Que isto era o que a vozinha dizia: – "Tento, cautela, toma tento, Riobaldo: que o diabo fincou pé de governar tua decisão!..."
> ... o demo então era eu mesmo? (Rosa, 1965, p.356) (Grifo nosso)

"Sertão, em *Grande sertão: veredas*, é o deserto do homem, o lugar do encontro consigo mesmo" (Nascimento, 1997, p.245). É o encontro difícil e misterioso.

GUIMARÃES ROSA: MAGMA E GÊNESE DA OBRA

O exame da recuperação de sertão nessas obras permite-nos observar que o elemento figural da palavra, o "longínquo", que já está em "Boiada" (p.28), permanece, mesmo quando significa espaço interiorizado.

O fato de, no rol por nós realizado dos principais temas de *Magma*, o sertão não aparecer e "Boiada" (p.28-32) localizar-se no grupo temático "vida no campo", comparado com a importância que ele assume nos textos posteriores, é indicador do caminho percorrido por esse signo na obra rosiana, de um certo pitoresco para as indagações cruciais do homem. Desse modo, Guimarães Rosa faz dos sentidos da palavra as mil projeções de uma estrela, como diz Saramago.

CONSIDERAÇÕES FINAIS

> Sou precisamente um escritor que cultiva a idéia antiga, porém sempre moderna, de que o som e o sentido de uma palavra pertencem um ao outro. Vão juntos. A música da língua deve expressar o que a lógica da língua obriga a crer.
>
> Guimarães Rosa, Entrevista a Günter Lorenz.

Perseguindo retomadas rosianas, fazemos agora a do nosso próprio percurso, sintetizando o que, obrigatoriamente, teve que se espraiar e fazendo um balanço do que foi dito.

O objetivo principal do trabalho – estabelecimento de relações de gênese entre *Magma*, considerada na sua dupla face, ou seja, nas duas versões do autor, e a obra de Guimarães Rosa – levou-nos a outros imprescindíveis caminhos. Em primeiro lugar, à busca de informações sobre a existência de possíveis versões dos poemas, ao exame cuidadoso destas, em especial das realizadas sob a responsabilidade do escritor. Depois, à comparação entre os manuscritos e a publicação pela Nova Fronteira. Em conseqüência, apontamos alguns problemas da edição, seja pela interpretação problemática da versão B seja pela desconsideração da versão A. Esse levantamento – derivado da necessidade de trabalharmos com textos mais completos do que cada uma das versões A, B ou C, isto é, constituídos pela integração de A e B que trazem as formas da mão do autor – mostra alguns pontos importantes para a realização de uma edição crítica ou genética de *Magma*, embora não seja esse o seu objetivo.

Em seguida, passamos ao rastreamento de circunstâncias que cercaram a apresentação da coletânea à Academia e de motivos pelos quais a obra de 1936 só foi publicada em 1997, examinando o vaivém do autor quanto ao desejo ou à conveniência da edição dos poemas. Percebemos um movimento de negação destes, seguido do desejo de mostrá-los ao público, e, por fim, de nova negação, ao que tudo indica, definitiva, certamente em virtude da consciência da maior qualidade estética das narrativas. Acompanhamos ainda os percalços mais recentes da publicação de *Magma* em livro, quando tal empreitada já não dependia de Guimarães Rosa.

Nesse caminho, de um lado, observamos que as reflexões do autor, tratando de poesia de modo geral e dos próprios poemas, constituem parte da sua poética; de outro, notamos a sua fé em concursos literários. Além disso, a diferença de fatura entre os poemas e os comentários do tio do escritor sobre o momento em que Guimarães Rosa pensa em concorrer à premiação da Academia fazem-nos ver a coletânea como reunião de textos produzidos em épocas diversas.

A análise, ainda que não em profundidade, das composições de *Magma* é parte importante do trajeto, pois sem ela não seria possível a aproximação entre as peças da coletânea e outros textos do autor. Para atingir tal escopo, foi fundamental a reflexão acerca do conceito de poesia e da sua caracterização. Examinamos algumas posições sobre o problema, como aquelas que supõem uma diferença formal entre a prosa e a poesia fixada, inicialmente, na continuidade ou não da linha ou que creditam a distância entre ambas à impossibilidade de tradução da forma do poema.

GUIMARÃES ROSA: MAGMA E GÊNESE DA OBRA   257

Vários pressupostos sobre poesia foram trazidos à baila, mas ativemo-nos, sobretudo, a considerações de Jakobson sobre a não-arbitrariedade do signo lingüístico no texto poético, sobre a equivalência entre o som e o sentido, sobre o simbolismo fonético, assim sintetizadas por ele (Jakobson, 1969, p.153):

> A poesia não é o único domínio em que o simbolismo dos sons se faz sentir; é, porém, uma província em que o nexo interno entre som e significado se converte de latente em patente e se manifesta da forma a mais palpável e intensa ...

Além da verificação de que o som também suscita o sentido, o lingüista russo (Jakobson, 1970a e 1970b) destaca a importância de outros paralelismos na poesia: os lexicais, os morfológicos, os sintáticos.

Sendo também intuito do trabalho estabelecer a posição de *Magma* no período do seu aparecimento, examinamos estudos que tratam das características da poesia moderna, como os de Jean Cohen (1966, 1987) e de Hugo Friedrich (1978). Para o primeiro, em linhas gerais, a poesia moderna tem como traços o agramaticalismo acentuado, a impertinência, a redundância. Para Hugo Friedrich, a poesia do século XX distingue-se, principalmente, pela dissonância que gera tensão, pela multiplicidade de significações, pela obscuridade. Entre o leitor e o poema há choque e não serenidade.

A investigação das relações de gênese entre *Magma* e textos posteriores de Guimarães Rosa ancora-se em reflexões sobre a intertextualidade. Partimos do pressuposto de que a iteração é um dos fundamentos de qualquer texto e de que a inteligibilidade do texto lingüístico depende dos movimentos de retomada. Com Graciela Reyes (1984) e Laurent Jenny (1979), entre outros especialistas na questão, verificamos que, sendo a permeabilidade parte da natureza do texto literário, a intertextualidade é nele inevitável e que o problema hoje é explicitar os graus da sua manifestação.

Como a nossa demanda é a das reiterações perpetradas entre textos de um mesmo autor, um tipo de *corpus* que não é comum nos estudos de intertextualidade, baseamo-nos em Lucien Dällembach (1979) e Gérard Genette (1982) para denominar esse procedimento de auto-intertextualidade. Além disso, na busca de permanências e transformações na produção rosiana, aliamo-nos à crítica genética por considerarmos o texto não como uma noção fechada, constante e segura, mas como um domínio em movimento, cuja forma publicada e vista como definitiva implica o que ele foi, as mudanças que sofreu. Para que o texto não seja entendido apenas como o seu resultado, é necessário que a trajetória percorrida, inscrita em prototextos em diferentes estágios de elaboração, tenha hora e vez. Além disso, os poemas de *Magma* são tomados como uma espécie de prototexto em relação à obra posterior: constituiriam "versões" de determinados contos de *Sagarana* ou de partes deles, compondo o seu dossiê.

O exame de *Magma* como gênese de determinados aspectos da produção rosiana coaduna-se com o objetivo da crítica genética de levantar, descrever, analisar operações de criação dos mais diferentes autores – e não apenas daqueles que trabalham com texto lingüístico – para efetivar um mapeamento dos processos criativos a partir dos traços fixados nos manuscritos e nas obras.

Tomada em sentido amplo, a auto-intertextualidade é, conforme verificamos, um dos modos de criar em Guimarães Rosa. Na sua obra, incluindo-se os textos que não se enquadram na criação literária, é visível o desejo da maior originalidade possível, com o que, *a priori*, a iterabilidade não combina. Contudo, de um lado, há temas e modos de expressão que permanecem e se renovam no escritor-autor – preferências, princípios, desejos; de outro, há o fato de que as reiterações constituem novos textos – na conservação, há mudança, muita mudança. Alguns sentidos persistem, outros desaparecem e o caráter de mera reprodução dá lugar ao de propulsor da criação, o que as correspondências entre "Boiada" e "O burrinho pedrês" ilustram.

Mas, para o âmago do trabalho, entre os especialistas que se dedicam ao exame da gradação da intertextualidade, como Antoine Compagnon (1979) e Laurent Jenny (1979), escolhemos como baliza os pressupostos de Gérard Genette (1982) estampados em *Palimpsestes*. A idéia de que o objeto da poética não é o texto, mas a sua transcendência – a transtextualidade – baseia-se no princípio de que ocorrências intertextuais são inerentes ao texto literário.

GUIMARÃES ROSA: MAGMA E GÊNESE DA OBRA

A tipologia genettiana, estabelecida com rigor, serve-nos como ponto de partida para o exame dos nexos entre poemas de *Magma* e outros textos rosianos, mas está muito longe de figurar como camisa-de-força. Os conceitos e as classificações propostas ajustam-se, quando possível, ao material selecionado para a constituição do *corpus*, que não se enquadra no tipo de cânone que Genette distingue. Em alguns momentos, como na pesquisa da retomada de características das composições da coletânea referentes aos animais e ao sertão, a teoria mencionada, tendo ficado ainda mais distante, torna-se mesmo o seu contraponto.

De todo modo, é útil para o estudo da auto-intertextualidade rosiana a divisão geral das operações de hipertextualidade em transformação – e as suas diferentes modalidades – e imitação que supõe reelaboração estilística. Entre as categorias ou subcategorias listadas e largamente exemplificadas por Genette que interessam ao trabalho estão, no que diz respeito à transposição, a prosificação, a ampliação por extensão e por expansão, a contaminação, a transestilização e, quanto à imitação, a suíte ou seqüência.

No estabelecimento da tipologia, embora não considere os manuscritos como parte efetiva do seu material, Genette (1982) menciona-os com grande freqüência, numa amostra de que textos não-acabados podem ser incluídos entre aqueles que manifestam os fenômenos que mapeia. A cada uma dessas referências, remete a questão aos geneticistas. Além disso – embora não se ocupe delas como ponto fundamental –, traz à baila operações que envolvem composições de um mesmo autor.

Buscamos, ainda, entender de que instância tratamos, quando dirigimos a pesquisa para a auto-intertextualidade, no que diz respeito ao sujeito que se repete, ou melhor, se recria. Entre os componentes da entidade que respondem pela idéia de "auto" estão o escritor, o autor, o autor implícito, o narrador. Todos – dimensões que se relacionam entre si como as bonecas russas que contêm umas às outras – têm a ver com a auto-intertextualidade e, com esse fenômeno em vista, o estabelecimento de limites para cada instância mencionada é mais difícil. O que é que preenche a metonímia da mão que tão bem serve aos geneticistas, ao tratarem do ato de compor textos literários? O escritor transmudado em autor? O autor implícito? O narrador que recebe a incumbência de falar por si e por outra instância? Talvez caiba a consideração de uma entidade múltipla, mistura de escritor-autor travestido em autor implícito e narrador.

O texto de Roland Barthes (1988), propondo a morte do autor para dar lugar à escritura e ao leitor, impõe a introdução de mais um elemento na cadeia – o leitor. Se a existência do texto está assentada na intertextualidade e na auto-intertextualidade, o leitor é essencial para o domínio discutido. A transcendência textual depende de que ele perceba as inscrições de outro ou de outros textos no hipertexto, sem o que a transtextualidade não se completa. A crítica é, portanto, um elo imprescindível no encadeamento e entendimento dos componentes desse sujeito complexo e multíplice com que deparamos.

Para realizar o estudo das retomadas rosianas de modo mais pertinente, além da incursão nos pressupostos teóricos das operações nelas envolvidas, cuidamos de fazer uma leitura dos textos de *Magma*. Quanto às suas características, primeiramente, são poemas em versos livres, e a rima é neles ausente ou aparece de modo irregular. Para o exame das composições, optamos pela divisão por temas, impondo-se sete grupos: animais, natureza, vida no campo, manifestações culturais negras e indígenas, mitos e crendices, amor, temas filosóficos. Em geral, tais blocos supõem subdivisões.

O primeiro conjunto, o dos animais, concentra-se na descrição física e dos movimentos do animal retratado. Textos um pouco mais longos e, de certo modo, mais pesados, como "Caranguejo" (p.42-4) e "O c[k]ágado" (p.126-7), convivem com outros curtos e leves, entre os quais, não por acaso, estão aqueles sobre insetos, como a borboleta e a aranha. Incursionando mais diretamente na fauna brasileira, temos "Luar na mata II-Rapto" (p.47-9). Os animais constituem ainda o centro de determinados haicais (albatroz, lagosta, gata angorá) e de alguns dos "Poemas" (p.72-7) (besouro, escorpião, águia). Nesse grupo, há peças de melhor realização como "Verde" (p.56), o haicai "Turismo sentimental", mas há outras que deixam a desejar.

No conjunto sobre a natureza, os componentes – nacionais ou não – configurados como paisagem são comuns na poesia: luar,

GUIMARÃES ROSA: MAGMA E GÊNESE DA OBRA   261

paisagem – ao amanhecer, no crepúsculo, durante a manhã –, chuva. A gruta de Maquiné é objeto de um dos poemas. Nesse caso, a necessidade de subdivisões apresenta-se imediatamente. Em geral breves – variam de três (haicais e poemas curtíssimos) a 27 linhas –, os textos evitam as repetições enfraquecedoras. Notamos, nas linhas finais, fechos com resquícios parnasianos, como em "Luar" (p.13) ou "Tentativa" (p.125). Em "Luar na mata I-Cinema" (p.45-6), há algum dinamismo na movimentação na noite, mas o tom mantém certa gravidade e se aproxima mais da prosa poética.

No grupo, salienta-se a paisagem na manhã ou no dia quente, assemelhando-se pelo tema e pelas figuras: "Tentativa" (p.125), "Anil" (p.58) e "Amanhecer" (p.140). Nos dois primeiros, são numerosas as figurativizações calcadas no universo e, naturalmente, no léxico da química. "Primavera na serra" (p.141) é menos bem realizado que os mencionados. Na paisagem com chuva, predominam textos mais longos. "Toada da chuva" (p.118-21) procura imitar o ritmo da água que cai, contudo a toada e o tom lírico perdem-se pelo excessivo comprimento. Em "Chuva" (p.142-4), que pertence também ao bloco acerca da vida no campo, há prosaísmo.

Destaca-se no grupo "Gruta do Maquiné" (p.35-7), pela fixação num motivo da natureza inanimada local, pela extensão – 52 versos – e pelo cumprimento, em alguns trechos, dos postulados de Jakobson (1969, 1970a, 1970b) para a poesia, ou seja, por aproximarem os dois planos do discurso, unindo sonoridade, construções morfossintáticas e vocabulares e sentido.

A importância maior do conjunto seguinte – a vida no campo – advém do fato de os poemas constituírem, de algum modo, hipotextos de contos ulteriores. "Maleita" (p.38-41) aproxima-se de "Chuva" (p.142-4) pela presença da prosa, e "Boiada" (p.28-32) salienta-se pela tentativa de reproduzir a marcha dos bois pela identidade entre o plano da expressão e o do conteúdo.

Como as anteriores, são também mais longas – e dominadas pela prosa – as peças sobre a vida cultural brasileira, reunidas nos grupos que tratam das manifestações culturais negras e indígenas e dos mitos e crendices. O conjunto formado pelos quatro poemas intitulados "No Araguaia" destaca-se pelo prosaísmo, pela linguagem coloquial, pela exigüidade da relação de identidade entre o plano do conteúdo e o da expressão. De menor inspiração ainda é "Ritmos selvagens" (p.20-5). Nesse grupo, há também a presença de versos que fecham o poema de maneira forçada, como no mesmo "Ritmos selvagens" (p.20-5), em "Batuque" (p.104-7) e em "Assombramento" (p.122-4).

Já "A Iara" (p.16-9) tem segmentos em que a identidade sem sentido é mais visível, contando-se mesmo com motivação fonemática e com criação de certa ambiência erótico-sensual. Por sua vez, em "A terrível parábola" (p.98-100) – que pode ter sido influenciada por histórias e/ou quadras ouvidas na infância do escritor, como ocorre em "Batuque" (p.104-7) – há a sexualização da lenda do Quibungo, o monstro africano.

Os dois grupos – manifestações culturais negras e indígenas e mitos e crendices – misturam-se: "No Araguaia-IV" (p.117), pertencente ao primeiro bloco, conta com os mitos da mãe do ouro, da mãe d'água e da mãe da lua. Nos poemas sobre o índio, ele é visto de modo realista, e há momentos interessantes como o réquiem para Araticum-uaçu. Além disso, manifesta-se já o interesse de Guimarães Rosa pelas línguas indígenas.

Na seriação dos poemas pela temática, passamos da natureza à cultura, avançando na realidade nacional, e, nos dois últimos blocos, há um ponto de intersecção em relação à obra ulterior que é a transmutação do documental nas peças "A Iara", "O Caboclo d'Água" e "A terrível parábola". Nas duas primeiras, encontramos claramente a preferência pelo tratamento não-folclórico, mais livre e espontâneo dos elementos culturais enfocados. Além disso, "Reza brava" (p.111-2) é exemplo de narrativa dramática em que a palavra é magicamente utilizada.

A forte presença do discurso narrativo entremeado de longas descrições é um dos vínculos entre poemas desses grupos e os textos produzidos depois. Não é apenas o caso de "Reza brava" cuja relação com a obra posterior pode ser mais bem rastreada, mas do conjunto todo. Esse mesmo motivo aproxima também outro bloco de poemas da produção em prosa de Guimarães Rosa: aqueles centrados na vida no campo em que o discurso narrativo, muitas vezes eivado de coloquialismo, enseja a transformação em conto, como se dá com "Maleita", "Boiada" e "Chuva".

GUIMARÃES ROSA: MAGMA E GÊNESE DA OBRA

Já o conjunto de textos relativos à temática amorosa centra-se no amor falhado, na não-correspondência, no abandono pela amada. O sono e o sonho, como entre poetas românticos brasileiros, substituem a realização amorosa e algumas peças têm acentuado ar adolescente. São as mais curtas da coletânea como bloco temático, fora os haicais e "Poemas", e nisso aproximam-se da poesia lírica. Todavia, não são composições bem realizadas, faltando-lhes a unidade entre os dois planos do discurso. "Delírio" (p.89) é a mais sugestiva por construir certa ambigüidade, e "Hierograma" (p.97) destaca-se pela erotização da natureza.

No grupo de peças que enfeixam temas de ordem filosófica, cabem também subdivisões. A análise dos textos mostra uma gradação que vai da concretização da morte a sentimentos que a ela se vinculam, como os de solidão, de distância, de ausência, de tristeza, de abandono, de dor, de medo. A morte é entidade visível em "Roxo" (p.59) e em "Vermelho" (p.52-3); no último, é significativo o movimento entre o dentro e o fora, o quente e o frio: expandindo-se para fora, o sangue quente esfria o corpo da pomba e consolida a morte. "Pavor" (p.134) traz a solidão, o vazio da morte, e "Angústia" (p.135) centra-se na proximidade da "cousa fria", do mesmo modo que "Lunático" (p.64-5) e "Desterro" (p.60-1) falam da falta e da distância. O sono e o sonho são vistos como próximos da morte e a noite, como espaço propício para sentimentos como a tristeza e o abandono.

No entanto, a redenção do ser humano também se faz presente em algumas das peças, como "Revolta" (p.136) e "Regresso" (p.137). Outro subgrupo a ser destacado é aquele cujo centro temático é a integração cósmica, a fraternidade entre todos os seres animados e inanimados. Há bons momentos, como não poderia deixar de ser, quando expressão e conteúdo se juntam, em "Integração" (p.145), que conta com sinestesias sugestivas. "Saudade" (p.132-3) amplia a integração para o passado e o futuro.

A água, figura principal de outro subgrupo de poemas, é vista como símbolo do eterno movimento da vida. Nesse caso, o andamento e o ritmo caracterizam-se pela continuidade que as linhas longas imprimem, pela solenidade e pela gravidade e associam-se ao caráter de permanência do conteúdo.

Sobressai ainda, no bloco formado pelas peças de sabor filosófico, o texto "Bibliocausto" (p.138-9), profissão de fé contra a opressão de qualquer tipo. Une as composições desse conjunto a correspondência entre o conteúdo e a expressão por meio do ritmo lento e grave que se casa com os sentidos já apontados, ainda que não sejam, de modo algum, poemas integralmente bem realizados.

Tomando-se a coletânea como um todo, nela são claros a busca da precisão vocabular, o uso econômico de regionalismos, de termos eruditos (comparando-se com a obra ulterior), de deturpações populares; os neologismos são raros e surgem no bloco cujo fulcro é a temática filosófica. Na sintaxe, a repetição de estruturas sintagmáticas ou frásticas é o desvio mais comum e a presença de subordinadas, em geral relativas, é palpável. Quanto às figuras de linguagem, não há muitas metáforas que encantem ou surpreendam e é comum a presença de títulos anafóricos e de fechos sentenciosos. A procura da exatidão nas imagens visuais é uma evidência em poemas descritivos, como "Amanhecer" (p.140) ou "Alaranjado" (p.54), e ainda em textos não-descritivos. Há também, em alguns momentos, referências metaliterárias – em geral ingênuas – ao ofício do poeta. É o princípio, tímido, da atividade de pensar o ato da criação literária, ponto forte na produção posterior de Guimarães Rosa.

A prosa poética atravessa todos os blocos e é precariamente que o livro se equilibra como poesia. De um lado, estão textos como "Batuque" (p.104-7), "Boiada" (p.28-32), "Toada da chuva" (p.118-21) cuja eficiência na relação som-sentido é evidente: são poemas onomatopaicos em que o objeto referido leva ao mimetismo sonoro. De outro, o prosaísmo de "Ritmos selvagens", por exemplo, ou de outros textos que combinam grande extensão, discurso narrativo, descrições, tom coloquial e temas próprios da cultura nacional.

O livro, embora tente o caminho da poesia, raramente chega a ela e é muito difícil o delineamento de um perfil poético. O traço caracterizador dos textos que concretizam a poesia é o nexo entre o conteúdo e a expressão, especialmente pela correspondência entre o andamento, o ritmo, o sistema fonemático e os sentidos. Tal fato advém da extensão do poema, do número de estrofes e de li-

GUIMARÃES ROSA: MAGMA E GÊNESE DA OBRA 265

nhas, do número de sílabas, da distribuição acentual, da escolha dos
fonemas e da relação disso tudo com os significados. Os textos
mais curtos, de ritmo menos marcado e mais leves, combinam com a
temática amorosa, com a descrição de insetos e de determinados
quadros da natureza; aqueles um pouco mais longos, pesados, de andamento solene, associam-se, principalmente, à temática filosófica.

A variação, aspecto visível em *Magma* – além da convivência
fundamental entre prosa poética e poucos momentos de poesia –,
materializa-se na vizinhança entre haicais e textos de 88 linhas e
onze estrofes, caso de "Ritmos selvagens". É uma matriz da diversidade, no que diz respeito à extensão, entre *Tutaméia* ou *Primeiras
estórias* e *Grande sertão: veredas*. A inclinação para a expansão é já
bem visível, depois de *Magma*, em *Sagarana*, através das micronarrativas encaixadas em "O burrinho pedrês" ou em "A volta do marido pródigo", em que a lenda completa do sapo e do cágado é res-
gatada. A presença dos dois pólos – o da concisão e o da expansão
– permanece em Guimarães Rosa. Mas, da variedade mais ampla
entre os poemas e, sobretudo, da diferença de qualidade resulta a
impressão de peças feitas em diferentes momentos da vida do autor
antes de 1936.

Aproximando os textos em pauta da poesia moderna, vemos
que cumprem aquilo que é levantado por Jean Cohen (1966) como próprio dessa produção – a impertinência e a redundância no
que diz respeito à gramática. Não há nada, contudo, que permita
relacionar a coletânea com a poesia contemporânea, conforme é
descrita por Hugo Friedrich (1978), como o efeito de choque e
não de comunicação, a despersonalização do eu, a fantasia como
elaboração do intelecto no caminho que vai de Rimbaud a T. S.
Eliot. Apesar de, nos poemas de cunho filosófico, haver certa assimilação de temas como a angústia, a impossibilidade de evasão, a
dissolução, não se compara ao desespero e ao dilaceramento do
poeta de que fala Hugo Friedrich, ou à intimação ao leitor para
que compartilhe a construção do texto.

A necessidade de contextualização do livro na literatura brasileira – no que se supõe seja o momento da sua elaboração – leva-
nos também ao entendimento do prêmio dado à coletânea pela
Academia, ou melhor, por Guilherme de Almeida. De maneira

patente, a coletânea tem ligações com determinada poesia do modernismo no Brasil das décadas de 20 e 30: aquela que não se caracteriza como inovadora, mas que manifesta traços simbolistas, parnasianos, crepusculares, românticos. É o caso da produção de Guilherme de Almeida, Menotti del Picchia, Cassiano Ricardo, Ronald de Carvalho, Augusto Frederico Schmidt e outros. Como nesses poetas, há, no autor de *Magma*, vínculo com a realidade nacional, tratada, a um tempo, sem o ufanismo de boa parte dos nomes mencionados e sem a manifestação dos conflitos da vida no país, o que, no que diz respeito ao modernismo, também nem sempre ocorre mesmo com os seus expoentes. Se falta a dimensão política ao movimento de modo geral e também a *Magma*, a presença da temática brasileira na coletânea não parece resultar de um programa ou projeto como na primeira fase do modernismo.

A semelhança de Guimarães Rosa com os poetas mencionados está ainda em certa riqueza rítmica e na exploração fônica que tem nexos evidentes com a estética simbolista. Afastado da poesia penumbrista por esquivar-se à representação do cotidiano e da poesia do modernismo centrada em tal tema, aproxima-se da primeira em virtude da melancolia e do conformismo de certas peças. Por outro lado, está longe do humor, da condensação – a não ser em algumas composições – de parte da melhor poesia do período, bem como das figuras inusitadas, da enumeração caótica, da tensão entre as figuras sintáticas, semânticas, sonoras.

Os elogios que o parecerista da Academia dirige a *Magma* revelam o poeta de *Raça* espelhando-se na coletânea do escritor mineiro. A avaliação da produção de Guilherme de Almeida e da sua inserção no modernismo, por sua vez, causara dificuldades a resenhistas como Mário de Andrade e Prudente de Moraes, neto. A valorização do nacionalismo, pedra de toque do movimento, acaba sendo o critério que faz do modernismo uma estética onde cabe muita coisa, mesmo que passe ao largo do novo. Em 1926, porém, Sérgio Buarque de Holanda separa as águas e aponta o academicismo de Guilherme e de outros.

Já o grupo de poemas de teor filosofante tem certa proximidade com a produção metafísica de 30 e é possível estabelecer paralelo

GUIMARÃES ROSA: MAGMA E GÊNESE DA OBRA 267

entre esses textos e a produção de Augusto Frederico Schmidt não apenas pela temática, mas pela gravidade do andamento, pela imprecisão semântica. Assemelhada a essa poesia modernista de segunda mão, *Magma* não é avanço na literatura brasileira. Entretanto, o treino serve à obra ulterior e a percepção da realidade à volta do poeta é um dos grandes trunfos de *Magma*, fazendo dela ponto de passagem fundamental entre a obra imatura – contos de 1929 e 1930 e *Magma* – e *Sagarana*. De todo modo, o volume de poemas é parte da nossa história literária e deve ser conhecido dos estudiosos também pela inserção na produção literária de 20 e 30.

Mas a base da investigação é o exame de relações verticais na própria obra rosiana, para o que são adaptadas e complementadas disposições genettianas de *Palimpsestes* (Genette, 1982). Assim, além do desafio de examinar poemas de valor relativo de um escritor de valor absoluto na prosa, enfrentamos esse de investigar a hipertextualidade em textos que não trazem tal fenômeno de maneira efetivamente manifesta. Trata-se de trabalho de garimpagem do que é mais ou menos ou pouco patente no que se refere ao aspecto pesquisado.

Assim, se a prosificação é a categoria que mais se evidencia, tal fato não se dá como Genette descreve na obra citada. Em *Magma*, essa operação, ou fato próximo dela, acontece quando está envolvido um poema narrativo extenso, com personagens, um mínimo de ação, um determinado espaço-tempo. Há, nesses casos, reescritura em diferentes graus: escrevendo, Guimarães Rosa lê e cita a si próprio. O resultado é o texto que surge sempre novo – e mais completo – porque revela a si mesmo, aos que o antecedem e o sucedem.

A comparação entre "Maleita" (p.38-41) e "Sarapalha" (Rosa, 1967, p.117-37) aponta um procedimento de narrativização (Genette, 1982, p.323) pela passagem do dramático ao narrativo – o poema é dramatizado, pode ser considerado como um diálogo. À narrativização, junta-se a amplificação – extensão temática e expansão estilística. A ação minimalista de "Maleita" – efeitos da doença em dois compadres – é o núcleo narrativo incipiente que se alarga pelo acréscimo de um novo plano na história de "Sarapalha" – o da paixão amorosa e da traição. Há, portanto, grande extensão temática – pelo acréscimo de ações como a confissão e a expulsão, de personagens, pela introdução e pelo desenvolvimento do monólogo interior, bem como de uma narrativa segunda – a do capeta e da moça. No desenlace, quando o discurso do poema e o do conto se unem, há ampliação estilística pela dilatação da frase. O verso final do poema, que se repete integralmente, todavia, já não é o mesmo, é outra escrita, o contexto discursivo é novo, os sentidos são também outros em decorrência das mudanças indicadas.

Identifica-se ainda na correspondência entre os textos uma operação de mudança no tempo. No poema, a cena ocorre após a chuva; no conto, ela sucede muito depois da enchente que traz os mosquitos. Quanto ao espaço, se ele não se modifica, é muito mais bem definido em *Sagarana*. O processo de reescritura contempla ainda a manutenção de uma única cena dialogada, o que permite verificar, quanto à duração temporal, apenas um encompridamento. O incremento no diálogo – há páginas só de falas – mantém o conto apegado à sua origem: o poema dialogado.

Por meio do monólogo interior e do diálogo, introduzem-se modificações na ordem temporal – a história da traição constrói-se por anacronias. Conseqüência da narrativização é a instituição da focalização externa – mas onisciente em relação a uma das personagens – e a da voz narrativa.

A deficiência na ação novelística que Álvaro Lins aponta no texto pode vir da adaptação do poema ao conto que não se teria completado. Contudo, a recuperação de temas relacionados às nossas endemias aparece em outros momentos de *Sagarana* e na obra de Guimarães Rosa como um todo.

"Reza brava" (p.111-2) e "São Marcos" (Rosa, 1967, p.221-51) também apresentam correspondência que se anuncia pelo nexo semântico-sintático entre os títulos. O poema é peça bem-sucedida pela assimilação da gravidade do andamento à do sentido, construída pelo ritual mágico que, como no conto, surte efeito. Nas duas composições, há os mesmos atores com papéis invertidos: o feiticeiro é salvador – ainda que de modo irônico – no poema e causador do mal no conto. No entanto, a reza é eficaz em ambos ao desfazer o malfeito, o erro. Assim, o tema é o mesmo, a narrativa está presente em ambos os textos, a ação principal deve-se à ma-

GUIMARÃES ROSA: MAGMA E GÊNESE DA OBRA

gia, o espaço é a zona rural. Outro ponto de contato fundamental está na valorização da palavra – a da reza brava ou de outra – como provocadora da ação mágica. Além disso, no poema, a objetivação da feitiçaria acontece pela identidade entre o plano da expressão e o do conteúdo e, na narrativa, tal ligação é veiculada, em especial, nos momentos em que a natureza é descrita de maneira encantatória.

Mas a presença do sobrenatural acompanha o percurso da produção rosiana: da feitiçaria aos questionamentos metafísicos acerca dos influxos sobrenaturais na vida do homem, essa preocupação do escritor metamorfoseia-se. Se, em *Sagarana*, a ação da magia também leva a resultados positivos – e não apenas em "São Marcos" –, o mesmo não se dá em "Buriti" de *Corpo de baile*.

Entre os textos de *Magma* e de *Sagarana* que manifestam relações de filiação, contam-se também os poemas "Boiada" (p.28-32), "Chuva" (p.142-4) e a narrativa "O burrinho pedrês". Entre o título do primeiro poema e o do conto, há relação de ordem semântica – pertencem a um mesmo campo – mas, sobretudo, as peças da coletânea podem ser consideradas como hipotextos da narrativa. A presença de dois textos em um é chamada de contaminação (Genette, 1982). Além desse procedimento, é patente, entre as três composições, uma operação de prosificação não-canônica, que se alia ao acréscimo e ainda à suíte, associada, por sua vez, à transestilização.

A ampliação é maciça e ocorre por extensão temática e expansão estilística. Em "Boiada", contamos com a narração da marcha dirigida do gado e, em "Chuva", com o modo como tal fenômeno atinge a natureza no campo e, principalmente, o vaqueiro. Em "O burrinho pedrês", há dois planos no que diz respeito à história – aquele centrado no animal e outro, vinculado ao primeiro, cujo fulcro é a boiada e que conta com uma intriga paralela: a tentativa de assassinato. "Boiada" participa, em especial, do segundo plano e "Chuva", de ambos. A conseqüência da precipitação atmosférica é a enchente que leva à coroação da sabedoria do burrinho e ao desenlace trágico da viagem dos vaqueiros.

Além desses elos, há outros, como a manutenção do tom épico e heróico de "Boiada" (p.28-32) no conto de *Sagarana*. Às grandes dificuldades e aos perigos que ameaçam a sua atividade, os vaqueiros respondem com atos de grandeza. Não apenas a tonalidade épica é preservada, mas há versos retomados, embora tenhamos grande ampliação no caminho do poema à narrativa. Há ainda a transposição de nomes de vaqueiros de uma peça para outra, com pequenas modificações ou não.

Para a construção da ameaça da chuva e da sua chegada, tomam-se figuras e versos do outro poema: como neblina, ela vem da serra. Nesse momento de domínio da descrição, a expansão estilística é importante, mas tal tipo de acréscimo surge ainda quando se trata do aproveitamento de "Boiada": o aboio do início do poema, por exemplo, sofre processo de expansão, enriquecendo-se muito na narrativa. Nela, há também a retomada de figuras, como a movimentação dos animais vista como trovoada, e o tom sentencioso da fala do vaqueiro na composição de *Magma* é reproduzido no conto.

Esse poema destaca-se pela tentativa de associar o plano do conteúdo e o da expressão, tornando-se presente a marcha do gado, por meio da combinação de versos curtos, ritmo marcado e acelerado, fonemas motivados. A diminuição na velocidade da andadura da boiada, inscrita no conteúdo, é também acompanhada pela desaceleração rítmica e pela modificação nos fonemas. No processo de prosificação, o transporte mais importante da peça de *Magma* para *Sagarana* é justamente a imitação dessa característica do discurso: a ligação entre o som e o sentido na representação da boiada. O resultado, porém, é a sobredeterminação da linguagem poética na prosa: em "O burrinho pedrês", a poesia é mais eficaz, mais verdadeira.

Motivo recorrente em Guimarães Rosa, a boiada reaparece em "A hora e vez de Augusto Matraga", onde há ecos do poema de *Magma*. Nesse conto, representada de fora, ela é parte integrante da história: a beleza da boiada em marcha só é apreciada por Nhô Augusto, por estar num momento em que, tendo cumprido o período de provação, vê o mundo com olhos abertos. Em "Uma estória de amor", a virtualidade da boiada acompanha toda a narrativa – é o símbolo da vida do vaqueiro e do seu valor.

Os quatro textos de *Magma* – "Maleita" (p.38-41), "Reza brava" (p.111-2), "Boiada" (p.28-32) e "Chuva" (p.142-4) – relacionam-se à temática cultural, são extensos, o diálogo é neles fundamental, o universo metafórico não é quantitativamente tão desenvolvido

GUIMARÃES ROSA: MAGMA E GÊNESE DA OBRA

nem muito original. Tais características têm a ver com outro ponto de ligação entre os textos: a presença da narrativa, indicadora da vocação do autor para o universo da lenda, como ele diz.

Outra aproximação sugerida pela obra acontece em diapasão bastante diferente, envolvendo "Maquiné" (1930), conto de juventude, e "Gruta do Maquiné" (p.35-7), poema de *Magma*. Única composição entre as imaturas publicadas em periódicos a contar com a representação de espaço nacional, recria-o como lugar de eventos extraordinários: a presença de insólito grupo de estrangeiros em terra brasileira traz ambição desmedida, prepotência, sacrifício humano e emparedamento de personagens.

O poema evoca a gruta como lugar de grandeza, beleza e antigüidade incontestáveis e a petrificação das formas é uma das metáforas da ação do tempo e da sua permanência. A par do antigo, evidenciam-se a desmesura, a ausência de limites. Em alguns momentos, isso é concretizado pela "pertinência do nexo som-significado", como quer Jakobson (1969, p.153), especialmente por meio do ritmo e da motivação fonemática. Na associação entre fonemas e sentido, constrói-se o jogo claro-escuro, do mesmo modo que o processo de petrificação é instaurado por paralelismos fonético-semântico-sintáticos que têm alguma eficácia. Unem-se a tais nexos a maior extensão das linhas, o deslocamento gradual dos acentos, construindo, no plano da expressão, a lentidão do conteúdo.

A relação entre o poema e o conto que o antecede é bem menos evidente do que nos pares e trio antes mencionados. Há a proximidade dos nomes, e a palavra Maquiné remete à representação do espaço, ponto de intersecção patente entre os textos. Apesar de a possibilidade de rastrear o processo de intertextualidade ser mínimo e de não termos um exemplo de transposição, consideramos, unicamente para mostrar a mudança e a permanência no tratamento da região da gruta, a ocorrência de alterações na categoria da transmodalização, ou seja, de modificações no modo narrativo. Há diferenças quanto à focalização e quanto à voz: no conto, encontramos a focalização onisciente e, no poema, a interna. A alteração na voz é também evidente: de heterodiegética passa a homodiegética, se assim podemos falar. Com esses recursos, a beleza do local é subjetivamente explicitada.

Aparentemente, há também a transdiegetização no que se refere ao tempo. O conto cria um espaço-tempo contemporâneo aos acontecimentos do Velho Testamento, portanto um tempo bíblico, mais próximo da lenda. Assim, as ações, imaginárias, ocorrem num tempo também imaginário, num não-tempo. No poema, o tempo está no centro do universo temático e as menções metafóricas à gruta de Ali-Babá, a Xerazade, a Luís XI, a Poe, a Lund também encaminham para fora do tempo, para o eterno, colocando em jogo a infinitude do espaço-tempo que a gruta representa. Desse modo, não há uma mudança no tempo, pois ambos os textos remetem para o sem-tempo.

O espaço da caverna e a tematização do tempo reaparecem em "O recado do morro" (Rosa, 1969b, p.3-70), em que o autor-escritor, marcado pela impressão da gruta de Maquiné, recria-a mais uma vez. No novo texto, há ecos dos anteriores, especialmente do poema. A gruta, em Guimarães Rosa, é reveladora da ambigüidade do tempo que se vai e permanece nos sinais deixados. No conto de *O Jornal*, a grande pedra colocada pelos tupinambás e as estalagmites escondem poços, diamantes, restos de fenícios. No poema e no conto de *Corpo de baile,* rastros e ossos de animais pré-históricos manifestam a magia da infinitude do tempo no espaço criado.

Os poemas de *Magma* ensejam ainda o acompanhamento da representação dos animais na obra rosiana. A ligação mais patente é entre esse grupo temático e trechos de *Ave, palavra* correspondentes a zoológicos, parques, aquários públicos. Mas, além desses segmentos, particularmente, tal vinculação evidencia-se entre "Caranguejo" (p.42-4) e a figurativização do tempo no poema "A espantada história" (Rosa, 1970a, p.87), em que a metáfora do tempo-crustáceo-relógio é superior a qualquer das figuras de *Magma* pela multiplicidade de sentidos implícitos.

Outrossim, algumas composições em prosa do livro publicado em 1970 que têm os animais como tema remetem ao início, aos poemas da coletânea de 1936, onde se instalam retratos de componentes da fauna nacional ou não. Isso ocorre, por exemplo, em

GUIMARÃES ROSA: MAGMA E GÊNESE DA OBRA 273

"Histórias de fadas", "Uns inhos engenheiros", "Circo do miudinho", "As garças", que envolvem aves variadas e diversos insetos. Todavia, mais importantes na obra rosiana, sem dúvida, são os animais representados em *Sagarana*, como o burrinho pedrês, figura que serve à exemplaridade própria das parábolas do Evangelho, ou os bois que conversam e agem humanamente em outro conto.

Na produção que se segue, eles deixam a exemplaridade, o fantástico, a simbologia do sagrado e voltam a ser animais como em *Magma* e *Ave, palavra,* mas como participantes orgânicos das histórias. Em "Campo geral", a cabrita e os seus filhotes, a cachorra Pingo de Ouro, os tatus caçados são objeto de identificação para Miguilim que, reconhecendo-se no desamparo deles, elabora a própria condição de fragilidade e impotência perante o mundo adulto. Em *Grande sertão: veredas*, no desacerto do mundo de que a guerra entre os jagunços é símbolo, a matança dos cavalos revela a conseqüência, na natureza, dos desmandos do homem.

Primeiras estórias (1969d) conta com outros animais, como a vaquinha de "Seqüência", que conduz o rapaz ao seu destino – não o religioso de Augusto Matraga, mas o amoroso, levando-a à noiva insuspeitada. Para ilustrar a força do que considera essencial – a criação, a invenção, a fantasia –, Guimarães Rosa lança mão do exemplo maior – o boi – em "Os três homens e o boi dos três homens que inventaram um boi", de *Tutaméia* (1969e).

Em *Magma,* o homem é o símile nas figuras que retratam o comportamento animal. De assemelhado ao homem nesses poemas, o animal passa a objeto de identificação, sobretudo em "Meu tio, o Iauaretê", de *Estas estórias* (1969a).

O último ponto examinado no trabalho é a presença do sertão na obra rosiana. Aparecendo uma única vez em *Magma*, surge de modo rarefeito em *Sagarana* e intensifica-se em *Corpo de baile* e *Grande sertão: veredas*, metamorfoseando-se no percurso. O termo refere-se, em *Magma,* a lugar longínquo, selvagem e misterioso, e, em "O burrinho pedrês", tem os mesmos sentidos. Já em "A hora e vez de Augusto Matraga", sertão é, primeiramente, o longínquo, o despovoado, mas tal conceito relativiza-se e a palavra passa a significar o longe e o perto, sentido que tem a ver com a interioridade da personagem. Em *Grande sertão: veredas*, também é o espaço virgem, o não-lugar. É ainda o longínquo, o misterioso, mas não apenas como espaço físico e social: é o espaço noológico, o deserto do homem, o encontro consigo mesmo (Nascimento, 1997). Da figurativização do longínquo, do pitoresco, atingimos a das indagações cruciais da vida humana.

No percurso, acompanhamos o processo de resgate de procedimentos e de componentes entre as obras do escritor. Nesse trânsito, há um movimento dialético, a permanência que não se nega à transformação e a transformação que não deixa abismos ante o que passou. Aumentada a densidade, a dúvida, a tensão, a produção rosiana chega à perfeição literária.

Naturalmente, a obra de Guimarães Rosa encerra muitas outras operações de retomada. Não pode haver, neste trabalho, a intenção de esgotar o estudo dos procedimentos em questão, nem mesmo no que diz respeito às relações entre *Magma* e outros textos. Propomos mesmo uma investigação que seja continuação desta, dada a necessidade de ampliação do levantamento e da análise dos procedimentos auto-intertextuais rosianos para arrolar e descrever os seus processos de criação.

Por exemplo, entre os procedimentos visíveis nas duas versões de *Magma* está aquele que a equipe, que promoveu a organização e a indexação do Arquivo Guimarães Rosa e alguns estudos sobre ele e a produção publicada, sempre observou: a ânsia do escritor de emendar, o desejo de melhorar sempre, de atingir a perfeição. Não há em *Magma* a grande quantidade de modificações com que depara o grupo responsável pelo texto genético-crítico de *Grande sertão: veredas*. Todavia, as emendas efetuadas, que levam a substituições, a acréscimos, a supressões, a deslocamentos, são bastante significativas.

A pesquisa concretizada mostra a reiteração de temas e formas como parte do fazer literário do escritor e reforça a consideração de que o acréscimo no valor poético dos hipertextos analisados em relação aos hipotextos é grande. A prosa rosiana é que é poesia; os poemas de *Magma* são poesia prosaica, ou prosa em verso. A transposição, efetuada por Guimarães Rosa, de postulados da poesia para a prosa é realizada de maneira tão especial, que embaralha a sempre complicada fronteira entre os dois gêneros. Como poeta,

GUIMARÃES ROSA: MAGMA E GÊNESE DA OBRA 275

Guimarães Rosa prosifica a poesia; como prosador, traz poesia para a prosa. O estudo das operações de auto-intertextualidade revela que parte dos procedimentos da prosa poética ulterior nasce nos poemas de *Magma*, em especial a busca da maior proximidade entre o plano do conteúdo e o plano da expressão. Essa busca, exercitada na coletânea que a Academia premiou em 1937, concretiza-se com sucesso na obra madura. O andamento, o ritmo adequado, a sonoridade impressa em signos, sintagmas e frases, a feliz escolha de determinadas imagens visuais, o senso que determina, por exemplo, a leveza ou o pesadume do conteúdo e da expressão são as conquistas maiores da coletânea de poemas retomadas na produção ulterior. Os temas, os motivos, as histórias reiteradas são também parte do magma rosiano, mas, ante a tais aquisições, tornam-se secundários.

A correspondência conteúdo-expressão, componente fundamental da melhor parte da obra do autor, faz dela exemplo maior do que ele preconiza em entrevista a Günter Lorenz (1973, p.345): "A música da língua deve expressar o que a lógica da língua obriga a crer".

Os poemas, em geral, goraram como poesia de qualidade ou inovadora. No entanto, deram sementes para frutos de pequeno porte com sabor concentrado, de fina e delicada poesia, como em *Primeiras estórias* e páginas de *Tutaméia*. E de tamanho maior, desdobrando-se em cachos maduros de pura polpa poética, como em *Corpo de baile* ou *Grande sertão: veredas*.

REFERÊNCIAS BIBLIOGRÁFICAS

OBRA DE GUIMARÃES ROSA

ROSA, J. G. *Ave, palavra*. Rio de Janeiro: J. Olympio, 1970a.

_____. *Corpo de baile*: sete novelas. 2.ed. Rio de Janeiro: J. Olympio, 1960.

_____. Discurso. *Revista da Academia Brasileira de Letras* (*Rio de Janeiro*), v.53, p.261-3, 1937.

_____. *Estas estórias*. Rio de Janeiro: J. Olympio, 1969a.

_____. *Grande sertão: veredas*. 4.ed. Rio de Janeiro: J. Olympio, 1965.

_____. *Magma*. 1936a. Arquivo Guimarães Rosa. Instituto de Estudos Brasileiros da Universidade de São Paulo. Datilografado. Cópia xerografada.

_____. *Magma*. 1936b. Arquivo Guimarães Rosa. Instituto de Estudos Brasileiros da Universidade de São Paulo. Datilografado.

_____. *Magma*. Rio de Janeiro: Nova Fronteira, 1997.

_____. *Manuelzão e Miguilim*. (*Corpo de baile*). 4.ed. Rio de Janeiro: J. Olympio, 1970b.

_____. Maquiné. *O Jornal*, Rio de Janeiro, 9 fev. 1930. Suplemento dos Domingos, p.1-2.

ROSA, J. G. *No Urubuquaquá, no Pinhém.* (*Corpo de baile*). 4.ed. Rio de Janeiro: J. Olympio, 1969b.

_____. *Noites do sertão.* (*Corpo de baile*). 4.ed. Rio de Janeiro: J. Olympio, 1969c.

_____. *Primeiras estórias.* 5.ed. Rio de Janeiro: J. Olympio, 1969d.

_____. O verbo & o logos: discurso de posse na Academia. In: V. V. A. A. *Em memória de João Guimarães Rosa.* Rio de Janeiro: J. Olympio, 1968. p.55-87.

_____. *Sagarana.* Rio de Janeiro: Universal, 1946.

_____. *Sagarana.* 3.ed. Rio de Janeiro: J. Olympio, 1951.

_____. *Sagarana.* 4.ed. Rio de Janeiro: J. Olympio, 1956.

_____. *Sagarana.* 9.ed. Rio de Janeiro: J. Olympio, 1967. (Col. Sagarana, 1).

_____. *Tutaméia*: terceiras estórias. 3.ed. Rio de Janeiro: J. Olympio, 1969e.

TEXTOS SOBRE GUIMARÃES ROSA

ALMEIDA, G. de. Parecer da Comissão Julgadora. In: V. V. A. A. *Em memória de João Guimarães Rosa.* Rio de Janeiro: J. Olympio, 1968. p.46-8.

ARAÚJO, H. V. de. O roteiro de Deus: dois estudos sobre Guimarães Rosa. São Paulo: Mandarim, 1996.

BIZZARRI, E. J. *Guimarães Rosa: correspondência com seu tradutor italiano Edoardo Bizzarri.* 2.ed. São Paulo: T. A. Queiroz, Instituto Cultural Ítalo-Brasileiro, 1980. (Biblioteca de Letras e Ciências Humanas, série 1: Estudos Brasileiros, 2).

BOLLE, W. Grande sertão: cidades. *Revista USP* (*São Paulo*), n.24, p.80-93, dez./jan./fev. 1994-1995.

CALLADO, A. Versos de Guimarães Rosa aguardam resgate. *Folha de S. Paulo*, São Paulo, p.4-8, 25 jul. 1992.

CALMON FILHO, M. Imperador dos sertões. *O Globo*, Rio de Janeiro, Segundo Caderno, p.1, 5 jan. 1996.

CAMACHO, F. Entrevista com João Guimarães Rosa. *Humboldt* (*Munique*), n.37, p.42-53, 1978.

FERREIRA, H. T. C. *João Guimarães Rosa:* as sete sereias do longe. São José do Rio Preto, 1991. Tese (Doutorado em Letras) – Instituto de Biociências, Letras e Ciêncas Exatas, Universidade Estadual Paulista.

FOLHA de S.Paulo. Veredas de Rosa. São Paulo, p.6-4, 15 nov. 1992.

GUIMARÃES ROSA: MAGMA E GÊNESE DA OBRA   279

GALVÃO, W. N. Matraga: sua marca. In: _____. *Mitológica rosiana*.
São Paulo: Ática, 1978a. p.41-74.

_____. O impossível retorno. In: _____. *Mitológica rosiana*. São Pau-
lo: Ática, 1978b. p.13-35.

_____. Ciclo da donzela guerreira. In: _____. *Gatos de outro saco*:
ensaios críticos. São Paulo: Brasiliense, 1981. p.8-59.

GRÜNEVALD, J. L. O ritmo encantatório de Rosa. *Folha de S.Paulo*, São
Paulo, p.5-13, 14 set. 1997.

GUIMARÃES, V. *Joãozito: infância de João Guimarães Rosa*. Rio de Janeiro: J. Olympio, INL, 1972.

LARA, C. de. *Da raiz à flor*: caminhos das variantes. São Paulo, s. d. (Cópia reprográfica).

LEONEL, M. C. de M. *Guimarães Rosa alquimista*: processos de criação
do texto. São Paulo, 1985. Tese (Doutorado em Letras) – Faculdade
de Filosofia, Letras e Ciências Humanas, Universidade de São Paulo.

_____. A palavra em Guimarães Rosa. *Revista de Letras (São Paulo)*,
n.35, p.201-10, 1995.

LEONEL, M. C. de M., NASCIMENTO, E. M. F. S. O sertão de João
Guimarães Rosa. In: SEGATTO, J. A., BALDAN, U. (Org.) *Sociedade
e literatura no Brasil*. São Paulo: Editora UNESP, 1999. p.91-105.

LEONEL, M. C. de M., VASCONCELOS, S. G. Arquivo Guimarães
Rosa. *Revista do Instituto de Estudos Brasileiros (São Paulo)*, Instituto
de Estudos Brasileiros, n.24, p.177-80, 1982.

LIMA, S. M. van D. João Guimarães Rosa: cronologia de vida e de obra.
Revista do Instituto de Estudos Brasileiros (São Paulo), Instituto de
Estudos Brasileiros, n.41, p.249-54, 1996.

LINS, A. Uma grande estréia. In: COUTINHO, E. de F. (Org.) *Guimarães
Rosa*. Rio de Janeiro: Civilização Brasileira; Brasília: INL, 1983.
p.237-42. (Col. Fortuna Crítica, 6).

LORENZ, G. W. João Guimarães Rosa. In:_____. *Diálogo com a América Latina*: panorama de uma literatura do futuro. Trad. R. C. Abílio
e F. de S. Rodrigues. São Paulo: EPU, 1973. p.315-56.

MARQUES, O. Canto e plumagem das palavras. In: _____. *A seta e o
alvo*. Rio de Janeiro: MEC, INL, 1957. p.9-128.

MAUAD, I. C. O velho debate dos contos inéditos. *O Globo* (Rio de Janeiro), p.4, 19 nov. 1992.

MIYAZAKI, T. Y. A antecipação e a sua significação simbólica em "São
Marcos", de G. Rosa. In: D'ONOFRIO, S. et al. *Conto brasileiro*:
quatro leituras (Machado de Assis, Graciliano Ramos, Guimarães
Rosa, Osman Lins). Petrópolis: Vozes, 1979. p.63-106.

MIYAZAKI, T. Y. No rastro das veredas intertextuais. *Stylos (São José do Rio Preto)*, n.35, 1980.

_____. Nas veredas: uma estória de amor. In: _____. *Um tema em três tempos*: João Ubaldo Ribeiro, João Guimarães Rosa e José Lins do Rego. São Paulo: Editora UNESP, 1996. p.133-206.

MIYAZAKI, T. Y., MARIÑEZ, J. A. O recado do morro. *Significação, revista brasileira de semiótica (Ribeirão Preto)*, n.2, p.85-108, ago. 1975.

NASCIMENTO, E. M. F. S. *Definição discursiva:* memória e gênese. Araraquara, 1997. Tese (Livre-docência em Lingüística) – Faculdade de Ciências e Letras, Universidade Estadual Paulista.

_____. *Estudo da metalinguagem natural na obra de Guimarães Rosa.* São Paulo, 1986. Tese (Doutorado em Letras) – Faculdade de Filosofia, Letras e Ciências Humanas, Universidade de São Paulo.

OLIVEIRA, F. de. Guimarães Rosa. In: COUTINHO, A. (Org.) *A literatura no Brasil.* Rio de Janeiro: Sul Americana, 1970. v.6, p.402-49.

PALLOTINI, R. Sarapalha: peça em um ato. *Diálogo (São Paulo)*, n.8, nov. 1957.

RAMOS, G. Conversa de bastidores. In: V. V. A. A. *Em memória de João Guimarães Rosa.* Rio de Janeiro: J. Olympio, 1968. p.38-45.

ROSA, V. G. *Relembramentos*: João Guimarães Rosa, meu pai. Rio de Janeiro: Nova Fronteira, 1983.

SEGATTO, J. A., BALDAN, U. (Org.) *Sociedade e literatura no Brasil.* São Paulo: Editora UNESP, 1999.

SPERBER, S. F. *Caos e cosmos*: leituras de Guimarães Rosa. São Paulo: Duas Cidades, Secretaria de Cultura, Ciências e Tecnologia do Estado de São Paulo, 1976.

_____. *Guimarães Rosa*: signo e sentimento. São Paulo: Ática, 1982.

UTÉZA, F. *João Guimarães Rosa*: metafísica do *Grande sertão*. Trad. J. C. Garbuglio. São Paulo: Edusp, 1994.

VEJA. Bobagens de gênio. São Paulo, p.102, 17 jan. 1996.

TEXTOS TEÓRICOS E OUTROS TEXTOS

ANDRADE, C. D. de. *Nova reunião*: 19 livros de poesia. 3.ed. Rio de Janeiro: J. Olympio, 1987. 2v.

ANDRADE, M. de. A poesia em 1930. In: _____. *Aspectos da literatura brasileira.* São Paulo: Martins, 1967a. p.27-44.

_____. Amor e medo. In: _____. *Aspectos da literatura brasileira.* São Paulo: Martins, 1967b. p.193-220.

GUIMARÃES ROSA: MAGMA E GÊNESE DA OBRA 281

ANDRADE, M. de. Guilherme de Almeida – Meu – Versos. *Estética, (Rio de Janeiro)*, n.3, p.296-306, abr./jun. 1925.

BAKHTIN, M. *A cultura popular na Idade Média e no Renascimento*: o contexto de François Rabelais. Trad. I. F. Vieira. São Paulo: Hucitec; Brasília: Editora da UnB, 1987.

_____. *Problemas da poética de Dostoiévski*. Trad. P. Bezerra. Rio de Janeiro: Forense-Universitária, 1981.

BARTHES, R. A morte do autor. In:_____. *O rumor da língua*. Trad. M. Laranjeira. São Paulo: Brasiliense, 1988. p.65-70.

BIASI, P.-M. de. La critique génétique. In: BERGEZ, D. et al. *Introduction aux méthodes critiques pour l'analyse littéraire*. Paris: Bordas, 1990. p.5-40.

BOOTH, W. *The rhetoric of fiction*. Chicago, London: The University of Chicago Press, 1961.

BOSI, A. *O ser e o tempo da poesia*. São Paulo: Cultrix/Edusp, 1977.

CALVINO, I. *Seis propostas para o próximo milênio*: lições americanas. 2.ed. São Paulo: Companhia das Letras, 1995.

CANDIDO, A. Pastor pianista/pianista pastor. In: _____. *Na sala de aula*: caderno de análise literária. São Paulo: Ática, 1985. p.81-96. (Série Fundamentos).

CARVALHO, J. Ronald de Carvalho. In: AZEVEDO FILHO, L. A. (Org.) *Poetas do modernismo*: antologia crítica. Brasília: Instituto Nacional do Livro, 1972. v.2, p.223-78.

CASCUDO, L. da C. *Geografia dos mitos brasileiros*. Rio de Janeiro: J. Olympio, 1947 (Col. Documentos Brasileiros).

CHEVALIER, J., GHEERBRANT, A. *Dictionnaire des symboles*. Paris: Seghers, 1974. 4v.

CLÉMENT-PERRIER, A. Étude de mains: petite esquisse d'un motif simonien. *Poétique: Revue de Théorie et D'analyse Littéraires (Paris)*, n.105, p.23-40, fév. 1996.

COHEN, J. *A plenitude da linguagem*: teoria da poeticidade. Trad. J. C. S. Pereira. Coimbra: Almedina, 1987.

_____. *Structure du langage poétique*. Paris: Flammarion, 1966.

COMPAGNON, A. *La seconde main ou le travail de la citation*. Paris: Seuil, 1979.

DÄLLENBACH, L. Intertexto e autotexto. In: JENNY, L. et al. *Intertextualidades*. Trad. C. C. Rocha. Coimbra: Almedina, 1979. p.51-76.

DEBREUILLE, J.-Y. Quand le sens glisse sur le son: *Les yeux d'Elsa* d'Aragon. *Poétique: Revue de Théorie et D'analyse Littéraires (Paris)*, n.106, p.190-211, avr. 1996.

DELAS, D., FILLIOLET, J. *Lingüística e poética*. Trad. C. F. Moisés. São Paulo: Cultrix, Edusp, 1975.

DIAS, F. C. *O movimento modernista em Minas*: uma interpretação sociológica. Brasília: Editora da UnB, 1971.

ESTÉTICA *(Rio de Janeiro)*, n.1-3, 1924-1925.

FARIA, A. J. de. Guilherme de Almeida. In: AZEVEDO FILHO, L. A. (Org.) *Poetas do modernismo*: antologia crítica. Brasília: Instituto Nacional do Livro, 1972. v.1, p.183-239.

FERREIRA, A. B. de H. *Novo dicionário da língua portuguesa*. 2.ed. Rio de Janeiro: Nova Fronteira, s. d.

FRIEDRICH, H. *Estrutura da lírica moderna*: da metade do século XIX a meados do século XX. Trad. M. M. Curioni. São Paulo: Duas Cidades, 1978.

GALLY, M. Variations sur le *locus amoenus:* accords des sens et esthétique poétique. *Poétique: Revue de Théorie et D'analyse Littéraires (Paris)*, n.106, p.161-77, avr. 1996.

GALVÃO, W. N. *A donzela-guerreira*: um estudo de gênero. São Paulo: Senac, 1998.

GENETTE, G. *Discurso da narrativa*. Trad. F. C. Martins. Lisboa: Vega, s. d.

_____. *Figures I*. Paris: Seuil, 1966. (Coll. Tel Quel).

_____. *Figures II*. Paris: Seuil, 1969. (Coll. Tel Quel).

_____. *Figures III*. Paris: Seuil, 1972. (Coll. Poétique).

_____. *Introduction à l'architexte*. Paris: Seuil, 1979. (Coll. Poétique).

_____. *Palimpsestes*: la littérature au second degré. Paris: Seuil, 1982. (Coll. Poétique).

GRÉSILLON, A. Alguns pontos sobre a história da crítica genética. *Estudos Avançados (São Paulo)*, v.11, n.5, p.7-18, 1991.

GUÉRIOS, R. F. M. *Dicionário etimológico de nomes e sobrenomes*. São Paulo: Ave Maria, 1981.

HOLANDA, S. B. de. O lado oposto e outros lados. *Revista do Brasil, Rio de Janeiro*, n.3, p.9, out. 1926.

JAKOBSON, R. Lingüística e poética. In: _____. *Lingüística e comunicação*. 2.ed. Trad. de I. Blikstein e J. P. Paes. São Paulo: Cultrix, 1969. p.118-62.

_____. Os oxímoros dialéticos de Fernando Pessoa. In: _____. *Lingüística. Poética. Cinema*. São Paulo: Perspectiva, 1970a. p.93-118.

_____. Poesia da gramática e gramática da poesia. In: _____. *Lingüística. Poética. Cinema*. São Paulo: Perspectiva, 1970b. p.65-79.

_____. *Seis lições sobre o som e o sentido*. Trad. L. M. Cintra. Lisboa: Moraes, 1977.

GUIMARÃES ROSA: MAGMA E GÊNESE DA OBRA 283

JENNY, L. A. A estratégia da forma. In: JENNY, L. A. et al. *Intertextuali-dades*. Trad. C. C. Rocha. Coimbra: Almedina, 1979. p.5-49.

JOHNSON, B. Quelques conséquences de la différence anatomique des textes: pour une théorie du poème en prose. *Poétique: Revue de Théorie et D'analyse Littéraires*, (Paris), n.28, p.450-65, 1976.

KAYSER, W. *Análise e interpretação da obra literária*: introdução à ciên-cia da literatura. 8.ed. Coimbra: Arménio Amado, 1963. v.1. (Col. Stvdivm).

KRISTEVA, J. *La révolution du langage poétique*. Paris: Seuil, 1974.

_____. *O texto do romance*: estudo semiológico de uma estrutura dis-cursiva transformacional. Trad. M. Ruas. Lisboa: Livros Horizonte, 1984.

_____. *Sémeiotiké – Recherches pour une sémanalyse*. Paris: Seuil, 1969.

LAFETÁ, J. L. *Figuração da intimidade*: imagens na poesia de Mário de Andrade. São Paulo: Martins Fontes, 1986.

LARA, C. de. *Revista do Brasil*, uma fase da cultura brasileira. *O Estado de S. Paulo*, São Paulo, 6 nov. 1975. Suplemento do Centenário, n.36, p.1-3.

LEFEBVE, M.-J. *Estrutura do discurso da poesia e da narrativa*. Trad. J. C. S. Pereira. Coimbra: Almedina, 1980.

LEONEL, M. C. de M. *Estética e modernismo*. São Paulo: Hucitec; Brasí-lia: INL, Pró-Memória, 1984. (Linguagem e Cultura).

LIMA, L. C. *Mímesis e modernidade*: formas das sombras. Rio de Janeiro: Graal, 1980.

LOPES, E. *Metáfora*: da retórica à semiótica. São Paulo: Atual, 1986. (Sé-rie Documentos).

MORAES, neto, P. de. Guilherme de Almeida – *A frauta que eu perdi* – Anuário do Brasil – Rio, 1924. *Estética (Rio de Janeiro)*, v.1, p.92-4, set. 1924.

MORAES, S. Augusto Meyer. In: AZEVEDO FILHO, L. A. (Org.) *Poetas do modernismo*: antologia crítica. Brasília: Instituto Nacional do Li-vro, 1972. v.4, p.13-46.

MOUZAT, A., TRAVAGLIA, N. G. Esboço de uma terminologia em crí-tica genética. *Boletim da Associação de Pesquisadores do Manuscrito Literário (São Paulo)*, n.8, p.2-15, jun. 1989.

MUTIS, Á. Rastro ilustre. *Veja (São Paulo)*, n.24, p.93, 20 jun. 1990.

NUNES, B. Prolegômenos a uma crítica da razão estética. In: LIMA, L. C. *Mímesis e modernidade*: formas das sombras. Rio de Janeiro: Graal, 1980. p.ix-xvi.

PAES, J. P. Para uma pedagogia da metáfora. In: _____. *Os perigos da metáfora* e *outros ensaios.* Rio de Janeiro: Topbooks, 1997. p.11-34.

POUILLON, J. *Temps et roman.* Paris: Gallimard, 1946.

RAMOS, P. E. da S. O modernismo na poesia. In: COUTINHO, A. (Org.) *A literatura no Brasil.* Rio de Janeiro: Sul Americana, 1970. v.5, p.39-202.

REYES, G. *Polifonia textual:* la citación en el relato literario. Madrid: Gredos, 1984. (Biblioteca Románica Hispánica – II. Estudios y ensayos, 340).

SALLES, C. A. *Gesto inacabado:* processo de criação artística. São Paulo: Fapesp, Annablume, 1998.

SCHMIDT, A. F. *Poesias completas.* Rio de Janeiro: J. Olympio, 1956.

SÉGINGER, G. Génétique ou "métaphysique littéraire"? La génétique à l'épreuve des manuscrits du *Lys dans la vallée* de Balzac. *Poétique: Revue de Théorie et D'analyse Littéraires,* (Paris), n.107, p.259-70, sept. 1996.

SILVA, A. de M. *Grande dicionário da língua portuguesa.* 10.ed. revista, corrigida, muito aumentada e actualizada por A. Moreno, Cardoso Jr. e J. P. Machado. Lisboa: Confluência, 1948.

STAIGER, E. *Conceitos fundamentais da poética.* Trad. C. A. Galeão. Rio de Janeiro: Tempo Brasileiro, 1969. (Biblioteca Tempo Universitário).

TACCA, O. *As vozes do romance.* 2.ed. Trad. M. G. Gouveia. Coimbra: Almedina, 1983.

TODOROV, T. Théories de la poésie. *Poétique: Revue de Théorie et D'analyse Littéraires,* (Paris), n.28, p.385-9, 1976.

_____. *Poética.* Trad. C. da V. Ferreira. Lisboa: Teorema, 1986.

WILLEMART, P. Conceitos de manuscritologia. *Folha de S.Paulo,* São Paulo, 5 fev. 1988. Folhetim, p.B2-3.

_____. *Universo da criação literária:* crítica genética, crítica pós-moderna? São Paulo: Edusp, 1993 (Criação crítica, 13).

SOBRE O LIVRO

Formato: 14 x 21 cm
Mancha: 23 x 43 paicas
Tipologia: Classical Garamond 10/13
Papel: Offset 75 g/m² (miolo)
Cartão Supremo 250 g/m² (capa)
1ª edição: 2000

EQUIPE DE REALIZAÇÃO

Produção Gráfica
Edson Francisco dos Santos (Assistente)

Edição de Texto
Nelson Luís Barbosa (Assistente Editorial)
Nelson Luís Barbosa (Preparação de Original)
Solange Scattolini Félix e
Carlos Villarruel (Revisão)

Editoração Eletrônica
Lourdes Guacira da Silva Simonelli (Supervisão)
Luís Carlos Gomes (Diagramação)

Impressão e acabamento